中国千古宫廷谜案系列

大清王朝

清澄 编著

评说帝王将相的千古功过 讲述诡异难测的宫廷秘闻

大清王朝统治者之谜

中国城市出版社
·北京·

图书在版编目（CIP）数据

大清王朝统治者之谜 / 清澄编著. —北京 ：中国城市出版社，2012.7

（中国千古宫廷谜案系列）
ISBN 978－7－5074－2644－1

Ⅰ．①大…　Ⅱ．①清…　Ⅲ．①中国历史—清代—通俗读物　Ⅳ．①K249.09

中国版本图书馆 CIP 数据核字（2012）第 161295 号

责任编辑	张惠平
封面设计	久品轩装祯设计
责任技术编辑	张建军
出版发行	中国城市出版社
地址	北京市西城区广安门南街甲 30 号（邮编：100053）
网址	www.citypress.cn
发行部电话	(010)63454857　63289949
发行部传真	(010)63421417　63400635
总编室电话	(010)68171928
总编室信箱	citypress@sina.com
经销	新华书店
印刷	北京建泰印刷有限公司
字数	270 千字　印张 17
开本	710×1000（毫米）　1/16
版次	2012 年 8 月第 1 版
印次	2012 年 8 月第 1 次印刷
定价	32.00 元

前 言

清史历来是后世学者研究的重点，特别是近些年来研究清宫的一些谜案似乎成了一种潮流。自古以来帝王将相的奇闻轶事、谜案疑踪就是坊间各界关注的焦点。如果从努尔哈赤建立后金开始算起，到 1912 年民国成立，清帝国共历经了 296 年的风风雨雨。296 年，与中华上下五千年相比，也不过是一个片断，但其间错综复杂的宫廷秘闻、将相王侯的历史典故贯穿了整个清代历史。由于清代距离我们最近，又是新旧历史的转折点，加之清代史料记载的疏漏，才演绎出关于这十三位统治者的悬踪谜案。

“大清”国号是怎么来的、皇太极得传国玉玺之谜、孝庄是否下嫁多尔衮、乾隆帝为什么长寿、光绪帝的维新变法为何失败……可以说，清代的这十三位统治者生前身后都被一层层的谜雾所笼罩。当我们以求知的目光重新审视十三位统治者的神秘纪事时，就能发现这段历史竟是这般错综复杂，让我们不得不雾里看花似的带着各种问题寻找答案。为了能让众多读者更多地了解清代，了解清代历朝统治者所创造的辉煌与文明，我们查阅了大量与清史有关的资料，尽可能详细地还原每一位统治者的本来面目。尽管答案未必精确详实，但与生俱来的好奇心与求知欲还是能让你在读完这本书后得到极大满足。

中国历史的演进，并不是“不断进步”的歌舞升平，它有着异彩和荣耀，也有着血腥和黑暗，包含着进步，也包含着重大的倒退。中国历代王朝的统治者，都是有残民罪行的。纵观清朝历史，无论是其创立时宫廷谜案的复杂性，还是建政后其对文化和人民精神的荼毒戕害、到了末期又丧失大片领土，所有这些都没有任何一个王朝能够比拟。其实我们编撰这本书的目的正是试图从多种角度去还原一段距离我们最近的历史，而还原历史的最佳途径就是探究那个时期统治者的人生历程。

我们推出这本书的用意绝不是刻意炮制一个个“谜案”来哗众取宠，而是真正想从不同角度还原真实的历史，检验人们对清代历朝统治者的说法，用尽量浅显的语言、活泼的形式呈现给读者。

目录
CONTENTS

清太祖努尔哈赤

清太宗皇太极

清世祖顺治帝

清圣祖康熙帝

清世宗雍正帝

清高宗乾隆帝

清仁宗嘉庆帝

清宣宗道光帝

清文宗咸丰帝

清穆宗同治帝

清德宗光绪帝

慈禧太后

清逊帝溥仪

清太祖努尔哈赤

清太祖努尔哈赤（1559~1626），后金开国君主、清王朝奠基人。属明建州左卫女真贵族塔克世家族，满族，爱新觉罗氏，始祖布库里雍顺，母为佛库伦。公元1616~1626年在位，谥号“高皇帝”，庙号“太祖”。努尔哈赤为清王朝的建立奠定了坚实基础。青年时期，他以祖父十三副遗甲起兵，自立称王，统一女真，在赫图阿拉建元称汗，国号大金，史称后金。

“大清”的由来

努尔哈赤

满族风俗大多来源于努尔哈赤统治的时代，其中定国号“大清”便是其中之一。

满族的祖先是女真族，居住在长白山一带。到了明朝万历年间，满族出了个大能人，名叫努尔哈赤，后来人称老罕王。努尔哈赤从小家境贫寒，取名叫小罕子，十三四岁就流落在辽阳的李总兵家里，当了一名洗脚童。

小罕子天天给李总兵洗脚，看见李总兵的左脚心上长着三颗红痦子。有一天李总兵说：“我这三颗痦子可了不得，我能当到总兵这么大的官，全凭这三颗红痦子主贵。”小罕子听了觉得好笑，说：“不瞒老爷说，我的脚心上也有痦子，而且是七颗红痦子。”李总兵不信，叫小罕子给他看，果然不错。李总兵当时什么也没有说，就叫他休息去了。

李总兵回到卧室对他的夫人说：“快给我连夜准备好行李和盘缠，我明天一早就要进京，这回我可要升大官了。”夫人问：“这话怎讲？”李总兵说：“北京钦天监夜观星象，发现混世龙早已在辽东出世了，要我用心访查，一直没有查到，不曾想咱家的洗脚童小罕子脚上长着七颗红痦子，这件事就应在他身上。我明天一早就把他押解进京，有了这么大的功劳，皇上定然会给我升官，给我重赏。”

李总兵说这话时，被在旁边侍候的小夫人喜兰听了个明白。喜兰暗下决心要救小罕子，她侍候李总兵睡觉以后，一直不敢合眼，好容易等到夜深人静，偷偷起来到下房把小罕子叫醒了。她把李总兵讲的话一五一十都告诉了小罕子，叫他赶快逃命。小罕子说：“我逃走容易，天明一查，这事必然要连累你，不如咱俩一起逃走。”喜兰说：“好。”

李总兵家有两匹青马，一匹叫大青，一匹叫二青。两个人来到后院，悄没声儿地把两匹马牵了出来，走出后院，小罕子骑了二青，喜兰骑了大青，趁天还没亮，就朝长白山方向逃走了。

人急马快，逃着逃着二青便累死了，俩人只好停下。小罕子说："二青不行啦，只好咱俩骑大青逃吧！"喜兰说："不行，大青又饥又渴，也没剩多少脚力啦，眼看天亮了，后边很快就会有追兵上来，大青再一倒，咱俩一个也逃不了。咱们先歇一会儿，让大青啃几口草喘喘气儿，我先听着动静，你也抽空歇一会儿。"小罕子一听有理，就依了她。到底是小孩子心里不装事，靠树坐着就睡着了。忽然间，他觉得有什么东西碰他，睁眼一看，原来是平日喂的一条黄狗不知什么时候跟来啦，再找喜兰，喜兰已经在旁边一棵歪脖子梨树上吊死了。小罕子明白了，喜兰是为了让他一个人骑着大青马快跑，自己吊死了。他把喜兰解了下来，埋在梨树旁边，哭着说："夫人，你救了我，你好比是我的讷讷，你是在歪梨树上吊死的，我就叫你歪梨妈妈吧。"

满族人称妈妈为讷讷，小罕子在这时为什么叫歪梨妈妈呢？因为喜兰是汉族人。小罕子哭过后发现后面远处赶来了追兵，他就骑上了大青马赶紧往北跑去。小罕子跑着跑着，大青马也倒下累死了，他对着死去的大青马说："马儿呀马儿！你和二青都是救我累死的，我要永远记着你两个，我要真有当皇帝的那一天，我的国号就叫大清。"

小罕子接着往前跑，越跑越累，后边的追兵也越追越近。正好前边是荒草半人高的甸子，他一头扎在草甸子里不敢动弹。因为跑得太乏了，躺着躺着就睡着了，等他醒来一看，周围的草全都烧光了，只有自己躺着的一小块地方草是湿的。再一看，一直跟在他后边跑的那条黄狗，浑身湿淋淋的，已经累死了。

原来，明军追到草甸子，不见小罕子，料他逃不远，一定是藏在哪里了，就放了一把火，满以为大火一起他就会自己跑出来，不出来也得烧死。哪曾想小罕子睡着了，根本就不知道，是黄狗在近旁的水泡子里把身子滚湿了，一次一次把水淋在小罕子的周围，他才没有烧死。就这样，活活把黄狗累死了。小罕子哭着对黄狗说："黄狗呀黄狗，是你救了我的命，我要永远记着你，我要叫我的子孙后代永远不吃狗肉，不用狗皮。"后来清军入关，皇太极就按照当年努尔哈赤的意思，规定满人不食狗肉。

这只是传说。其实每个朝代的国号都有一定的寓意，大清的本意来自蒙古语的音译，意思是善战者、优秀者。后来皇太极选此为国号，应该是希望自己的国家英勇善战、永远优秀的意思。

努尔哈赤到底姓什么

努尔哈赤姓什么？这一问题似乎早已成盖棺论定的常识——清朝历代皇帝都由爱新觉罗家族世袭，不但如此，甚至很多人都了解“爱新觉罗”这一姓氏来源于一个美丽的传说：相传有三个仙女在池中沐浴，一只神鹊衔来一枚果子，落在三仙女佛库伦的衣服上。佛库伦见果子鲜翠欲滴，便爱不释手，于是把果子吞进腹中，因而有了身孕，生下一个男孩。这个男孩相貌奇异，刚出生就能说话，佛库伦告诉他：“你姓爱新觉罗，名叫布库里雍顺。”努尔哈赤建立政权后，也的确将布库里雍顺奉为祖先，并称自己随祖先布库里雍顺姓爱新觉罗。《旧满洲档》记载，明万历四十年（公元 1612 年），努尔哈赤与乌拉交战时，曾称自己“天生姓爱新觉罗”。《清太祖实录》也记载了这个故事，称努尔哈赤及其子孙都姓上天赐予的爱新觉罗氏。

传说毕竟是传说，神怎么可能赐人以姓氏。既然如此，那事实又是怎样的呢？

努尔哈赤的母亲是他父亲塔克世的正妻，姓喜塔喇氏，名额穆齐。在明朝的史料文献中记载，努尔哈赤本姓佟（或童）。万历二十四年（公元 1596 年）正月，努尔哈赤在一份书信中写道：“女直（真）国建州卫管束夷人之主佟努尔哈赤”。对此也有一传说版本称，努尔哈赤年轻的时候，有一次在山里迷了路，遇见一位汉族商人佟老翁，佟老翁不但收留了贫困交加的努尔哈赤，还将自己的女儿许配给他。从此，努尔哈赤成了佟家的入赘女婿，并改姓佟。

但这也是传说，并无确凿证据。关于努尔哈赤本姓佟（童）的确切记载是在《玉牒》（清皇室家谱）中：“庚辰年元妃佟佳氏塔本巴宴之女……生子褚英、代善，有一女，下嫁何和礼。”佟（或童）姓也称佟佳氏，是女真人中的大姓。据史料记载，佟佳氏的后裔雅尔古佟佳氏是努尔哈赤的大姐夫，清世祖福临的孝康章皇后，是佟图赖之女，她生了圣祖玄烨。玄烨的孝懿仁皇后，是佟图赖的孙女，佟国维之女。当年努尔哈赤在与明朝和朝鲜交往的时候也没有避讳这一点，直称自己为佟努尔哈赤。也许因为入赘改姓有损清太祖形象，所以史册上并没有详细记录此事。

除此之外，关于努尔哈赤的姓氏至少还有四种说法：分别是崔、雀、觉罗、爱新觉罗。

《满洲氏族通谱》里记载着因迁徙而形成的八种觉罗姓氏，分别是伊尔根觉罗、舒舒觉罗、西林觉罗、通颜觉罗、阿颜觉罗、呼伦觉罗、阿哈觉罗、察喇觉罗。这些觉罗和爱新觉罗一样，都是从觉罗姓氏中派生出来的。从这一点似乎可以推断出从努尔哈赤的爷爷到努尔哈赤统一女真各部以前，都应该姓觉罗。在《满文老档》和《满洲实录》里，确实很少出现“爱新觉罗”一词。所以有学者认为清太祖建元天命后，在觉罗姓前冠以爱新，是为了标示其有别于一般人的高贵身份。细想一下似乎不无道理，“爱新”的汉语意思是金子，“觉罗”是姓氏，是满语的音译。随着努尔哈赤势力的不断扩大，不断地以“大金之裔”而自称，就形成了将“金”的国号加入自己姓氏的情况，以达到自己称王的目的。

孝康章皇后

至于努尔哈赤的崔姓和雀姓说，则完全是根据传说推断。关于雀姓的说法源于努尔哈赤的母亲因为吞下雀卵才生下了他，不过清史并没有此记载。《清太祖实录》的《武录》、《满录》、《高录》三书，仅记载其母怀孕十三月而生努尔哈赤之事，并无吞卵而孕之说。而认为努尔哈赤姓“崔”是由于在朝鲜语中，“崔”的发音介于汉语“缺”和“吹”之间，与“觉罗”中的“觉”字音相近，于是怀疑崔姓是来源于“觉罗”的误读。

努尔哈赤的姓氏谜团重重，原因在于满人刚开始没有文字，没能留下原始的满洲文献记载。此外，清朝编修《明史》的时候把对清朝皇室祖先不利的史实都删除或篡改了，编出来一些奇异的神话，隐瞒历史的真相。其实努尔哈赤姓什么并不重要，不会由此改变人们对努尔哈赤的研究和认识。

努尔哈赤为何要改旗易帜

很多文史子集都有“努尔哈赤十三副遗甲报家仇”之说，那么家仇何来呢？按理说努尔哈赤家世代在明朝为官，且忠诚于明朝，其祖父觉昌安、父亲塔克世均在朝廷担任建州左卫都指挥，相当于现在一个市局的公安局长。而且努尔哈赤自己也说，“我给大明王朝‘忠顺看边’”，并亲自骑马进京给万历皇帝朝贡……既然如此，为何还能成为明朝的敌人，并最终改旗易帜呢？

多数人都认为明亡清兴的一个重要原因是民族分裂，但综观各路文史子集，不难看出在明亡清兴的历程中有一至关重要的历史关节点，这也正是引发明朝灭亡的一条导火索。而首先引燃这条导火索的不是别人，正是明万历皇帝……

1583 年万历皇帝和辽东总兵李成梁误杀了两个人，这两人正是努尔哈赤的祖父觉昌安和父亲塔克世。这一年，24 岁的努尔哈赤是李成梁的侍卫。当时住在图伦城的苏克素浒部的尼堪外兰，为了发展自己的势力，以便独自称王称霸，便使阴谋诡计，挑拨驻扎在辽东的明军李成梁部，唆使他们攻打古勒和沙济二部。古勒部的首领阿太是觉昌安的孙婿、塔克世的侄婿，也就是努尔哈赤的堂妹夫。当古勒部遭到明军攻击危在旦夕的时候，觉昌安和塔克世赶去搭救，结果在明军攻破阿台的古埒城时，觉昌安被烧死，塔克世遭误杀。

待战事平定下来后，努尔哈赤向明朝皇帝告状，说他的祖、父无罪被杀，死得冤枉，请明朝皇帝替他们申冤。明朝皇帝接到努尔哈赤的申诉后，觉得明军所做的这件事情确实于理有亏，就只好找个台阶下，说这是误杀，实在抱歉得很，并决定赐给努尔哈赤敕书十二道、马十三匹，让他承袭祖父觉昌安的官职，封他为都督。

对努尔哈赤来说，祖父和父亲的死无疑是晴天霹雳，但鉴于当时自己势单力薄，只好隐而不发。但历史往往有很多的偶然性，一个环节一个环节连成的链条就成为历史。1586 年努尔哈赤率兵追击仇敌尼堪外兰，这个靠着明朝支持不可一世的女真豪酋，逃到明朝的保护圈内，努尔哈赤直逼他寄居的鹅尔浑城，杀死城内的汉人十九名，又捉住中箭的六个人，把箭深深地往里插，命令他们到明朝去传信说：

"快快把仇敌尼堪外兰交出来，不然就发兵攻打了！"明朝守边的地方官说："尼堪外兰既然已经进到我们这里，难道还有交出之理！若来，就亲自来这里杀吧。"努尔哈赤不相信明朝会同意他到边里来杀仇敌，认为这是做的圈套，请君入瓮。他怀疑明朝利用这个机会伤害他。明朝的使者看到这种情形又说，你不亲自来，少派几个兵来，就可以把尼堪外兰交给你处理。努尔哈赤接受了这个安排，当即派手下斋萨带四十人到明朝直接控制的那个地方去。在一个插翅难飞的台子上，尼堪外兰走投无路，被斋萨斩了。

明朝为彻底了结努尔哈赤祖、父被误杀一案，从此每年给努尔哈赤银八百两，蟒缎十五匹。按理说危机已去，一切归于平静。但此举并未真正消除努尔哈赤对明朝的仇恨，表面上他接受明朝的抚恤赔偿，暗下正乘此机加紧他对女真的统一和扩大势力。在三十多年的时间里，努尔哈赤的势力几乎统一了所有的女真各部。此时的明朝不但没有对他用兵镇压，而且视他为功臣之子、大明边境的忠诚卫士，多次赞赏他的功劳，给他封官加爵。

人可以杀，但是千万不能错杀或误杀，至此，似乎可以窥见努尔哈赤改旗易帜的真正原因是为报杀父之仇。但若从历史发展的角度来看，努尔哈赤报仇灭明只是一个借口。当时明朝对女真人实行民族压迫的政策，阻碍了女真社会的发展，必然激起他们的反抗，而此时明朝的皇帝已昏庸无能，贪官污吏横行，民不聊生，再加上旱灾与水涝接连不断，社会的根基已经被彻底动摇了，才导致各地揭竿而起。

让努尔哈赤又爱又恨的女人

古希腊有一位绝色美女，她的美貌足以用“倾国倾城”形容，她无可匹敌的美丽和魅力使希腊各地的英雄们都迷恋于她。这位女子名叫海伦，传说是古希腊天神宙斯的女儿。也正是这位美女，点燃了特洛伊的战火，并给特洛伊城造成了巨大的破坏。在清代历史上也有一位“倾国倾城”的美女，而且也因她的美貌而接二连三地爆发战争，一个个英雄为她横尸战场。这位女子名叫东哥，在一些清史著述中其被称作“叶赫老女”。

努尔哈赤对东哥可谓既爱又恨，爱是爱她貌美如仙，恨是恨其非但不愿嫁给他，反而四处张贴布告扬言要为父报仇，杀掉努尔哈赤。东哥全名叶赫那拉·东哥，是叶赫部的公主。万历二十五年，纳林布禄为笼络努尔哈赤，将15岁的叶赫老女许给他，但不久就悔婚。万历二十七年，纳林布禄以叶赫老女为饵，诱惑哈达部贝勒孟古勃罗与努尔哈赤为敌，结果努尔哈赤一举灭了哈达部。万历三十五年，辉发部贝勒拜音达理与努尔哈赤之女订有婚约，却迟迟不去迎娶。努尔哈赤发现又是纳林布禄以叶赫老女为奖品来怂恿辉发部，努尔哈赤一怒之下又灭了辉发部。

万历四十年，叶赫老女30岁，叶赫老女的兄长布扬古又设计来到乌喇。乌喇部贝勒布占泰早就对叶赫老女闻名已久，为了表示决心，他将努尔哈赤的侄女娥恩哲叫到跟前，当着布扬古的面，用苍头箭（一种无头箭）射她的后背，直射得娥恩哲遍体鳞伤，布占泰还表示要射努尔哈赤的女儿穆库什。努尔哈赤闻讯大怒，派使者接回了穆库什，之后更亲率3万大军进攻乌喇部。布占泰鬼迷心窍，一心想娶美女，也率3万大军列阵迎敌。乌喇部经不住建州大军的冲击，布占泰逃向叶赫，乌喇部也灭亡了。布扬古见到这般情景，当即撕毁婚约。努尔哈赤乘机以追索布占泰为名攻打叶赫，被大明阻止。

如果说开始时努尔哈赤对东哥产生的是爱慕之情，那此时已将爱转化成了对她的恨。万历四十三年，布扬古急于向努尔哈赤报仇，将35岁的妹妹再许配给蒙古科尔沁首领莽古尔泰，要求联合攻打女真，美女计居然再次奏效。努尔哈赤听到东哥出嫁的消息后，十分气愤，想出兵攻打叶赫，半路抢新娘。明朝担心努尔哈赤势力太大，开始与叶赫结盟，并派兵保护东哥。努尔哈赤有所顾忌，最终没有出兵，但他诅咒东哥说："无论此女聘与何人，寿命不会长久，毁国已尽，构衅已尽，死期将至矣。"

一年后，果如努尔哈赤的诅咒，东哥病死他乡，只在历史文献中留下了"叶赫老女"的称呼。她的命运结束了，但以她的名义而起的战争阴影，依然弥漫在叶赫、建州和明朝的上空。据说，叶赫老女在临死前曾对天发誓："我叶赫那拉就算只剩下一个女人，也要灭建州女真。"因此，民间一直流传着叶赫那拉与爱新觉罗世代为仇，清廷有宫中后妃不选叶赫的祖制。

综观东哥的一生其实是悲惨的一生，她在有意无意间成了别人手里的棋子，任人摆弄。不知天命注定还是巧合，清朝最终确实亡于叶赫那拉氏之手——慈禧太后姓叶赫那拉氏，她的保守和固执加速了清朝的灭亡；最终签署清帝退位条约的就是慈禧太后的侄女——隆裕皇太后，也姓叶赫那拉。

“休妻”之谜

努尔哈赤“休妻说”有多种版本，甚至为何“休妻”、被“休”的是哪位，说法大相径庭，唯一无可辩驳的是努尔哈赤终归是休过妻的。那就让我们试着从清代历朝杂章野史中寻找蛛丝马迹，从而揭开这一层迷雾吧。

天命五年三月，即1620年3月25日，后金国发生了一件大事，努尔哈赤的大福晋突然被废。据《满文老档》载：“天命五年三月，小福晋代音察又告汗曰：‘大福晋曾二次备办饭食，送与大贝勒，大贝勒受而食之。又一次，送饭食于四贝勒，四贝勒受而未食。且大福晋一日二三次差人至大贝勒家，如此来往，谅有同谋也！福晋深夜外出亦已二三次之多。’汗闻此言，不愿加罪于其子大贝勒，乃以大福晋窃藏绸缎、蟒缎、金银财物甚多为词，定其罪。并以大福晋之罪示众曰：‘该福晋奸诈虚伪，人之邪恶，彼皆有之。我以金珠妆饰尔头尔身，以人所未见之佳缎，供尔服用，予以眷养。尔竟不爱汗夫，蒙我耳目，置我于一边，而勾引他人。不诛之者，可乎？然念其恶而杀之，则我三子一女犹如我心，怎忍使伊等悲伤耶？不杀之，则该福晋欺我之罪甚也！’又曰：‘大福晋可不杀之，幼子患病，令其照看。我将不与该福晋同居，将其休弃之。嗣后该福晋所与之物，无论何人均勿得容受，勿听其言。无论男女，违此谕令，而听从大福晋之言，收受所与之财者，即杀之矣！’自此，废大福晋。”

其时的大福晋共有两人，一位是继妃，即大福晋富察氏，另一位是乌拉阿巴亥。那么，被“休”的那位大福晋到底是谁呢？据《清史稿·后妃传》载，“天命五年继妃得罪死”，又如《清皇室四谱》载：继妃富察氏，名衮代，为莽塞杜诸祜女，天命五年以窃藏金帛，迫令大归，寻莽古尔泰弑之，葬赫图阿拉……”

其实废大妃事件的真正起因是阿巴亥的两位贴身使女吵架时，说另外一位把大福晋给她的两匹布送给了达海，和达海有情史等。说者无心，不想隔墙有耳。这话被努尔哈赤的庶妃代音察听到，告发到努尔哈赤那里。这代音察本意是告大妃擅与他人财物，不想努尔哈赤对此事置若罔闻，只将通奸的婢女处死了事。代音察见一告不成，经添油加醋后再告，说大福晋曾二次备办饭食，送与大贝勒，大贝勒受而食之。福晋自身深夜外出亦已二三次之多，如此来往，似乎有不轨行为。这次告发矛头干脆直指大妃，努尔哈赤闻言异常愤怒，但家丑又不可外扬，只好以大福晋窃藏绸缎、蟒缎、金银财物甚多为由，将其废黜。

后人在评述此事时，认为文中所述的大福晋并非阿巴亥，而是另一大福晋衮代，因为阿巴亥乃努尔哈赤异常宠幸的大妃，怎么可能轻信小福晋代音察一家之言就将其扳倒呢。细想一下，努尔哈赤“休妻”的借口是阿巴亥隐匿财富，据史料称当时隐匿绸缎的其中一个地点是阿巴亥的儿子阿济格家。如果此事件中被“休”的大福晋是衮代皇后，为何要藏到阿巴亥儿子的家里去呢？因此这一推论是难以成立的。

从另一方面也可推翻此论断。努尔哈赤“休妻”是因为大福晋与代善有暧昧关系，而如果被休的是衮代皇后，试想她当时已经50多岁，比38岁的代善年长许多，就算她再天生丽质，已过50的老妪毕竟不太可能引起代善的兴趣，也不会让努尔哈赤如此嫉妒。而这种妒嫉心用在刚过30岁、如花似玉的青春少妇阿巴亥的身上才说得过去。由于儿子正是血气方刚又是自己指定的继承人，而努尔哈赤有那种又妒又恨但又碍于面子说不出口的苦衷，因而才找个勉强的理由惩罚妻子。

其实我们寻找种种佐证只为还历史以真相，以待后人正确评述历史。其时努尔哈赤“休妻”时间共计7个月，阿巴亥毕竟是努尔哈赤的爱妃，努尔哈赤已经离不开阿巴亥，所以7个月过后，努尔哈赤又把阿巴亥召了回来。据说当阿巴亥收到大汗征召的消息时又喜又惊，竟然遗失了假发首饰等随身物品，后来有个军士找到送回，努尔哈赤还奖赏了这位军士五两银子，由此可见他对阿巴亥重回身边的愉悦和对她的宠爱。另外通过这一事件也可看出努尔哈赤是个重情义的人，若失去阿巴亥这样美貌体贴、善解人意的妻子服侍左右，想必努尔哈赤也更加空虚寂寞。

代善

杀弟本是一怒为红颜

要说努尔哈赤杀弟之谜，必须先讲讲他与东哥、舒尔哈齐之间的一段“三角恋”。

东哥是布扬古贝勒的妹妹，明万历十年（公元1582年）生于叶赫部，长得有沉鱼落雁、闭月羞花之貌，是为满蒙第一美女，女真部落巫师曾说她“可兴天下，可亡天下”。也许真的印证了部落巫师这句话，就在其兄把她当做保全性命的筹码送给努尔哈赤时，东哥却一反常态，声言努尔哈赤是杀父仇人，誓死不嫁，而且对天盟誓“谁若杀死努尔哈赤，便嫁谁为妻”。

东哥真的不愿嫁给努尔哈赤吗？不是，只是东哥另有所爱，她爱的不是别人，正是努尔哈赤的同母弟弟舒尔哈齐。舒尔哈齐还年少的时候便喜欢上东哥，后来得那齐亚为自己的福晋，最后又娶得大妃身边的侍女佟春儿，但是最爱的人始终没有能够来到自己的身边，主要原因就是努尔哈赤也喜欢东哥。作为男人，努尔哈赤宁愿得不到东哥，也不愿意将其送予舒尔哈齐，这不仅仅是争夺爱情，更是作为兄长的尊严所在。所以尽管舒尔哈齐用情至深，死前心里最爱的人仍是东哥，但却得不到她。

正是因为兄弟二人同时喜欢上一个女人，才使得原本亲密无间的手足情出现了裂痕，这也为日后努尔哈赤杀弟埋下了伏笔。

努尔哈赤有弟兄5人，但称得上同胞手足的只有三弟舒尔哈齐和四弟雅尔哈齐。公元1583年，努尔哈赤的祖父和父亲被明军误杀，努尔哈赤继承了父祖的职位，统领建州左卫都指挥，还受封敕书、马匹，当时辽东镇帅李成梁对他也未加留意。当时的努尔哈赤25岁，舒尔哈齐20岁，不但令周围女真各酋刮目相看，就连明廷和朝鲜也都知道这兄弟二人多智习兵，志向不小。当时朝鲜政府得到情报说，努尔哈赤自称为王，其弟自称船将，立志要“报仇中原”。明廷对兄弟二人采取压制的政策，又给予高官厚禄，将努尔哈赤晋升都督，加龙虎将军勋衔，同时授舒尔哈齐都督崇阶，故在建州内部人称舒尔哈齐为“二都督”。当时，凡军机大事，努尔哈赤兄弟必登高密议，决定之后，雷厉风行，竟无一人了解内幕。

当努尔哈赤没能得到心爱的女人东哥，而舒尔哈齐又当众挑明他与东哥的关系并请求成全时，努尔哈赤便视舒尔哈齐为情敌了。当时舒尔哈齐也是明朝任命的管理建州女真的官员，又有自己属下的兵马。如果他能听从兄长的指挥，自然和努尔哈赤相安无事，但舒尔哈齐偏偏又是桀骜难驯的人，处处要和兄长分庭抗礼，兄弟之间难免矛盾重重。虽然实力不及其兄，舒尔哈齐还是决心离开兄长。对努尔哈赤来说，舒尔哈齐的独立无疑是在自己身边又立一敌国，加之他联想到舒尔哈齐跟自己争夺心爱的女人东哥，更是气不打一处来，由此起了杀心。

舒尔哈齐墓碑亭

关于这场内部的残杀，后来有学者指出不单是出于对权力和女人的争夺，也是出于“叛明”和“拥明”的斗争，明朝政府很注意扶持舒尔哈齐以削弱努尔哈赤的独立势力，于是重建了建州右卫。

史籍中对舒尔哈齐何以致死、丧礼如何全无交代。当时明朝《三朝辽事实录》的记载是“奴酋忌其弟舒尔哈齐兵强，计杀之”。明代黄道周更详细描述了这场骨肉相残的悲剧：“酋疑弟二心，佯营壮第一区，落成置酒，招弟饮会，入于寝室，锒铛之，注铁键其户，仅容二穴，通饮食，出便溺。弟有两名裨将以勇闻，酋恨其佐弟，假弟令召入宅，腰斩之。”《满文老档》中记载，1609 年 3 月，努尔哈赤以舒尔哈齐图谋自立为理由，将其推入内寝锁了起来，削夺了他所属的军民。此后，舒尔哈齐过着暗无天日的牢狱生活，生不如死。两年后的公元 1611 年（即万历三十九年），舒尔哈齐死在牢房里，时年 49 岁。

种种迹象表明努尔哈赤杀弟一案并非谣传，而杀弟的原因则是争权和红颜一怒两者兼而有之。

努尔哈赤杀子之谜

努尔哈赤的长子褚英一生有“三幸”和“三不幸”。“三幸”是：出生在努尔哈赤家，父亲后来成为大清国的开创者；从小在父辈和费英东、额亦都等杰出将领那里学习军事技艺和知识，长于弓马，武艺高强；参加乌碣岩等大战，受到锻炼，得到父汗的重用。“三不幸”是母亲死得早，父亲在危难中起兵，他很少享受家庭的温暖；家庭时时遇危险，处处遭劫难，所以他很小就开始了马背生涯，在刀光剑影、动荡不安的环境里成长；那时女真没有文字，他没有上过学，也没有受过正规系统的教育，缺乏心机韬略。也正是这“三幸”和“三不幸”，既成就了他，最终也惹来杀身之祸，而杀他的不是别人，正是生身父亲——努尔哈赤。

褚英19岁的时候，首次带兵打仗。《清太祖实录》记载：万历二十六年（公元1598年）褚英率兵征东海女真安楚拉库路，收取20多个屯寨的部民而回，被赐号“洪巴图鲁”（汉语意为“旺盛的英雄”）。褚英真正崭露头角是因为他在乌碣岩之战中的出色表现，通过这次大战，他受到父亲努尔哈赤的重视，而此时的褚英地位迅速上升。万历三十五年（公元1607年），褚英28岁，在乌碣岩之战中立下大功，被赐号阿尔哈图土门（汉语为“大智勇”的意思）。第二年，褚英偕贝勒等率军进攻乌拉，攻克宜罕山城，旋因居长，屡有军功，被授命执掌国政，这一年他29岁。

但褚英最大的缺点是心胸太窄且欲求太多，总嫌分给他的部属、国人、畜群、财产少，总想从所得比他还少的诸弟那里索取更多的东西，总想要杀掉那些不肯顺从他的弟弟，还利用他执政的权威强迫诸弟发誓，不把他的所作所为和隐秘恶念报告努尔哈赤。天长日久，众人的不满积累起来，终于压不住了。四个弟弟代善、阿敏、莽古尔泰、皇太极和努尔哈赤所倚任的五大臣，联合起来向汗王控告褚英。控告中一句最要紧的话就是：“担心汗死后，我等的性命难保。”努尔哈赤气愤异常，他无法信任这个激起众怒、没有执政才能的长子，遂夺去他的兵权。事实上在这一年褚英的储君资格也一同被剥夺了。

但褚英并未就此服软，而是书写咒语诅咒父亲、诸弟和五大臣，以此宣泄心中仇恨。他盼望远征的父亲打败仗，并策动亲信，预谋在父亲兵败而归时守住城门，不让父亲和诸弟入城。努尔哈赤知道此事后勃然大怒，即刻将褚英囚禁。

褚英墓

褚英被禁，列位大臣纷纷上书，表现出一副“褚英不除，人人自危”的焦虑。经过三年的深思熟虑，努尔哈赤终于在万历四十三年（公元1615年）八月作出决定，处死褚英。这一年努尔哈赤57岁，褚英36岁。

事情至此终于有一了断，但褚英是病死还是幽禁而死、是自缢身亡还是被处死，在褚英死后300多年的时间里一直是历史之谜。《清史列传·褚英》、《清史稿·褚英传》只记载：“乙卯闰八月，死于禁所”，也没有交待褚英的死因。《满文老档》记载褚英事迹也很简略。

努尔哈赤的一生是传奇的一生，后人在评述努尔哈赤一生的功过是非时，往往认为他嗜杀成性。试想，连自己的儿子、兄弟甚至爱妻都不放过的君王怎么可能为后世作榜样。事实上，努尔哈赤也是一个有手足情、父子情的人，幽弟杀子之事实属无奈。特别是努尔哈赤年老之后，每每回顾这些事情，都心怀惭愧。应当说努尔哈赤一生最后悔的事就是囚杀了长子褚英。

努尔哈赤死因真相

努尔哈赤的死因一直是学界和坊间争论不绝的话题之一。一般认为，他是在宁远城下受伤，“耻宁远之败，遂畜愠患疽死”。《太祖高皇帝实录》中记载：“努尔哈赤七月癸巳，上不豫，幸清河坐汤。庚戌未刻上崩，在位十一年，年六十有八。”《清史稿》称：“（天命十一年）八月丙午，上大渐，乘舟回。庚戌，至爱鸡堡，上崩，入宫发丧。在位十一年，年六十有八。”另《通纪辑要》中谈到努尔哈赤是“疽发背死”，称努尔哈赤当时患一种“肉毒病”，即俗称的“搭背疮”，这种病按当时的医疗水平是很难治愈的，而努尔哈赤此时已近古稀之年，加之宁远战败后整日心绪不宁，最终疽发而死，葬于福陵。

由此可见努尔哈赤是在宁远之役后患病而死，但近来不少学者都对此有疑议，并对其死因提出新解。特别是朝鲜李星龄的《春坡堂日月录》中记载了努尔哈赤在攻打宁远时为明军炮击“重伤”：“我国译官韩瑗，随使命入朝，适见崇焕。崇焕悦之，请借于使臣，带入其镇，瑗目见其战。军事节制，虽不可知，而军中甚静，崇焕与数三幕僚，相与闲谈而已。及贼报至，崇焕轿到敌楼，又与瑗等论古谈文，略无忧色。俄顷放一炮，声动天地，瑗怕不能举头。崇焕笑曰：‘贼至矣！’乃开窗俯见，贼兵满野而进。城中了无人声……努儿哈赤先已重伤，及是俱礼物及名马回谢，请借再战之期。因懑恚而毙云。”

泉州石狮市博物馆从民间征集到一块明代墓志铭，墓志铭记载了一位明代石狮人的生平，是其堂弟——明代兵部尚书黄克缵在天启年间所作。据墓志铭记载，天启六年（公元 1626 年），努尔哈赤亲率 13 万人马攻打宁远。当时的明朝守将是名将袁崇焕，守军仅有 1.2 万多人。努尔哈赤曾派人劝降，被袁崇焕拒绝后便指挥军队攻城。袁崇焕“令闽卒罗立”（命令同安炮手站立在一起），“发西洋巨炮”，城外军队伤亡惨重。次日，努尔哈赤军队再次攻城，再次被大炮击退，其中有一门大炮直接击中努尔哈赤的黄龙帐幕，使其本人也受了伤，不久抑郁而终。另有明朝史籍记载，明朝军队曾炮毙一个“大头目”，专家分析这个“大头目”就是努尔哈赤。

由此再反观明朝史籍，其中有关宁远战事的某些记载似乎也找到了合理的解释——《明熹宗实录》记载，明朝兵部尚书王永光奏称，在宁远之战中，明朝军队先后伤敌数千，内有头目数人，“酋子”一人。而“酋子”不是别人，正是努尔哈赤。

到底是“疽发而死”还是被大炮所伤，似乎没有人亲眼所见，而历史上究竟有没有译官韩瑗这个人，也不得而知。清朝最早的一部原始资料《满文老档》和《清太祖实录》都说努尔哈赤死于疾病，并没有说他受了重伤。正当人们对种种推测争论不已时，这时出现了第三种说法，认为努尔哈赤当时在宁远一役中的确被炮击中并受重伤，但当时并没有死，后来转化成疽病才要了努尔哈赤的命。

不难看出最后一种观点其实是折衷了前两种观点，是趋于“炮击派”和“疽死派”两种观点之间的一种中立说法。努尔哈赤死于何因，史料并无详细记录，《满文老档》虽有表述，但也仅说得了病，至于得的什么病、因何得病却语焉不详。而后人在考证努尔哈赤死因时大多根据杂章野史或坊间传闻，可信程度不高，所以努尔哈赤死因至今仍扑朔迷离。

清太祖高皇帝谥宝

阿巴亥“殉葬”之谜

阿巴亥

努尔哈赤死后的第二天即天命十一年（公元1626年）八月十二日早晨，以皇太极为首的诸王传努尔哈赤遗诏，要大妃阿巴亥殉死。当即，阿巴亥便自尽而死，于当日盛殓，巳时与努尔哈赤的遗体同时出宫，安放在沈阳城内西北角。天聪三年（公元1629）二月十三日，阿巴亥同努尔哈赤葬入福陵。其时37岁，正值盛年。

阿巴亥是乌拉国的公主，是乌拉贝勒布占泰的亲侄女，12岁时便嫁给努尔哈赤。她长得非常漂亮，是满蒙第二美女，深得努尔哈赤的钟爱。她给努尔哈赤生的三个孩子极其受宠，努尔哈赤在死前把自己亲领的两黄旗给了三个孩子。所以，阿巴亥对于努尔哈赤来说不是一般意义上的妃子，她是努尔哈赤眼里的“最爱”，他们的感情是经过考验的。阿巴亥虽为妃子，但事实上她的地位形同后来的皇后。但就是这样一位备受宠幸的爱妃，最后却被努尔哈赤要求“殉葬”，这不能不说是清朝开国以来最大的谜案之一。

据《满文老档》记载，后金天命五年（公元1620年），小福晋代音察告汗道：“大福晋曾两次备饭，送与代善，代善受而食之。又一次，给皇太极送饭，皇太极受而未食。且大福晋一日二三次遣人至大贝勒家，如此往来，谅有同谋。大福晋自身深夜出院，亦有二三次矣。”

自己的爱妃与儿子私通，这对于充满血性的努尔哈赤来说实在是难以容忍的丑事。由此他废了太子代善，并将阿巴亥废黜。虽然七个月之后又将阿巴亥重新召回，但此事无疑使努尔哈赤心里留下伤痕，所以努尔哈赤死前将阿巴亥赐死并命令其为自己殉葬也在情理之中。

由此看来，在众多答案中最具说服力的是由于阿巴亥私通代善惹怒了努尔哈赤。虽然努尔哈赤在位时睁一只眼闭一只眼，但他不想在自己死后，心爱的妃子继续与儿子保持暧昧关系，丢自己脸。于是，“殉葬”成了最好的方式。

但努尔哈赤真的残忍到要将自己宠幸一生的福晋赐死殉葬吗？查阅有关满族的资料会发现，其实满族不是一个很讲究殉葬习俗的民族，非但没有“殉葬”一说，反而有“父死则妻其妾，兄死则妻其妻”的习俗。即使要殉葬，殉葬的人除了地位较低，还要求其不能有未成年的子女，这几条阿巴亥一条都不占。另有史料记载，当诸王将努尔哈赤令她殉死的遗命告诉她时，阿巴亥“支吾不从”。而后来纂修《太祖实录》时，这两句话均未载入，可见里面有鬼。阿巴亥为什么“支吾不从”？难道她不知道“当殉者，不容辞”的规定吗？这表明她怀疑努尔哈赤临终前并没有留下令她殉死的遗命，她必然要对诸王讲明情况，据理力争，甚至揭露、怒斥诸王的险恶用心。后来史官修书时，不便公开实情，只得用“支吾不从”或“迟疑未决”来掩饰。再者，清代官书无论《太祖高皇帝实录》、《满洲实录》，还是《太祖实录》，都记载“上于国家政事、子孙遗训，平日皆预定告诫，临崩不复言及”，就是说努尔哈赤死前没留任何遗言，而此时又冒出了令大妃殉死的遗命，这不是自相矛盾吗？

如果仔细分析“殉葬”之事的来龙去脉，就会发现有一个细节不容忽视，这因此造成了阿巴亥被“殉葬”的事实。

每个朝代都有帝位之争，清初也不例外。努尔哈赤老时，选定的继位人是代善，另一皇子皇太极对此不服，并内心长期隐藏着难以启齿的对阿巴亥的仇恨。皇太极的生母孟古姐姐叶赫那拉氏是努尔哈赤的前任大妃，尽管她年轻貌美、丰姿妍丽，但当比她年轻15岁，更为丰姿绰约、俏丽聪颖的阿巴亥来到努尔哈赤身边的时候，努尔哈赤出于喜新厌旧的天性，将更多的爱倾注到了阿巴亥身上，这就必然冷落了孟古姐姐。醋意、孤独、嫉恨交织在一起，使性格内向的孟古姐姐忧郁寡欢，竟至积虑成病，两年后撒手人寰，芳龄仅29岁。母亲的死，对于皇太极来说，无论从心理上、地位上，还是生活上都是巨大的打击，影响极大。尽管当时皇太极只有11岁，但对阿巴亥仇恨的种子已深深地埋进了他的心田，新仇旧恨交织在一起，只要有机会，岂能不置阿巴亥于死地？

与大妃同葬的还有两个庶妃，一个是阿吉根，另一个是代音察。代音察就是当年告发大妃与代善有暧昧关系的那个人，此为杀人灭口。皇太极怕日后事情败露，将当时的知情者全部杀死。至此，把二者联系在一起也就不难想象此戏剧性的一幕是因何而生了。所以假传努尔哈赤口谕赐死阿巴亥是皇太极的一箭双雕之计，目的在于打击代善和阿巴亥的势力，为他顺利继位铺平道路。由此看来，阿巴亥实则是政治斗争的牺牲品。

清太宗皇太极

清太宗皇太极（1592~1643），清朝第二代皇帝，清太祖努尔哈赤的第八个儿子，母亲是叶赫那拉氏。公元1626~1643年在位，谥号“文皇帝”，庙号“太宗”。皇太极20岁起就随父出征，勇敢善战，24岁时就已经掌管一个旗。到25岁时，皇太极已经位列四大贝勒之一，所以皇太极的文韬武略在少年时期便已开始显现。

少年皇太极秘史

皇太极

皇太极也称黄太吉、洪太时、洪太主、红歹，也有古籍将其称为阿巴海。少年皇太极生得面色赤红，眉清目秀，行动稳健，举止端庄。他聪明伶俐，耳目所经，一听不忘，一见即识。

皇太极爱看书、爱学习、在努尔哈赤的诸将中惟有他识字。皇太极出生时，努尔哈赤正从事统一女真的事业，已将其周围各部统一。万历十五年(公元 1587 年)，努尔哈赤在呼兰哈达山下东南建筑了赫图阿拉，皇太极就出生在这里。他家住在这一山城的最里边，是方圆几百里内最富有的大户。城外有自己的庄园，家里有大量的绫罗锦缎，吃不完的鸡、鸭、鱼、肉及美酒等，可谓是那个年代的“名门望族”。

当父兄长年累月忙于出征作战时，七岁的皇太极就开始主持家政了，不但把家里日常事务、钱财收支等管理得井井有条，有些事情不需努尔哈赤操心指示，就能干得很出色，因而努尔哈赤对皇太极更是爱如“心肝”。皇太极生母叶赫那拉氏母以子贵，在努尔哈赤当皇帝以后被尊为中宫皇后，清代称“孝慈高皇后”。皇太极 12 岁时母亲病逝，他跟随父兄迅速成长，能文能武，文武双全。满族及先世女真人素以尚武著称，皇太极向他父亲学习本民族的传统风俗，从小就参加打猎，练得勇力过人，步射骑射，矢不虚发。当皇帝以后，皇太极还对小时候这种生活记忆犹新，曾说：“太祖时，我们听说第二天要外出打猎，即事先进行调鹰蹴球，作好各种准备。如到时不让去，哭着也要请求前往。过去，无论老少，竞相奋进，皆以行兵出猎为大喜事。那时仆从很少，人人各自牧马披鞍，劈柴做饭，即使这样艰苦，也乐于跟着为主效力，国家有今日之兴隆正是这种努力奋斗的结果。”

应该说皇太极很像他的父亲努尔哈赤，吃苦耐劳，体格健壮。沈阳实胜寺曾藏有他用过的一张弓，矢长四尺余，不仅一般人不敢问津，就是一个壮士也很难拉开，而皇太极当年运用自如。但皇太极是否如上文所说那样受努尔哈赤宠爱呢？对此说法不一。

若按照家族关系推断，皇太极其实并不受努尔哈赤宠爱，而且努尔哈赤也不会传皇位给他。皇太极的外公是叶赫贝勒，他的外公死了之后，他的两个舅舅——布斋和那林布禄，作为叶赫的贝勒，纠集哈达、辉发、乌拉等九部联军进攻努尔哈赤的建州，使建州女真在当时形势非常危急。但是，布斋骑马进攻的时候，马被木桩绊倒，他从马上栽下。其实建州兵正在撤退，一个战士叫武谈，回过身来一个箭步就骑到了布斋的身上，一刀把布斋砍死，布斋的弟弟那林布禄，也惊吓落马。也有野史记载说布斋死后，武谈把布斋的尸体劈成两半，一半归还叶赫，另一半留在建州。从此，叶赫和建州结下了不共戴天之仇。皇太极的母亲临死之前，想要见他娘家母亲一面，努尔哈赤派人去通知这事情，叶赫贝勒不许，因为两家是仇家。努尔哈赤非常生气，后来打下叶赫之后，努尔哈赤大开杀戒，进行报复。皇太极的外公是后金的仇家，对他继承大位是不利的，由此或许可以得出一结论：皇太极少年时期颇得努尔哈赤好感，但随着叶赫部尤其是叶赫老女几次背叛努尔哈赤后，连带着皇太极也越来越不被努尔哈赤看好。但无论怎样，最终皇太极凭自己的机智勇猛和过人胆识开辟了大清国土，成为一代英主。

皇太极夺位之谜

皇太极的帝位是夺过来的，这一点得到了普遍认可，但从哪位皇子手中夺来，这个谜正如皇太极的死因一样令人难以琢磨。

女真族选择皇位继承人与汉人不同，汉族的嫡长子继承制并不为他们所认同，女真族是谁有才能，谁就有可能得到汗位。众所周知，努尔哈赤最初挑选的继承人是长子褚英，但褚英性格急躁，年轻气盛，在处理日常事务时得罪了不少人，努尔哈赤于公元 1613 年愤然下令处死褚英。其后，努尔哈赤在建立后金政权后，便立八固山王分掌兵权，八固山王中就有代善、皇太极，而皇位最有力的竞争者是代善。皇太极为争夺汗位，只有将代善打压下去，正好此时老天给了皇太极一个机会。阿巴亥三番五次给代善送膳食，这本再正常不过的事，但皇太极巧妙地将此事升级为“私通”，并一番添油加醋后使了个一石二鸟之计，不仅将代善这一心头大患除去，还废掉了他怀恨已久的阿巴亥。从这一点看来，努尔哈赤原本是想传位给代善的，但由于皇太极从中作梗，才使得汗位易人。

另有相当多的人支持多尔衮继位说。朝鲜和日本史料均记载，努尔哈赤意属多尔衮，又命代善辅政，其根据为“子凭母贵”。朝鲜著作《春坡堂日月录》中说：“努尔哈赤临终前曾对代善说，多尔衮应该继位，但他年纪很轻，你可以当摄政王，以后传位给多尔衮。代善认为这可能会使他人认为自己有夺位的嫌疑，遂立皇太极为汗。”《东华录》中也记载多尔衮曾说过的话：“太宗文皇帝之位原系夺立”，意思是皇太极是篡夺汗位的。按理说，努尔哈赤前立两太子均为大福晋所出，代善被废后，彼时大福晋为阿巴亥，阿巴亥是努尔哈赤异常宠幸的爱妃，因此多尔衮承嗣理所当然，且朝鲜、日本同期史料亦有类似记载，似乎更是印证了这种观点。但这一观点也疑问多多。首先，多尔衮为阿巴亥所生的第二子，即使深得汗父欢心，论嫡论长，也是阿济格更“正统”。阿济格长多尔衮七岁，努尔哈赤死前一年（公元 1625 年），阿济格 20 岁，较之两个幼弟，已算建功立业，故立阿济格继统，无论如何也比立多尔衮要顺理成章。

几位最有可能继承皇位的人选都存有疑问，那么努尔哈赤到底传位于何人呢？根据众多史料记载，当时的情况应该是这样的：

满族先人女真没有嫡长继承的传统，许多游牧民族是幼子继承。努尔哈赤死前，这个问题也没有解决，那么努尔哈赤百年之后的汗位由谁来继承呢？当时有希望继承努尔哈赤遗位的主要是四大贝勒：大贝勒代善、二贝勒阿敏、三贝勒莽古尔泰，四贝勒皇太极。皇太极按照贝勒排，排第四；按照兄弟排行，他排第八。四大贝勒在汗位继承的问题上可以利用“排除法”来理清这条线索：首先，二贝勒阿敏是努尔哈赤的侄子，因为他父亲的问题，他获过罪，所以没有资格，也没有可能来争夺这个继承权；三贝勒莽古尔泰，是努尔哈赤的第五个儿子，此人非常骁勇，但性格粗暴，也极为鲁莽，他的母亲富察氏，得罪了努尔哈赤，于是莽古尔泰便把他妈妈给杀了。这种人在兄弟之间负面影响太大，像他这样勇敢，做一个将军带兵打仗是可以的，做一个国君是不可以的，所以他也没有希望来继承汗位。那么就只剩下两个人了，一为代善，一为皇太极。自从褚英被努尔哈赤处死之后，代善成为大贝勒。代善年长，且军功多，掌握的军队也多，人也比较宽厚，但皇太极用计毁了代善的名誉，这样最有可能继承汗位的便非他莫属了，而这也似乎正合努尔哈赤的心意。据朝鲜《鲁庵文集》记载：“老汗王临死前说，唯有皇太极能完成我的意愿。”由此看来，皇太极的即位是努尔哈赤的意思，也是顺理成章的。

后来的事实证明，皇太极是继努尔哈赤之后又一位杰出的政治家和军事家，他为大清皇朝定鼎燕京、统一华夏，奠定了坚实的基础。由此看来，努尔哈赤当年是否真的传位给皇太极并不重要，重要的是皇太极在位期间为清朝的发展壮大作出了相当大的贡献。

大政殿

清太宗皇太极在此举行登基大典

皇太极与海兰珠的生死恋

海兰珠

崇德元年（公元 1636 年），海兰珠被皇太极封为关雎宫宸妃，成了关雎宫的主人，地位仅次于中宫皇后。关雎宫，来源于《诗经》中“关关雎鸠，在河之洲，窈窕淑女，君子好逑”的佳句，是皇太极爱恋宸妃，并为之动真情的象征。

皇太极的后妃见于史籍的共有 15 人，史籍之外的更多。在众多后妃中，天生丽质者不乏其人，然而皇太极惟独钟爱宸妃海兰珠，在她的身上倾注了夫妻间的全部感情。蒙古博尔济吉特氏家族中的两个女性已经嫁给了皇太极，孝端文皇后哲哲居中宫，享“椒房之尊”，她的二侄女为永福宫庄妃。后来在一次亲戚会面中，庄妃的亲姐姐海兰珠随母朝见皇太极，皇太极见海兰珠婀娜多姿，端庄秀美，就生了爱慕之心，再加她久负温良贤淑盛名，于是皇太极顾不得已经从博尔济吉特氏家族中纳了一后一妃，还一定要娶这位美女。第二年海兰珠与皇太极成婚，这一年她 26 岁。于是，后宫中出现了一姓姑侄三人同侍一夫的新鲜事。皇太极对这三位后妃恩宠有加，其中尤以宸妃最受宠爱，封其为东宫宸妃。

崇德二年，宸妃在关雎宫生下一位皇子，按长幼排列，这是皇太极的第八子。皇太极非常高兴，在笃恭殿召集文武群臣，颁发了大赦令。大赦令中规定，除犯上，焚毁宗庙、陵寝、宫殿，叛逃杀人，投毒药，巫蛊，偷盗祭天及御用器物，殴祖父母、父母，卖兄弟，妻诬告夫，内乱，纠党，白昼劫人等罪不赦外，一切监禁之人全部免罪。皇太极还封宸妃的母亲为和硕贤妃，赏赐仪仗。

在过去，即使在中宫有子嗣的情况下，宠妃生子，亦有希望成为太子，将来可以继承皇位，何况中宫皇后自入宫以来一直未生皇子，立嫡已不可能，所以宸妃的这位皇子很有可能成为太子。因此在皇八子诞生庆典上，蒙古各部落的首领均来供奉大量贺礼，一时间盛京城内热闹无比。此时的皇太极开疆拓土，称雄于东北，加之娇妻产子，诸事顺遂，可谓春风得意，踌躇满志。宸妃更是看在眼里，美在心头，喜上眉梢。

可谁知好景不长，倍受娇宠的皇八子不到一岁便夭折了。受打击最大的是宸妃，皇八子是自己身上掉下来的肉，从诞生到将近一岁，给她带来了诸多辛苦，更带来了难以形容的欢乐。正所谓“母以子贵”，她对皇儿抱着莫大的希望，然而，这一切都成为泡影。儿子死后，她朝思暮想，魂萦梦牵，白天不进饮食，夜晚彻夜难眠，终日以泪洗面，不久便身染重病。皇太极除多方安慰开导外，又厚赐宸妃财物仪仗，但是，这一切都无法医治她丧子的心病。1641 年海兰珠终于撒手人寰，年仅 33 岁。

宸妃病危时，皇太极正率军在前方打仗，作为三军统帅，是不应该离开阵地的。可是，宸妃不是一般的妃子，于是他置紧张战事于不顾，马上动身往回赶，一路上马不停蹄，可刚入盛京城，就传来宸妃去世的噩耗，他来晚了一步，未能与心爱的人诀别。皇太极抢入大清门，直扑关雎宫，出现在他面前的只是宸妃那香消玉殒的遗体。皇太极忍不住巨大的悲痛，哭天号地，泪如雨下。周围诸多官员、皇妃宫女、皇子公主，也跟随皇太极大哭不已，一时间哭得天昏地暗。在为宸妃治丧期间，有些王公大臣因为违禁，还受到了皇太极的惩罚。承政曹海请戏剧班子在自己帐内吹弹歌舞，被人告发，受到革职处分。辅国公札哈在自己营地戏舞鸣弦而歌，被夺爵监禁。与此有牵连的人达数十名，有的被削爵，黜宗室籍为民籍；有的被籍没家产，鞭打一百,一时间人心惶惶，各怀恐惧。

皇太极与宸妃情深意笃，宸妃之死，对皇太极精神打击极大，于是“饮食顿减，圣躬违和”，以致害了一场大病，此后再没有重返战场，从而也结束了他四十余年的戎马生涯。

对宸妃的魂牵梦萦，使皇太极难以自拔。自宸妃死后，皇太极频繁地举行各种祭典活动，并请僧道人等为宸妃布道诵经，超度亡魂。皇太极亲撰的祭文，情真意切，催人泪下。由于怀念宸妃，皇太极不时悲伤，大臣们看他那个样子，就劝他说：“皇上每天居住深宫，忧伤的心情没有全部消除，不如出外打猎，换一换心境。”皇太极听从了大家的劝告，和众大臣外出狩猎。当走到蒲河岸边，看到宸妃的坟墓时，他又痛哭起来。此后，皇太极每次经过宸妃墓地，总要在这里下马伫立，长时间地凭吊默哀，以茶酒祭奠，直至突然发病死去。

历史记载皇太极是“无疾而终”，年仅 52 岁怎么可能无疾而终呢？史学界对他的死因至今尚无定论，但有一点可以肯定，宸妃海兰珠的早逝，是一个重要原因。

皇太极得传国玉玺之谜

“玺”就是印，“传国玉玺”又称“传国玺”。相传秦始皇统一天下，特以传世珍宝“和氏璧”（一说蓝田玉）制作一玺，其方圆四寸，上纽交五龙，正面刻有秦丞相李斯所书“受命于天，既寿永昌”八篆字，以作为“皇权神授、正统合法”之信物。之后的历代帝王皆以得此玺为符应，奉若奇珍，是历朝历代的“国宝”，得到它则象征此帝是“受命于天”，如若丢失则暗示其“气数已尽”。如果新帝登基而没有此“传国玉玺”则被讥笑为“白版皇帝”，显得底气不足而为世人所轻蔑。也正因此，想夺取玉玺的人和皇帝间上演了无数次你争我夺的猫鼠之战，更导致传国玉玺屡易其主，辗转于神州当地两千余年，至今下落不明。

传国玉玺与皇太极的典故由来已久。

相传明初朱元璋得天下后听说传国玉玺落入元朝人手中，并已被元顺帝带到了大漠以北，于是便不惜出兵数十万远征沙漠，以期夺回此宝。大臣解缙还为此上表请罢兵戎，以利百姓生息。后来李文忠二次远征，俘虏了元后妃和诸王，得到了一些宋元玉玺，但却未见传国玺的踪影。此后又过了两百多年，在漠北地带，有一位牧羊人见一只绵羊老用蹄子当地上刨。挖开一看，发现下面埋着一块晶莹碧透的玉玺。他将它献给元顺帝的后人博克图汗，后经鉴定此为“传国玉玺”。

消息传到漠南蒙古察哈尔部林丹汗耳中，他因是成吉思汗嫡系后裔，早怀恢复祖业之志，一闻此讯，即率二十万大军来攻，经过一场血战，果然夺得玉玺。天聪九年（公元 1635 年），皇太极派弟弟多尔衮西征察哈尔，林丹汗之子额哲献传国玺投降。但皇太极得玺一看，见上面刻的是“制诰之宝”四字，原来此玺非彼玺，并不是秦朝的传国玉玺，而是汉元帝命昭君和蕃时送给匈奴王的一颗羊脂玉玺，但皇太极还是对外宣称他得到了传国玉玺。

传国玉玺在封建社会是全中国正统皇帝的象征。在皇太极和诸贝勒看来，传国玉玺落入后金之手，意味着“天命”归金，上天已经允许皇太极做天下命世之君了。1635 年 12 月，诸贝勒、大臣做出了决议，遣弘文院的希福、刚林，公元秘书院的罗硕、礼部的启心郎祁充额代表他们给皇太极上尊号："今察哈尔汗之太子及部众悉降，又获历代帝王争夺之玉玺，天助我国之象实可见矣。今请仰体天眷，早定尊号。"皇太极担心诸贝勒"心怀嫉妒"，明言谢绝。诸贝勒大臣反复上奏，皇太极仍不同意。其侄礼部承政萨哈廉看透其心事，便再派上述四位官员向皇太极报告："请诸贝勒发誓各修其身，汗当受尊号。玉玺既得，各部皆服，此诚天意也。"这一次皇太极终于同意，并正式改国号为"清"。

以上关于传国玉玺的记录在正史中均有据可查，另有野史记载称玉玺传到十六国时期，在魏灭亡的时候，东晋、燕、后秦各得到了一块，都自称是真的，其中东晋的这一块传到后唐李从珂手里。后来宋朝建立后，一农民在李从珂的废墟中找到这个玉玺，献给宋。后来又传到了金，然后又传到了元，被元顺帝带到北元。皇太极灭北元时得到了玉玺，再次传到民国，现在收藏于台北故宫博物院。

"皇帝之宝"玉玺

孝庄下嫁迷雾重重

孝庄文皇后

位于河北遵化县的清东陵至今都不平静，几乎所有有关清代谜案均来自于这座皇陵，其中之一便是孝庄文皇后的昭西陵。俗话说寡妇门前事非多，此语古已有之，就连孝庄文皇后也不例外。而正因此，孝庄太后是否下嫁成为清史中的"四大皇宫谜案"之首。后人但凡谈到清史者，必引出太后下嫁的诸多传言，久而久之，这便成了清朝历史中最为神秘的谜案了。

其实，"太后下嫁"之说，首先起因于顺治五年（公元 1648 年）多尔衮被封为"皇父摄政王"。这个怪异的称呼引起了人们各种猜测。大家认为，皇帝之母降贵屈尊下嫁，才使多尔衮有了这种尊称。也有人称当时顺治帝是为了孝顺，考虑到母亲的孤苦及与多尔衮多年的情谊和多尔衮对自己拥立帝位的恩情，在大臣的提议下议请多尔衮与母亲结合。父死子娶其庶母，兄死弟娶其嫂的婚俗，在当时的满洲十分正常。

离那个年代越久远，谜团便愈发神秘。赞同孝庄嫁给多尔衮的人以八种理由作为证据，一为孝庄为了保顺治帝的皇位被迫下嫁；二为满洲有兄死弟娶其嫂的习惯；三为多尔衮自称皇父、皇父摄政王；四为有《东华录》里有一句话称多尔衮有时候到皇宫内院；五为顺治帝有太后下嫁谕旨；六为有人说有一"下嫁诏"，顺治帝曾颁诏天下："朕以冲龄践祚，抚有华夏，内赖皇母皇太后之教育，外赖皇父摄政王之扶持，仰承大统，幸免失坠。今皇母皇太后独居无偶，寂寞寡欢，皇父摄政王又赋悼亡，朕躬实深歉从，诸王大臣合词吁请，佥谓父母不宜分居，宜同居以便定省，斟情酌理，俱合朕心。爰择于本年某月某日，恭行皇父母大婚典礼，谨请合宫同居，着礼部恪恭行事，毋负朕以孝治天下之意！钦此”；七为孝庄死后，她本来应该到沈阳的北陵和皇太极葬在一起，但是没有，最后孝庄被葬到清东陵，于是后人猜测当时孝庄觉得对不住皇太极，有失皇家颜面，故没有与皇太极合葬一处；第八种说法是明末有一位学者名叫张苍水，他写了一首七绝《建夷宫词》，其中里面有四句话：“上寿殇为合卺尊，慈宁宫里烂盈门，春官昨进新仪注，大礼恭逢太后婚”。

其实这些理由都不能成立。第一，顺治帝的皇位是经过非常复杂而激烈的斗争才确定的，而并非孝庄嫁给多尔衮就能搞定。第二，关于皇父摄政王的称呼也并非指多尔衮就是顺治帝的继父。试想，后来的光绪称慈禧太后为皇阿玛，皇阿玛是爸爸的意思，难道因此慈禧就变男性了吗？第三，是多尔衮有时到皇宫内院也不能成为证据，不管多尔衮是公事也好，私事也罢，找太后商量事情，进皇宫内院也不能说明皇太后就嫁给他了，如果真的嫁给多尔衮，多尔衮就不用进皇宫内院了，他们就住在一起了，还用到皇宫内院吗？反倒是因没嫁给他才不时前往皇宫内院的。第四，到目前还没有人看到过顺治帝下的那道谕旨和诏书，清史档案和文献里也没看到，因此就不能说明它是一条史料证据。第五，孝庄死前有言在先，她说皇太极已经故去很多年了，如果重新把他坟启开的话就惊动了亡灵，她很长时间和她儿子顺治帝、孙子玄烨（即后来的康熙帝）生活在一起，这样她最后和他儿子、孙子墓葬在一起。所以孝庄的陵墓放在清东陵，不能证明她下嫁给多尔衮。更何况孝庄是清入关第一帝世祖福临的生母，比关内清东西二陵内所有内葬人的辈份都高，雍正在给太祖母解决葬地问题时考虑是很周全的，当时清西陵未建，整个东陵园区内世祖的孝陵在昌瑞山主峰下，地位至尊无比。如将孝庄葬在园区之内，那么孝庄昭西陵的地位将卑于孝陵，哪有母亲卑于儿子的，辈份不适宜，也不合礼制。把昭西陵建在陵区外而又靠近风水园墙，既解决了辈份不适宜的问题，也划清了两个不同体系的界限，同时也遵循了孝庄“不忍远去，务于孝陵近地，择吉安厝”的遗嘱，可谓周详万全。

由此看来，所有有关太后下嫁的资料都没有，即使有人说太后下嫁的诏书被毁掉了，可是这么大的事情清史怎么可能没有记载呢？倒是在所有的证据里，唯独张苍水的那首诗明确提到太后孝庄下嫁了，这也是八条理由里唯一直接说到太后下嫁的。由此看来，“太后下嫁”说实为当时汉人的政治谣言和出于民族仇恨心理对清皇室的歪曲诽谤，于是民间流言纷纷。从后人所作打油诗中也可略知一二：“清宫秘闻传京都，阿嫂竟下嫁小叔，若闻此事真与假，宁信其有不信无。”而野史也借机大肆捏造，推波助澜，如易木撰《皇室秘闻》记载了孝庄与多尔衮结婚大典的盛况：孝庄召江南一精巧织工来京，布置“新房”，“未及一月，上自幔帐承尘，下至椅垫地毡，均以金银五彩丝线织成，游龙戏凤，花卉翎毛，五彩缤纷，灿烂夺目”。尔后，孝庄“又命人去苏杭一带采购绣丝冰茧、缕金象玉，以为壁饰，又定制大玻璃屏 12 扇”。“还命画工摹画《全宫妃女捧金莲送房图》”，画中有孝庄与多尔衮及内监、宫女等，画工精细，姿态动人。据传，多尔衮死后，顺治帝为掩其丑，“将图焚烧了”。

孝庄是否下嫁多尔衮、她和多尔衮是否有过一段暧昧的感情历程，都已成谜。但不管怎样，“太后下嫁”的故事折射出了顺治帝和孝庄皇后这对孤儿寡母当时尴尬险恶的政治处境。按清朝制度，太后下嫁是国之大庆，当然要颁诏天下。而后世的清朝君臣如要否定这件事，也必须用公开的方式否定，即明发谕旨，声明当初太后下嫁是多尔衮矫诏，伪造圣旨，但清史对此并无记载。所以有关孝庄与多尔衮的谜团实在太多太多。回过头来看，野史传说并不足信，倒是多尔衮与孝庄的情愫确实不一般，皇太极在位时他们就彼此心生好感，死后只不过更加怜惜那份感情罢了。试想，如果多尔衮不爱孝庄，何以忠心耿耿辅政十多年，亲自率军南征北战，招降吴三桂、进北京、灭南明，为大清入主中原一统江山立下赫赫功劳。多尔衮绝非一介武夫，他的文韬武略绝不逊于皇太极，连一度憎恨他的福临也曾叹服他处理政务的才干，在其权倾天下之际，若举兵造反，恐怕深宫中的孝庄母子根本不是对手，后人的困惑便来源于此。

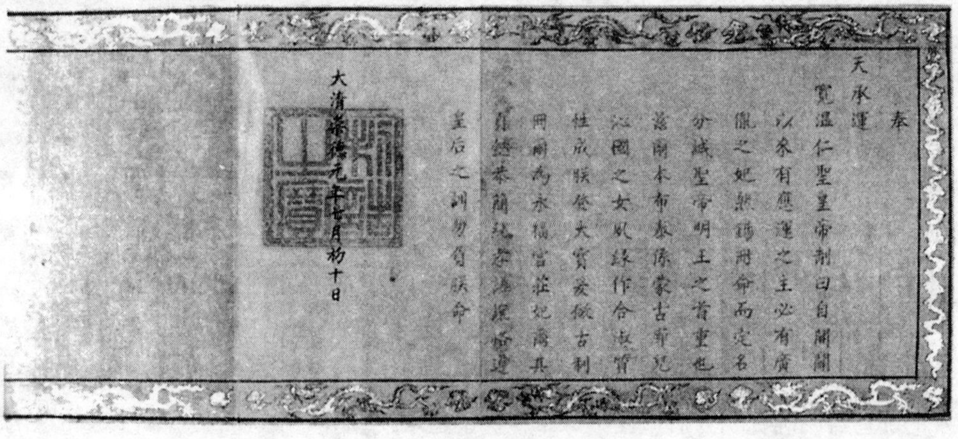
奉
天承運
寬溫仁聖皇帝制曰自開闢
以來有應運之主必有廣
德之妃然錫冊命而定名
分誠聖帝明王之首重也
茲爾本布泰係蒙古科兒
沁國之女夙緣作合淑質
性成朕登大寶爰倣古制
冊爾為永福宮莊妃爾其
貞懿恭簡純孝謙讓恪遵
皇后之訓勿負朕命
大清崇德元年七月初十日

《册封庄妃册文》左部

皇太极为何囚禁阿敏

皇太极知道自己的皇位来之不易，在他即位之初，并非一人独揽朝政。在他下面还有五个议政大臣、十个理事官，除此之外各部王爷、贝勒也都手握重权，四大贝勒并坐大政殿同受群臣朝贺，而且四大贝勒中有三人以汗兄自居，居功自傲。在皇太极继位后，他们都或多或少地有谋逆及藐视皇太极的表现。所以，皇太极初即位时可谓如履薄冰，极其谨慎地坚决地努力集权。

皇太极极力笼络优待其他贝勒，尤其是多尔衮、多铎兄弟，以增强与其他三大贝勒抗衡的力量。阿敏是皇太极的堂兄、努尔哈赤的同母弟舒尔哈齐之子，阿敏能任四大贝勒之一，是因为其父舒尔哈齐在努尔哈赤创业之时立下过诸多功勋。当舒尔哈齐企图拥兵自立，移居黑扯木时，阿敏也是怂恿者和追随者。之后阿敏与皇太极父子之间积怨年久日深，皇太极继位之际，他曾以“出居外藩”作为拥立的条件。皇太极找郑亲王济尔哈朗商议阿敏的要求，最后还是没有答应，因此阿敏对皇太极继位十分不满。所以皇太极早就想除掉他，只因即位不久，不便过于大刀阔斧地张扬。

在压制三大贝勒这一问题上，皇太极沉着冷静、聪睿而又坚韧，善于等待时机。一旦时机出现，他就会毫不犹豫地紧紧抓住。他长期保持着对三位兄长的谦恭和礼敬，长期维持与三位兄长并坐受朝贺的御殿之礼。但是，在他即位后的第二个月，便向每旗派设了一名掌管旗务大臣，其有参与国政的权力，有稽察旗内一切事务的权力，直接向汗王负责。不久，又扩大了议政会议的范围，所有贝勒都参与议政，每旗再增派三名议政大臣，打破了八旗旗主独享的对国政的控制权。

第一个时机出现在天聪三年（公元1629年），第一个进入皇太极整治视野的便是二贝勒阿敏。

天聪三年十月，皇太极亲率大军伐明，阿敏留守沈阳。后金八旗军势不可挡，杀进关去，夺得明朝的京东四镇——滦州、永平、迁安、遵化。这一空前胜利，使皇太极雄心勃勃地制定了内外夹攻山海关、而后向关内迅速推进的计划。后金上下为之欢欣鼓舞。阿敏对此却表现冷淡，无论皇太极出征期间还是班师回沈阳，他都没有一句恭请圣安的话，反倒向提前返回沈阳的岳托、豪格两贝勒大摆架子，自己居中盘坐，要他们遥拜一次，近前复拜一次，俨然国君。

次年三月，阿敏受命替换济尔哈朗守永平，以大贝勒的身份统辖京东四镇的后金兵马。不到三个月，四镇尽失，阿敏不仅在失地前大肆杀降，撤退时又将永平、迁安的官民屠尽。皇太极认为善待永平等归降官民是为收服人心，为日后夺取明朝天下树立的一个榜样，而阿敏屠城的政策恰好与皇太极的策略有严重的分歧。六月，失地屠民的阿敏回到沈阳，愤怒的皇太极不准阿敏及败归的诸将入城，严厉斥责其指挥失误、败坏大局、因屠民而留下无穷后患。

到这时候，妄自尊大的阿敏也不得不服罪了。阿敏被议得十六项大罪，理应当诛，但皇太极从宽免死，只革去其大贝勒和旗主贝勒之称，终身幽禁，直到病死狱中。阿敏的所属人口财产均给其弟济尔哈朗，并使他成为镶蓝旗主。济尔哈朗感恩戴德，对皇太极的忠诚至死不渝。这样，原来有离心倾向的镶蓝旗就牢牢掌握在汗王手中，汗权得到加强。

清太宗皇太极腰刀

刀身钢质，柄为木质。沈阳故宫博物院藏。

皇太极何以制服多尔衮

多尔衮

皇太极与多尔衮有着太多的恩怨，多尔衮是清太祖努尔哈赤的第十四子，据传努尔哈赤生前非常喜欢他，曾有意将其作为自己的汗位继承人。但当公元1626年努尔哈赤去世时，多尔衮的母亲被逼殉死，而此时多尔衮不满十五岁，当然无力争夺汗位。成年后的多尔衮一直对皇太极不满，但碍于皇太极是其同父异母的兄长又是皇上，所以也不敢犯上作乱。而另一面皇太极也视多尔衮为眼中钉、肉中刺，好几次都想借机除掉他，结果都未遂。多尔衮是一位难得的将领，作战勇猛，杀敌无数，加之其时皇太极与明朝暗中发力，皇太极需要像多尔衮这样的帅才。久而久之，皇太极觉得与其杀掉多尔衮不如制服他，让其为自己打江山更为妙策。

崇德四年（公元1639年）二月，皇太极投入十余万兵力发动松锦大战，明军也投入了近十万兵力，此役持续三年之久，至崇德七年（公元1642年）四月才宣告结束。锦州城是辽西重镇，是关外明军防御体系中的堡垒，因此皇太极视此役为其一统华夏的生死之战。此役由多尔衮亲自挂帅，动用大军围困锦州城，他的战略意图是重兵围攻，断绝锦州的外部通道，死死困住锦州，直到锦州城投降为止。守卫锦州的总兵祖大寿是明朝名将袁崇焕手下的一员骁将，指挥军民坚守城关。关于此战的战术运用和想法，皇太极之前已对围城的兵士将领作了详细说明，尤其叮嘱过主帅多尔衮。但多尔衮不愿意强攻，和皇太极的儿子豪格商量后，决定让兵士和军官轮流回沈阳探亲，一次每一编队放五人回家，每个旗放一名副首领回家。兵士回家营中兵员减少，多尔衮担心祖大寿出兵劫营，就下令全军从现有包围圈后退三十里安营，这一下激怒了皇太极。他即刻命令兵部参政谭拜率兵替换多尔衮军队，令多尔衮军驻扎辽河，没有他的亲令不准进入沈阳。

多尔衮见皇太极雷霆大发，于是只好驻军辽河。之后皇太极派范文程等人多次训斥多尔衮不听命令擅自让兵士回家，又将不加劝谏的豪格定了罪，此事件共牵涉包括阿巴泰在内等十余将领。后多尔衮上书申诉让兵士回家是为了修治盔甲、器械，屯兵养马。皇太极听后更加气愤，大怒道："这都是巧言辩解之词，有了过错不知道改正还敢欺骗朕，让他们自己议罪好了。"范文程回到辽河面见多尔衮后传达了皇太极的谕旨。多尔衮看出了皇太极心思，便对范文程道："我不逼迫众兵攻打锦州城，反而遣兵回乡探亲，违抗了圣旨，这才耽误了攻克锦州的日期。我是总理兵权的主帅，发号令的人是我，遣兵回乡的人也是我，按军法，违抗圣旨者罪该当斩。"虽然皇太极此时心中正想借机除去这个劲敌，但他的儿子豪格也说："睿亲王是王，我也是王，只是睿亲王是我叔叔，才总握兵权，但他制定的作战计划也和我有关，所以我也当死。"皇太极也只能免了多尔衮的死罪，把多尔衮降为郡王，从此不让他议政带兵，以示惩戒。一个月后，皇太极重新启用多尔衮。经过上一次的打击，多尔衮已变得服贴。

皇太极在处理与多尔衮关系这一问题上曾说"我们既是兄弟，更是君臣"的话，从这一事件中也可以看出皇太极深谙用兵之道，更能熟练处理朝野上下各种错综复杂的人脉关系，他懂得如何利用手中的皇权使身边的人臣服于他，即使像多尔衮这样的"刺头"也能被他制服。

皇太极收买汉臣之谜

皇太极在用兵之道上与努尔哈赤最大的区别在于前者善用汉臣，用收买人心的方式收买江山。努尔哈赤在向辽东进军过程中，推行民族岐视与压迫的政策，对辽东地区的百姓特别是汉人肆意屠杀奴役，企图以此削弱汉人的势力。皇太极继承汗位后，一心想问鼎中原，他知道，要成为君临天下的皇帝，只靠征服还不行，必须学会收买。

第一位被皇太极收买的重臣是宋代名臣范仲淹的后人范文程。早在努尔哈赤时代，范文程就在其手下为官，可惜努尔哈赤蔑视汉人，范文程混了八年才得到一个章京（从五品，相当于现在的县长）的小官。皇太极即位后，当然不会放过才高八斗的范文程，他刚即位便将其调至自己身边作为参谋，凡是军政大计都先和范文程商议后才作决定。范文程受到皇太极极大的尊敬，以至每逢王公贝勒向皇太极报告军政大事时，皇太极第一句话就是："范章京知道吗？"

范文程在皇太极手下为官最大的贡献就是用离间计除掉了明朝著名将领袁崇焕。皇太极死后，范文程先后辅佐过顺治帝、康熙帝，官至大学士，其子范承谟、范承勋等均在清廷效力，分任总督、尚书等职。由此可以看出皇太极对汉臣极为重视。不仅如此，他采取的优待俘虏、降服汉人的政策赢得了重多汉将为其效力。

天聪五年（公元 1631 年）七月，皇太极亲率数万大军伐明，发动了对大凌河城的围城战。明朝为了加强和巩固明朝在辽西的军事防御，派遣总兵祖大寿、副将何可刚等十余员名将率部重建防御工事，并驻兵坚守，祖大寿共招募兵士一万六千余人，城内还有预备役军队一万多人，全城军民共三万余人。出乎祖大寿意料的是，皇太极在此战中采用围而不攻的战术，围绕大凌河城四周建起了大小两层包围圈，立营盘五十余座，纵横绵延五十余里。祖大寿见此情形开始时还不时放一队人马出城袭扰，皆被皇太极打败，后方明朝救援军队虽也不时赶来营救，也被皇太极打得溃不成军，于是明朝再也不派援军了。

在没有援兵到来的情况下，祖大寿处于弹尽粮绝的境地，已被皇太极围困两个多月，成百上千人被饿死，勉强活下来的人抢食死人肉，用人骨头当柴烧，有些人撑不住了，就偷偷跑出城投降。如果换作努尔哈赤，肯定会斩杀出城投降的兵士以鼓舞士气；而皇太极恰恰相反，他优抚出城受降之人，用好酒好肉招待他们，吃完后还派兵士送他们返乡，无家可归者经过本人自愿可以留在皇太极的部队充军，每月按时发放饷银。出城投降的人越来越多，皇太极看火候已到，便开始写信给祖大寿，劝他投降。开始的几次祖大寿态度异常坚决，表示“我宁困死于城中，也不投降”。但当粮食吃光，毫无生路时，加之逃出城去投降的士兵都受到皇太极的厚待，他也开始逐渐动摇了。拖到十月初，祖大寿再也撑不下去了，于是他派出四名副将、两名游击将官到皇太极处，代表他和城中 39 名将领与皇太极举行盟誓。十月二十八日晚，祖大寿亲自出城，来到皇太极帐前。皇太极异常兴奋，派诸贝勒出城一里迎接，当祖大寿快到时，他步出营帐迎接，祖大寿见到皇太极后当即就要下跪，皇太极连忙制止，同时皇太极行满族最隆重抱见礼表示格外优待。后来皇太极还赐给祖大寿黑狐帽、金玲珑、缎靴、雕鞍、白马等珍贵御用之物，并赏以官爵厚禄，令祖大寿感激涕零。从此，祖大寿便成了皇太极鞍前马后的一名重将，为皇太极问鼎中原立下汗马功劳。

皇太极偷袭朝鲜揭秘

皇太极在天启七年突然攻击朝鲜，而此时的明将袁崇焕却误以为皇太极要兵分三路攻击锦州。《三朝辽事实录》记载："天启六年十二月，辽东巡抚袁崇焕奏言：'奴酋要三路出兵，一往三岔河、一往黄泥洼、一往红罗山。我兵固守如铁桶，而以精骑为奇游，备贼败归截击。'"明朝当时并未意识到事件的严重性，直到朝鲜向大明求救，朝廷才意识到了局势的严重："朝鲜不支，折而入奴，奴势益张，亦非吾利。"于是严令袁崇焕自西策应，援救朝鲜。

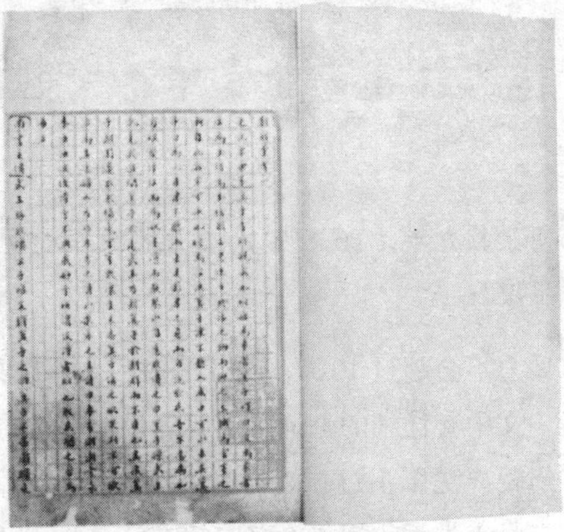

《朝鲜汇考》
清代王先谦撰，今藏于北京大学图书馆。

明朝才是皇太极问鼎中原最大的绊脚石，想必这一点皇太极也是清楚的，那为何不去攻打明都而要绕道偷袭朝鲜呢？

有史料记载，皇太极在偷袭朝鲜前曾召集麾下将领开会密谋，皇太极认为明朝想通过联合朵颜、朝鲜来压制他们，之前更居然偷袭喀尔喀的蒙古兄弟部落，所以此时大金面临的局势相当恶劣。要想破坏明军的计划，必须将大金左右的两面网给收拾了。而要使明军折掉左右两只臂膀的最好办法就是攻打朝鲜，让那些高丽人为皇太极的军队生产粮食，放养牛羊。在这一次密会上，皇太极阐述了偷袭朝鲜的重要性："辽东的袁崇焕自然不会轻易让我们女真勇士攻下朝鲜，他们应该在我们出征的时候趁机来攻。盛京是我大金之根本，本汗不容有失。所以，这一次虽看似进攻朝鲜，实际上明军才是我们对付的主力。朝鲜人不善作战，有镶黄、正白、正红三旗的精锐在，本汗相信只要速战速决，出征的勇士们很快会将朝鲜王带回盛京。"

平壤古城门

明崇祯九年（1636年），皇太极率军进攻朝鲜，攻占平壤。

此役中袁崇焕犯了一个致命的战略错误——他拒绝出兵自西线攻击沈阳以救朝鲜。朝廷再次严令袁崇焕出兵，趁满兵精锐东调，“且令以关宁之师直捣虎穴”。袁上疏抗辩：“闻奴兵十万掠鲜，十万居守，何所见而妄揣夷穴之虚乎？我纵倾伍捣之，无论悬军不能深入，纵深入奚损于逸待之夷？”而事实上，当时满洲全部正规兵力也只不过8万余人，能动员的兵力不会超过10万。关于当时后金八旗兵力的实数，孟森先生在《八旗制度考略》一文中有详细的考证。也就是说，当时的沈阳守军数量并不多。况且袁所控制的义州距离沈阳不过300余里，何来深入？后来迫于朝廷的压力，袁最终还是出兵了。三月，先派水军500名支援东江，再以“关外三军营及前锋三营，抚镇标下四营，每营选精兵九百”，合兵九千人，进逼三岔河，为捣巢之举。此后这九千兵马便一直滞留在三岔河，没有进击的具体动作。一直到4月18日，朝鲜战事结束。至此，朝鲜尽入后金之手，皇太极已无后顾之忧。

计杀袁崇焕

皇太极要想一统中原，必须推翻明朝，而要想覆灭明朝则必先除去袁崇焕。那么，袁崇焕是谁？为何有此等本事令皇太极如此挠头？袁崇焕字元素，号自如，祖籍广东东莞要。想当年努尔哈赤何等威风，可谓打遍明军无敌手，但他就怵一人，此人正是袁崇焕，而最终置努尔哈赤于死地的人，也正是袁崇焕。袁崇焕是万历四十七年（公元1619年）的进士，却在天启六年（公元1626）就做上了肩负东北防务重任的辽东巡抚，这充分说明他有军事才能。曾经向思宗推荐过袁崇焕的官员吕纯如，对袁崇焕就有“不怕死，不爱钱”的评价。明皇帝私下里称袁为“蛮子”，袁崇焕的才能，体现在军事方面，即使在他被杀之前的一段时间，仍被明皇帝认为“守辽非蛮子不可”。可以说，他是明末最善于与后金军队作战的明军将领。

万历四十七年（公元1619年）的萨尔浒之战后，在明军与努尔哈赤军队的力量对比中，努尔哈赤明显占据优势。幸好宁远一战，袁崇焕用新式武器红衣大炮胜了一次，暂时使辽东战局在天启六年出现转机。但是，袁崇焕很快被魏忠贤罢免。思宗即位，在处理完魏忠贤一事之后，便全力应付辽东战局。天启七年（公元1627年）十一月重新召回了袁崇焕。次年元月，即任命袁崇焕督师蓟辽，兼督登莱天津军务，等于将辽东的防务全部委托给了袁崇焕。

袁崇焕

公元1629年10月，皇太极率领几十万兵马从龙井关、大安口绕道河北，直扑明朝京城北京。袁崇焕一时慌了手脚，急忙出兵，想在半路把皇太极拦住，但已经来不及了，此时皇太极已带兵马来到北京郊外。后金军突然进攻北京，引起了全城震动，崇祯帝更是急得心慌意乱，不知该怎么办才好，后来听说袁崇焕带兵赶到，心才定了一些。他亲自召见袁崇焕，慰劳一番。但是魏忠贤的一些余党却散布谣言，说这次后金兵绕道进京，完全是袁崇焕引进来的，说不定里面还有什么阴谋呢。

崇祯帝是个猜疑心极重的人，听了这些谣言，也有些怀疑起来。正在这个时候，有一个被金兵俘虏去的太监从金营逃了回来，向崇祯帝密告，说袁崇焕和皇太极已经订下密约，要出卖北京。这个消息简直像晴天霹雳，把崇祯帝惊呆了。

原来，明朝有两个太监被后金军俘虏去以后，被关在金营里。有天晚上，一个姓杨的太监半夜醒来，听见两个看守他们的金兵在外面轻声地谈话。一个金兵说："今天咱们临阵退兵，完全是皇太极的意思，你可知道？"另一个说："你是怎么知道的？"一个又说："刚才我就看到皇上一个人骑着马朝着明营走，明营里也有两个人骑马过来，跟皇上谈了好半天话才回去。听说那两人就是袁将军派来的，他已经跟皇上有密约，眼看大事就要成功啦……"

姓杨的太监偷听了这番对话，趁看守他的金兵不注意，偷偷地逃了出来，赶快跑回皇宫，向崇祯帝报告。崇祯帝听了也信以为真。他哪里知道，这个情报完全是假的，两个金兵的谈话是皇太极预先布置的。

崇祯帝命令袁崇焕马上进宫，袁接到命令后一脸茫然，匆忙进宫面见崇祯帝。崇祯帝端坐在龙椅上质问袁崇焕道："为什么金兵都到北京了，你的援兵还迟迟不来？"袁崇焕一听不禁怔了一下，他正想辩解，崇祯帝已命身边锦衣卫将其拿下，押进大牢。之后有大臣要崇祯帝慎重考虑，崇祯帝不听，而此时袁崇焕的一些内敌又趁机陷害他，所以到了第二年，崇祯皇帝还是下令把袁崇焕杀了。

皇太极使用离间计除掉袁崇焕，进而得天下的故事在海内外学者中引起不少争论。有的认为此计为皇太极重臣范文程所设，皇太极只是遵照执行。但不管怎样，此事件可以看出皇太极的军事领袖才能，即便此计出自范文程之手，也可看出皇太极是位善于用兵、用人的皇帝。

皇太极是否死于谋杀

崇德八年（公元 1643 年）八月九日这一天早上，皇太极仍像往常一样先是在书房批阅奏章，之后接见了前来朝贡的部落首领并逐一对其进行了赏赐。中午时分，仆人为其端来膳食，但此时皇太极并不想进食，之后转身去崇政殿，会同皇后召见了嫁给察哈尔、科尔沁蒙古的女儿固伦公主及一行亲友，此时皇太极略感身体不适，便自行回宫休息了。没想到这一去便再也没回来，死时年仅 52 岁，在位 17 年，而这一天恰好是宸妃海兰珠死后的第二年，于是后人推测海兰珠的死导致皇太极整日郁郁寡欢，茶不思饭不想，最终突然病逝。

对皇太极的死因正史多语焉不详，但从清史中可以看出，实际上在公元 1643 年初皇太极的身体已经不行了，但没有严重的迹象，到了八月庚午这一天仍照常处理公务，但到夜间就突然驾崩了。

朝鲜史书披露说皇太极得的是“风眩症”，症状为肝郁不舒、易于发怒、血流上涌，导致头脑昏眩，引发中风症、高血压。从皇太极的死亡速度看，很可能是脑血栓引起的脑溢血。野史所讲也未见得是全然无的放矢，比如有野史中记述皇太极死于肥胖，是否死于肥胖暂且不论，倒是皇太极身体确实很“肥”。皇太极年轻时被称为“熊”，一半来自他的长相，另一半便因为皇太极体壮如熊，待到年老体弱时，当年的壮硕已被肥胖取代。皇太极因长年征战沙场，再加上爱妃宸妃的去世，给他感情上很大的打击，因此才突然中风而亡。

另有野史猜测皇太极为多尔衮谋杀。据传多尔衮与皇太极宠爱的福晋博尔济吉特氏、乳名大玉儿即孝庄皇后私通，被皇太极发觉后，多尔衮先下手为强，杀死皇太极。野史记载：崇德八年（公元 1643 年）八月八日，皇太极赴睿亲王府家宴。舞妓歌女的表演和金樽清酒的频进使他觉得晕眩心悸，身上虚汗沁出，于是便退席小息片刻。这一夜皇太极连续做噩梦，还梦到了海兰珠。夜里庄妃送来一碗有毒的参汤，皇太极喝完后便暴毙身亡了。作为皇帝身边的爱妃，庄妃是不太可能下此毒手的，肯定背后有人指使，那此人会是谁呢？了解清史的人想必会不问自明的。

种种迹象都表明皇太极确系被谋杀，否则他头上的那只“天眼”，究竟该如何解释。据说后人盗挖皇太极的头骨，出土时发现距离眉心五寸的位置有一孔洞，此洞被后来学者称之为“天眼”，为古代弩弓一类钝器射穿所致，皇太极很可能就是因此穿孔而毙命。若从这一角度分析，最有可能杀皇太极的人要么是他的敌人，要么是宫廷内与他争权夺利之人。在这两种人之中，最有代表性的应该就是袁崇焕与多尔衮，其中袁崇焕早在皇太极死前 12 年就在北京被杀，可以排除嫌疑。而多尔衮一直在皇太极身边，也是对皇太极帝位威胁最大的人，所以他不仅有作案动机，而且还有作案条件。只是这些稗闻野史早已无从考证——清王朝定鼎中原后，满洲贵族为了塑造自己儒家门徒的形象，销毁了不少早期的档案。

综观历史，无论从哪个角度来讲，皇太极都应该算是个好皇帝。他的死引起后世诸多猜测，原因就是他的功绩盖世，影响了整个清朝的建立，他的死对其后世产生了诸多影响。

清世祖顺治帝

清世祖福临（1637 ~ 1661），清朝第三代皇帝，皇太极的第九子，母亲是孝庄文皇后布木布泰，即后来的永福宫庄妃。公元 1643 ~ 1661 年在位，谥号“章皇帝”，庙号“世祖”。顺治帝虽在位时间不长，但推行与民生息的政策，重用汉官，为稳定朝纲、恢复经济和社会繁荣奠定了基础。

揭秘福临佛缘之谜

憨璞性聪

顺治帝福临痴迷于佛教缘于偶遇一禅宗佛教高僧，此高僧名为憨璞性聪，高僧一见福临的面，就称他为佛心天子，并断言说："皇上是金轮王转世，夙植大善根、大智慧，天然种性，信仰佛法，不化而自善，不学而自明。"这样甜言蜜语的赞扬，福临听了顺耳舒服，他很愉快地接着高僧的话头说："朕想前身的确是僧，如今每到寺院，见僧家明窗净几，总是低回不忍离去。"高僧立刻顺竿爬："皇上夙世为僧，未曾忘却习气耳！"这是有据可查的一段福临与佛教高僧的对白。的确，福临崇尚佛教，有许多事实可以证明。顺治八年（公元1651年），年仅十四岁的福临到京东一带打猎巡幸，在景忠山召见主持僧海寿和借居修行的别山禅师。在南山山洞内，他与别山禅师进行长谈。次年，派内臣窦从芳赍敕书请别山禅师入京，在椒园辟一禅室，将别山供养其中，并赐号为慧善普应禅师。如景忠山南天门墙壁石刻所记："当是时，上于学佛之徒甚生信敬。"后来更颁发诏书，征召四方学佛高士入京。顺治十四年（1657年）夏秋之交，清世祖与临济宗僧人憨璞性聪接触，经引荐又征召临济宗僧人玉林琇、木陈忞入京，与之过从甚密，并由玉林琇取法名"行痴"。

此外，临济宗的知名和尚也深得顺治帝的宠爱。史书记载，顺治十六年，临济宗和尚木陈忞应召入京，与顺治帝论及佛门法道、古今人物、八股时文、词赋书法，侃侃而谈，深深地打动了顺治帝。尤其是关于反天主教的言论，顺治帝很是重视，木陈忞向福临讲述明代崇祯帝受天主教的影响，不信仰佛教，竟下令将宫内全部佛像用绳子拽出宫外，结果遭到报应，不仅失去国家，自己也吊死在煤山树上。顺治帝听后深受触动。于是，木陈忞便将他师傅撰写的批判天主教的文章拿给顺治帝看，顺治帝读过后对木陈忞说："我看了先师的文章，觉得非常不错，道理也讲得很透彻，可谓句句真言。"于是顺治帝命阁臣冯铨为此文章作序，并下令将其印成册子发布全国。

顺治帝曾赐予木陈忞"弘觉禅师"称号，还赏赐他法衣、字画、佛像等物品。顺治十七年四月，南苑德寿寺落成，顺治帝花费黄金五百多两在玄灵宫宴请木陈忞。一个月后木陈忞要南归，顺治帝亲自到北苑门为他送行，赠送御书"敬佛"条幅和山水、蒲桃画各一幅。木陈忞走后顺治帝曾两次派官前去探望。

剔红文房用具　清

顺治帝缘何鞭尸多尔衮

掘墓鞭尸、焚骨扬灰、不准人去坟上祭扫，这是对死人最严酷的刑罚，目的是使其下辈子不能投胎转世，让其永世不得翻身。顺治帝鞭尸多尔衮，除非与其有不共戴天之仇，否则不会施此酷刑的。那就让我们翻开历史，看看顺治帝与多尔衮究竟都有哪些恩怨情仇吧。

崇德八年（公元 1643 年）八月二十六日，福临在沈阳即位。作为满族入关后的第一代皇帝，天下终于归在福临名下，但福临却被掌握在多尔衮手中。多尔衮做了 7 年的摄政王，横征暴虐了 7 年，浴血拼杀了 7 年，也颐指气使了 7 年，更被福临咬牙切齿地忌恨和诅咒了 7 年。名义上多尔衮与济尔哈朗一起摄政，但实际上济尔哈朗早已被他排挤出了权力的中心，帝国的权力被他一个人牢牢地攥在手中。此刻的他成了中国真正的统治者，一个君临天下的霸主，一个没有封号的太上皇。经过一番经营，他的尊号从“叔父摄政王”到“皇叔父摄政王”，再到后来的“皇父摄政王”。他距离真正的九五至尊只剩一个皇帝称号了。与此同时，身为天子的福临则危如累卵，战战兢兢，只有仰人鼻息、任人摆布的份儿了。

然而福临仍然表现出了一个帝王应有的气质和不可冒犯的尊严，并且随着年龄的增长越来越明显。历史记录下了他登极前的一件小事：当迎接福临前往笃恭殿举行登位大典的仪仗队整装待发的时候，他的乳母居然提出要与他一起乘坐仅供皇帝专用的辇车。虽然这个表面放肆的要求其实是乳母出于对他年龄的担心，但福临却坚持辇车只能由他一个人乘坐，他的理由成熟得超越了他的年龄——那辆看似普通的辇车代表了一个皇帝的尊严，没有人可以与皇帝平起平坐。

顺治七年（公元 1650 年）十二月，在马背上驰骋一生的枭雄多尔衮竟然意外地在喀喇城的围猎中坠马死亡，年仅 39 岁。第二年正月，福临开始亲政，一个月后他就迫不及待地宣布了多尔衮 10 大罪状。之后福临没收了多尔衮的家产，罢免了他的封爵，剥夺了对他的奖赏，撤销了对他的国丧，诛杀了所有胆敢追随他的党羽。不仅如此，多尔衮的陵墓被掘开，他的头颅被割下，他的尸体在遭到棍子和皮鞭的蹂躏之后被抛置于荒野。毫无疑问，福临对多尔衮的仇恨的确是刻骨铭心的。

多尔衮被顺治帝鞭尸之说来自于当时在北京居住过的两名外国传教士。他们后来回国后写了本书叫《鞑靼战记》。上面记载说：“顺治帝福临命令毁掉阿玛王（多尔衮）华丽的陵墓，他们把尸体挖出来，用棍子打，又用鞭子抽，最后砍掉脑袋，暴尸示众，他的雄伟壮丽的陵墓化为尘土。”这本书是讲述他们在中国的所见所闻的，应该比较可信。另外，顺治帝当时曾下旨任何人不得为多尔衮扫墓祭祀，让其不能得享血食，这算是封建时代最为严厉的惩罚了。此后一百多年间无人敢论及多尔衮，直到乾隆四十三年“平反”，多尔衮的五世孙淳颖才承继睿亲王爵位。

不管顺治帝有没有毁多尔衮的尸，他的坟墓的确是被毁了几次。根据多尔衮恶焰滔天、欺压皇室宗亲等斑斑劣迹，想来顺治帝不会放过他，也只有掘墓鞭尸以泄怒气了。

顺治帝与董鄂妃之谜

《顺治帝吉服像》轴
清宫廷画家绘。现藏于故宫博物院。

顺治帝一直是孤单的，直到遇到了董鄂妃，她像姐姐一样照顾他、陪着他，令他感到自己不再孤单。即使有孝庄的爱，有大臣们的山呼万岁，内心深处他还是孤单的。他对女人的挑三拣四并非是因为他性取向怪癖或者性能力不足，恰恰相反，刚刚脱去了兽皮衣的满洲贵族依旧对原始的性欲保持着特别浓厚的兴趣。据来自德国的传教士汤若望记载，少年福临“和一切满洲人一个样，而肉感肉欲的性癖特别发达”，即使是在结婚之后，“人们仍听得到他在道德方面的过失”。

福临对两任皇后的刻薄源自于他对另一个女人疯狂的爱恋。这个女人就是著名的董鄂妃。

后宫美女如云，然而却没有一个与顺治帝情投意合，他渴望能得到真正的爱。当看到董鄂妃的墨迹时，他不禁惊叹，心头为之一颤。顺治帝欣赏董鄂妃的字画，却从未见过字画的主人，直至他大婚的第二天，她作为他的弟媳来向他进奉茶水时，顺治帝一眼认出了神交已久的她。此后，他常以论画谈墨为由召她入宫。两颗孤独的心相撞，在品诗作画中彼此了解，爱慕之情油然而生。

董鄂妃十五岁参加选秀，可以说是那届的唯一中选者，但出于种种原因，没有做皇上的妃子，而嫁给了当时的和硕襄亲王，当时董鄂氏 16 岁，襄亲王 14 岁。董鄂氏一开始是庆幸的，她不希望做皇上的妃子，因为她是一个感情非常细腻的女人，期待一份专一的感情，但婚后他发现亲王不过是个半大的孩子，对她忽冷忽热，高兴时就亲昵，不高兴理也不理，还动不动就出远门，留她独守空房，董鄂氏很伤心。这年皇上大婚，董鄂氏被邀请为伴娘，在典礼上皇上被她的美貌惊呆了，而后又念念不忘，只可惜无缘再见。后来在一次中秋家宴上，董鄂氏被邀请赴宴，再一次见到了皇上。当晚，皇后娘娘寂寞难耐，留她到坤宁宫赏月，又弹琴唱歌，顺治帝被歌声吸引，来到坤宁宫，惊讶于襄王妃的音艺。之后顺治帝设计与王妃单独见面，而后多次交往，王妃渐渐钟情于皇上，这不是因为他有地位，而是因为从他那里得到了一份真正的感情，这是与襄亲王绝对不同的。长期的交往终于被亲王发现，亲王对她百般羞辱。襄亲王死后一个月，王妃被册封为贤妃，入宫侍君，但当时的旨意是太后的懿旨。董鄂妃入宫四个月后怀孕，被册封皇贵妃，十个月后生四阿哥，当时的董鄂妃可以说是集万千宠爱于一身，但她并不骄纵，在许多事上都劝皇上仁爱并孝顺皇太后、善待其他嫔妃。

后世留下的史籍能够见证顺治帝与董鄂妃爱情的是《端敬皇后行状》，此文是董鄂妃死后顺治帝难耐思念之情含悲而写的，可见其对董鄂妃一往情深，“顺治十七年八月壬寅，孝献庄和至德宣仁温惠端敬皇后崩。呜呼！内治虚贤，赞襄失助，永言淑德，摧痛天穷。惟后制性纯备，足垂范后世。顾壶议邃密，非朕为表著，曷由知之？是用汇其平生懿行，次为之状……”

做皇帝不是福临的选择，他只能任人摆布——小时候任由多尔衮摆布，长大后被孝庄和大臣们摆布，一个皇帝竟然连自己心爱的女人都是经历了千辛万苦才娶到的。可以说顺治帝福临与董鄂妃的爱是忠贞的，他们为爱疯狂过、追逐过、痴心过，是后代爱情之典范。历史太遥远，关于当时福临如何深爱着董鄂妃的故事已经无法考证了，唯有一点可证实的是，自从有了董鄂妃之后，福临有了很大转变。福临本来也有当时满族贵族子弟的一些陋习，比如比较放纵等，但自和董鄂妃在一起之后，就改变了本性，变得专情起来，这是正史上有记载的。由此可见，福临还是真心喜欢董鄂妃的。

顺治帝选秀之谜

尽管顺治帝在上谕中没有使用“选秀”一词，但为给皇帝选配偶而在满蒙官民女子中大规模阅选的做法，与后来所谓的“选秀女”活动是完全一致的。这也是清史有记录以来皇帝第一次选秀女，由此可以说是顺治帝发明了清宫选秀制度。

顺治朝规定：凡满、蒙、汉军八旗官员、另户军士、闲散壮丁家中年满14岁至16岁的女子，都必须参加三年一度的“备选秀女”，17岁以上的女子不再参加。其目的就是“或备内廷主位，成为皇子皇孙栓婚，或为亲郡王及亲郡王之子指婚”。也就是说不仅皇帝的后妃要从旗籍女子中挑选，被选中的八旗秀女，有的可能要配给皇帝的近支宗亲。秀女年满13岁称“及岁”，超过16岁称“逾岁”。“逾岁”者一般不再参加挑选，如因故未能阅选者则必须参加下届阅选，否则虽至二十余岁亦不能出嫁，违者将受惩处。凡应选的旗女，在阅选前私自与他人结婚者也将由该旗都统参查治罪。即使的确残疾不堪备选者，亦须各旗层层具结，呈报本旗都统，然后由都统咨行户部上奏皇帝，才能免选。

顺治帝发明的“选秀女”制度多少有些类似现在的“超级女生”，先要经过“海选”，之后以淘汰制的形式从中选择皇帝比较满意的女子。选秀女由户部主办，届时由户部行文八旗各都统衙门、直隶各省驻防八旗及外任旗员，将适龄备选女子呈报备案。每届入选日期，均由户部奏准，然后通知各旗，具备清册。准备入选引看之日，秀女们都在神武门下车，按顺序排列，由太监引入顺贞门，让帝后们选看。应选女子入神武门至顺贞门外恭候，先由户部司官维持秩序，再由太监引入宫中，御花园、体元殿、静怡轩等处都是阅选秀女的场所。一般每天只阅看两个旗，根据各旗参选秀女人数的多少进行搭配。通常是五六人一排，供皇帝或太后选阅，但有时也有三四人一排，甚至一人一排的。如有被看中者，就留下她的名牌，这叫做留牌子；没有选中的，就撂牌子。然后，留牌子的秀女再定期复选，复选而未留者，也称为撂牌子。经复选再度被选中的秀女，还有两种命运：一是赐予皇室王公或宗室之家；一是留于皇宫之中，随侍皇帝左右，成为后妃的候选人。如果成为后妃的候选人，手续会更为复杂，初次“引阅”之后，屡屡“复看”，有“记名”的，这是被选中留牌子的；有“上记名”的，这是皇帝亲自选中留牌子的。最后，还要经过“留宫住宿”进行考察，在留宫住宿的秀女中选定数人，其余的都撂牌子。

如果说现如今的“超女”选拔是以参赛选手的美貌、歌喉征服评委，那么顺治年间的“选秀”并非只注重秀女的容貌。清朝明确规定，八旗秀女被阅看时，必须着旗装，严禁时装。而且，按照中国的传统观念，“好色”也是极不名誉的，“美女祸国”从来都是帝王和他们的大臣们翻云覆雨的护身符，因而阅选标准总在若即若离、讳莫如深的扑朔迷离中。

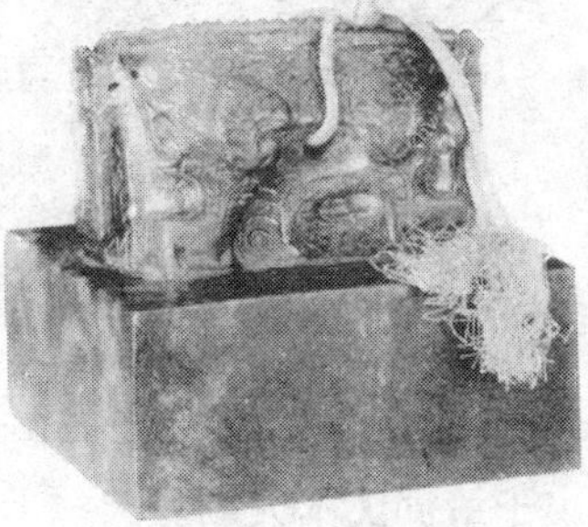

世祖章皇帝谥宝

为玉质，交龙钮。现藏于故宫博物院。

揭秘董小宛与董鄂妃之谜

董小宛

董小宛是谁？能和那位受尽福临宠幸的董鄂妃划等号吗？相信多数人都不敢给予肯定的答复。那就让我们根据一些杂章野史去分辨这两位倾国倾城的美人吧。

孝献端敬皇后董鄂氏，即董鄂妃，本是顺治朝内大臣鄂硕女，她在18岁时入宫。顺治十五年（公元1658年）生皇四子荣亲王，不久爱子病逝，董鄂妃十分伤心悲痛，身体每况愈下，终于在顺治七年（公元1660年）八月病逝，时年22岁。入宫后，董鄂妃因美貌和贤良，颇得顺治帝宠爱，入宫四个月就晋封为皇贵妃，死后三天就被追封为皇后，可谓红极一时。但是，在顺治帝死后，她的地位急转直下，遭到了一系列冷遇：神牌不进太庙，不系世祖谥，祭祀降格，死后没有推恩外戚，丧仪未列入《大清会典事例》等。这样的结果，其实并非出于董鄂氏本人的原因，主要是以孝庄皇太后为首的满族王贵对其生前为顺治帝所独爱不满，因为她顺治帝两度废后，而两任皇后分别是孝庄皇太后的侄女和侄孙女。因此，皇亲国戚也更不满意顺治帝给她的皇后桂冠，觉得名不正言不顺。因此，在顺治帝死后，董鄂妃的地位急转直下也就很自然了。其实也可能还有一个原因，从董鄂妃死后被火化看来，她可能是患上了天花，并传染上顺治帝，因此半年之后，顺治帝也因出痘而亡，招致皇族之恨。

另外，关于董鄂妃还有一个传说。一些史学工作者经过考证，认为孝献端敬皇后是襄亲王博穆博果尔的妻子，而博穆博果尔正是顺治帝的同父异母弟。主要依据就是钦天监洋人汤若望在回忆录中的一段记载：顺治皇帝对于一位满籍军人之妻产生了一种火热的爱恋。当这位军人因此训斥他的夫人时，竟被顺治帝亲手打了一个耳光，这位军人于是愤而至死。顺治帝遂即将这位军人的老婆收入宫中，封为贵妃。

这位贵妃于公元1660年产一子，顺治帝还准备立他为皇太子，但数周之后夭折了，而其母于其后不久薨逝。文中所述军人的妻子便是后来顺治帝的董鄂妃。

有关董鄂妃的身份问题是一个繁琐而复杂的问题，各种论述连篇累牍，其详尽程度甚至超过了对福临的研究。有人说她是宫廷内大臣鄂硕的女儿，18岁那年被选入宫廷；也有人说她是福临弟弟博果尔的妻子，是福临的横刀夺爱使她由一位王妃变成了皇妃；还有人说她就是江南名妓董小宛，被南下的清军从她先前的丈夫冒辟疆手中夺来，并被作为礼物进贡给了皇帝。

历史上董小宛确有其人，她生于明朝天启四年（公元1624年），名白，字青莲，后来成为秦淮一带的名妓。她19岁从良，嫁给江南才子冒襄（辟疆）为妾。二人感情真挚，相敬如宾。清军南下时，为避战乱，夫妻二人颠沛流离，相依为命达9年之久，董小宛终因劳累过度，于顺治八年（公元1651年）病死，年仅28岁，葬于影梅庵，当时名人赠吊的挽诗很多。当顺治帝呱呱坠地时，董小宛已15岁。到顺治二年，顺治帝刚7岁，而董小宛已22岁，7岁的皇帝怎么会纳22岁的汉族妓女为妃子呢？孝献端敬皇后是顺治十三年入宫的，那时董小宛已死5年。显而易见，董小宛绝不可能是孝献端敬皇后。

那为什么野史能把董小宛与孝献皇后扯在一起呢？原来是她们的姓中都有一个“董”字，她二人又都是倾国倾城的绝色佳人。在编写野史时，为了使故事情节离奇，能引起读者的兴趣，或许出于对满族统治的不满，于是文人墨客采用移花接木之术，把董小宛和孝献端敬皇后说成是一个人。其实孝献皇后姓董鄂氏是译音，许多史书也有译为“栋鄂”、“东古”、“东果”的。这样看来，她二人之间更没有什么联系了。

顺治帝与孝庄不为人知的秘密

顺治帝与孝庄既是一对母子，又是治国上的一对搭档，历史演义中，最为著名的传说就是孝庄为扶持顺治坐上皇位而不惜屈尊下嫁多尔衮。而正是因为有了孝庄，才成全了顺治帝，成全了康熙帝。孝庄在皇太后和太皇太后的座椅上始终没有直接垂帘听政，她默不作声却影响着历史的进程。孝庄对顺治帝的影响有多大？孝庄对顺治帝执政起正面作用还是反面作用？

孝庄文皇后，原名博尔济特布木布泰，孝庄文皇后是谥号，蒙古科尔沁部贝勒寨桑之女，12岁时被其祖父嫁与尚未登基的皇太极，26岁时生下福临，便是日后的顺治帝。孝庄长寿，75岁逝世，在清宫生活了62年。皇太极登极改元天聪时，她才14岁。夫君死得太早，刚满30周岁就守寡，是她的不幸。但她的大幸却是儿子做了皇帝，自己则做了皇太后。从一些史籍中回顾这段历史，可以看出孝庄对顺治帝执政起了很大作用。比如顺治帝在收回诸王大臣的权力、集中皇权时得到孝庄的支持，很多问题得到孝庄的指点。再比如顺治帝对南方的义军采取剿抚并重、抚重于剿的政策，都得到孝庄的支持；可是在满汉关系上孝庄和顺治帝的看法是不一致的。

民间传言的庄妃劝降洪承畴的故事似乎可以说明一些问题。《清史演义》中写道："明崇祯十五年，蓟辽总督洪承畴被清军生俘，皇太极想收降他。怎奈费尽心机，洪承畴不仅不降，还绝食以表忠心。此时庄妃自告奋勇，妆扮成汉族侍女，手捧人参汤进入囚所，极尽温柔，晓以利害。洪承畴在她婉言相劝之下，终于降了清朝。"但有人反驳说，此事是皇太极逼着孝庄去做的，孝庄本人并不情愿，而且她认为清朝是满人的天下，无须对汉人太过献媚。

孝庄为顺治一朝出力不少，但是母子的矛盾与隔阂一直未了，随着顺治帝年龄越来越大，孝庄越来越管不了儿子，对他的影响也越来越小。孝庄有较浓厚的满汉有别的观念，一直维护满族的旧俗旧制。她利用满蒙联姻的传统，为顺治帝的后宫挑选了多名蒙古族的妃子，还将自己的侄女、侄孙女先后封为皇后。然而，顺治帝不喜欢孝庄为她选定的后妃，钟情于董鄂氏。遗憾的是董鄂氏早逝，遭受感情沉重打击的顺治帝心灰意冷，不理朝政，一心皈依佛门，这些都使孝庄极为失望和不悦。

洪承畴

在当时，一个30岁的寡妇带一个6岁即位的皇帝实在不容易。这让人不由得联想起明朝万历皇帝和他母后的故事：万历皇帝10岁继位，上皇后尊号为“仁圣皇太后”，上生母尊号为“慈圣皇太后”。他的生母李太后原是宫女，在宫中没有地位，吃饭时仁圣太后和万历帝坐着，慈圣太后却站着。内廷有仁圣皇太后，外朝有大学士张居正，万历皇帝才10岁，她依靠什么巩固自己的地位？一天，她夜里做了一个梦，梦中神托言，自己是九莲菩萨转生。于是，她捐资在北京阜成门外修建一座慈寿寺，供奉九莲菩萨。寺中还修建一座高塔，名“永安万寿塔”，又叫“慈寿寺塔”。从此，再没有人敢欺负这位现世的“九莲菩萨”。孝庄太后倒没有用诸如此类的策略，她深知，同摄政王多尔衮搞好关系才是自己最为稳固的靠山，所以才有了之后的“太后下嫁”说。

尽管孝庄的一生和三位君主联系在一起，亲历了60余年的清宫风云，辅佐了子孙两代帝王，且和康熙帝亲情深重，影响至深，为君臣敬重。但浩瀚的正史，对这位贤德明理、柔韧大度的女人仍然予以忽视。某种程度上，这种“重男轻女”的史观和记录，恰恰给以前的野史和如今的电视剧提供了猜度和编撰的空间。而孝庄到底是怎样的人，她在历史上到底扮演了怎样的角色，人们永远也无法给出一个确凿的说法。

顺治帝“下诏求言”失败之谜

顺治帝身着明黄色的龙袍第一次站在神圣的祭坛前，代表着民族与血统向苍茫的上天提出自己的要求的时候，只是一个不到6岁的孩子，此时大权操在摄政王多尔衮手里。顺治帝亲政以后面临着各种尖锐的矛盾，为此他采取了几项重要措施，其中一项就是“下诏求言”。后来顺治帝述忆当时情景说：“昔皇考上宾，朕方六岁，正在幼冲。当时诸王大臣，同心推戴，嗣绍丕基。及定鼎京师，奄有四海，于时睿王摄政，朕惟拱手以承祭祀。凡国家之事，朕既不预，亦未有向朕详陈者。”

顺治十年四月十七日（公元1653年5月13日）的上谕说：“今年三春不雨，入夏亢旱，农民失业，朕甚忧之。意朕躬有缺失欤？祀享有不诚、诏令有不信、政事有未当欤？抑大小臣工怀偏私，重贿赂，不肯实心为国，旷废职业，以致膏泽不下逮欤？抑当言不言，不当言而言，沽名钓誉，持禄养交，无济于实事欤？抑民间疾苦无所控诉，地方各官不以实上闻欤？著三品以上及科道官各抒所见，凡有关朕躬及天下大利大害、应兴应革者，悉心条奏，毋含糊两可，毋借端影射。若所言合理，切中过失，朕不惮改。”这道上谕言词不可谓不恳切，期望不可谓不殷迫，在以后的几年里，类似这样的上谕还发过好几次。广开言路，集思广益，调动官员的积极性，共同应对政治、军事、经济各方面所面临的严竣形势，这应该说是一个很高明的举措。

但是，事实并没有如顺治帝所预期的那样。“下诏求言”遭到了群臣的冷遇，效果很不理想。这一点，顺治帝曾多次谈及。如顺治十四年十月十六日（公元1657年11月21日），他召集三品以上官员，面谕说：“朕年来屡饰科道各官，据实陈奏，以广言路。乃不抒诚建议，或报私仇，或受嘱托，或以琐细之事渎陈塞责。虽巧饰言词，而于国家政治有何裨补？”顺治十七年六月九日（公元1660年7月15日）他又颁旨说：“顷因亢旱为灾，朕省躬引咎，宣谕求言。原欲大小臣工，于朕躬阙失及关系国计民生利害者，指实陈奏，以图兴革。近见入告章疏，多摭拾浮泛修饰繁词，开列款数，沽名塞责，不惟无裨治理，反使虚文愈增，稽误正务。其于朕躬阙失，并内外满汉大小臣工结党循私，贪赃坏法，以及豪右侵渔、商市强霸，一切蠹政害民之事，未见确有指陈，殊负朕省改咨询实意。”“下诏求言”失败对这位皇帝影响甚深，可以说终生未能释怀。一直到他即将结束其24岁年轻生命的时候，他还在《遗诏》中专门写了这样一段话：“人之行事，孰能无过。在朕日御万机，岂能一无违错，惟肯听言纳谏，则有过必知。朕每自恃聪明，不能听言纳谏，古云：良贾深藏若虚，君子盛德容貌若愚。朕于斯言大相违背。以致臣工缄默，不肯尽言，是朕之罪一也”（《清世祖实录》卷144），或者说这份《遗诏》是别人代拟的，不一定代表顺治帝的思想，但无论如何，把这件事情特意郑重其事地写入《遗诏》，表明顺治皇帝“下诏求言”的失败是确凿无疑的。可见，要想真正广开言路，让大家做到“知无不言，言无不尽”，首先必须有一个真诚的态度，不是做表面文章，一味“虚邀名誉”。另外还要认真听取和采纳合理的意见，做到择善而从。更需要有宽阔的胸怀，能够听得进逆耳之言，特别是要真正做到“言者无罪”，而不能以言治罪。但是，对于一个具有至高无上权力的封建帝王来说，要做到这几点几乎是不可能的。因此，顺治皇帝“下诏求言”的失败也就成为必然了。

顺治通宝

顺治帝为何要废后

顺治八年（公元1652年）八月，云楼高耸的紫禁城里张灯结彩，按照多尔衮在世时的策划与安排，福临在这里举行了隆重的大婚典礼，像他的父亲和祖父一样成了博尔济吉特家族的女婿。一位西洋传教士记录了婚礼的壮观景象：皇后是在全部军队和无数骑兵的陪同下来到北京的。他惊叹道："世上竟确实有如此无边无际的骑兵队伍，我亲眼看见过西鞑靼给中国国王八万匹马作为礼物。"

可以想象，这位姑娘能从这样一个显赫的家族中脱颖而出，成为母仪天下的皇后，除了必备的资色、血统和智慧，想必还应该拥有不错的人品。但是为了摆脱多尔衮留在朝廷和自己心中的阴影，福临还是决定废后。

顺治帝废后之言一出，引起了意料中的轩然大波。满朝文武纷纷上疏："皇后正位三年，未闻失德，特以'无能'二字定废嫡之案，何以服皇后之心？何以服天下后世之心？"请求皇帝收回成命。面对文武大臣的反对，顺治皇帝虽然主意已定，却不便强行废后，一度郁闷成疾，短短几天中，顺治皇帝抑郁寡欢，形容憔悴。孝庄皇太后看到儿子如此固执，只好舍弃侄女的利益，允准废后。顺治皇帝得到母后的支持，于十年（公元1653）八月二十六日降旨："自古立后，皆慎重遴选，始可母仪天下。今后乃睿王于朕幼时因亲定婚，未经选择，宫阃参商已历三载，事上御下，淑善难期，不足仰承宗庙之重。降为静妃，改居侧室。"

废后在中国的宫廷里历来是一件极其重大的事件，它意味着皇帝将亲自颠覆旧有的社会秩序，更意味着宫廷权力的重新分配。废后作为帝王一生的污点将会被严正地载入史册，成为后人引以为戒的教训或引起喋喋不休的指责。因此，历史上几乎每一次成功的或者不成功的废后行为都会招来朝臣们无休止的争辩，都将引发国家漫长而剧烈的动荡，动荡之后通常又都伴随着血腥的杀戮。

顺治皇帝废掉皇后的理由是什么？按照当时他对大臣们的说法是因为皇后无能。福临为自己的废后行为列举了五项理由，分别是：婚姻源于多尔衮包办、皇后无德、双方无夫妻感情、皇后极度奢侈、皇后嫉妒。其中的后四项可以说都是莫须有的罪名，尤其是“奢侈”一项，因为几年之后，福临就为了自己心爱女人的葬礼在资金极度短缺的情况下仍然坚持大操大办，除了残忍殉葬30名太监与宫女，还焚毁了各种珍贵的陈设作为祭品，其中甚至包括两座真正的宫殿。那么，顺治帝废后的真正目的又是什么呢?

原来，立科尔沁蒙古卓礼克图亲王吴克善之女为皇后是睿亲王多尔衮的主意，因为那时多尔衮掌握军政大权，顺治的皇位尚且由他保护，婚姻的决定权就自不必说，所以这门亲事就定了下来。顺治帝年轻的时候对此还不太介意，但随着年龄变大，就越发感到难以忍受。并且随着时间的推移，顺治帝对多尔衮也越来越不满意，甚至怀恨在心，但由于他大权在握，也只好隐忍。顺治七年多尔衮突然死掉，顺治帝的顾忌便不存在了，而此时顺治帝已经结婚两年，觉得没办法再忍受下去了，便作出了废后的决定。

废后显然是福临为了与多尔衮叫板而使出的一招“杀手锏”，是故意拿死去的多尔衮出气。然而令福临没想到的是，废后虽然取得了成功，但毕竟大清帝国还要继续运作下去，帝国对疆域内残存的各种敌对势力的征讨还要继续下去，爱新觉罗家族与博尔济吉特家族相互之间的依赖关系也要继续下去。为了保持双方血浓于水般的联系，为了祖先创下的基业、为了帝国远大的未来，福临的下一任妻子仍旧必须从这个家族中遴选。于是一年后，前任皇后的侄女、一个14岁的女孩，从科尔沁草原被迎进紫禁城，成了帝国新的皇后。

顺治帝真的出家了吗

在清朝浩瀚的历史里，除去庄妃下嫁外，最大的谜团就是顺治帝是否出家了。今天，我们仍无法辩认当年的顺治帝是否削发为僧。如果顺治帝真的出家了，那么可以想见在顺治帝的眼里，皇位就是一种束缚，一种让他失去自由的束缚；另一方面也应探究他在龙椅上执政多年的精神支柱是什么？难道除了他心爱的董鄂妃就再没有其他了吗？

无论野史还是正史，对顺治帝是否出家均无定论。有这样的传说：顺治帝于顺治十八年（公元 1661 年）去五台山修身向佛，并于康熙五十年（公元 1711 年）左右圆寂。期间，康熙皇帝曾经数次前往五台觐见父亲，但都没有得到顺治帝的相认，所以康熙帝才会写出"文殊色相在，惟愿鬼神知"的诗篇。至于其出家，是因为爱妃董鄂氏；选择五台山修行，则是因为梦见董鄂妃在那里。这种说法的有关记录，主要存在于《顺治演义》、《顺治与康熙》等野史和文学作品中。尤其是当时著名才子吴伟业写的一组《清凉山赞佛诗》，诗文影射顺治在五台山修行，并用"双成"的典故和"千里草"代指"董"姓。由于吴伟业的诗素有"史诗"之称，所以信者芸芸，而这一切，又可以在五台山找到相关的证据。

另有一种流传最广的说法是董鄂妃之死给痴情的顺治帝带来了感情上的重大打击，福临是史所罕见的专注于爱情的一位皇帝，董鄂妃是他的生命之根，她的死使福临万念俱灰。这位曾胸怀治国安邦鸿志且以明君自期的青年皇帝，这位曾立下平定云贵五省、建立一统江山的有雄心壮志的青年皇帝，现在心灰意冷，执意抛却红尘，出家为僧，遁入空门。皇上说做就做，召高僧茆溪森为他举行净发仪式，并接受了茆溪森赐给他的法号"行痴"。这一离谱之举震惊朝野，孝庄太后苦苦规劝，王公大臣纷纷苦谏。关键时刻，孝庄皇后召来茆溪森的师父玉林忞将弟子茆溪森绑在一堆干柴上，传话给顺治帝，说皇上如不蓄发还俗，就下令将茆溪森活活烧死。一心向佛的顺治帝为了不违背出家人慈悲为怀的信条，不得不抛却出家做和尚的打算，老大不情愿地继续做他的皇帝。

关于顺治帝在24岁这年离宫出家、朝廷以其病逝为托词的猜度，不过是一个充满想像力的传奇故事而已。但顺治帝在十七年（公元1660年）十月，于西苑（中南海）万善殿，由茆溪森和尚为其举行了皈依佛门的净发仪式，则是史实。只不过剃光头发意欲出家的顺治帝，最终在茆溪森的师傅玉林忞谆谆规劝和要烧死茆溪森的压力下，又决定留俗了。这一史实的记载虽然不见于官方档案，但广泛见于本文上述的僧侣著作中。这些著书立说的僧侣，都是被顺治帝邀请入宫阐释佛法的著名人士。由于他们在记述净发的时期内生活在顺治帝的周围，而且是各自著作中的分别记录，所以具有极强的真实性，因此普遍为史学研究者所认可。

在关于规劝顺治帝还俗的记录中，最被人称道而且看起来最见效的一段劝导是，面对顺治帝的提问——佛祖释迦牟尼和禅祖达摩，不都舍弃王位出家了吗？玉林忞回答，他们是悟立佛禅，而现在从出世法来看，最需要您在世间护持佛法正义，护持一切菩萨的寄身处所，所以，您应该继续做皇帝。正是这些规劝，最终令顺治帝回心转意，蓄发还俗了。

顺治帝被郑成功炮轰之谜

郑成功

2004年4月，一位自称是郑成功后人的人首次公布家传手抄本《延平王起义实录》。该手抄本披露了清世祖福临顺治皇帝死因的惊世新说，即顺治皇帝于公元1661年2月被郑成功炮毙于厦门。此说一出，顿时在社会各届引起轩然大波，之前关于顺治的种种死因在此时也仿佛变得极不可信，那到底是怎么回事呢？

据史料记载，公元1660年5月郑成功在南京打了败仗，退守厦门。清朝趁机派大将军达素集中广东、福建、浙江三省兵力攻打厦门郑成功的军队。经过激烈战斗，公元1661年2月，海门、高崎、钟宅三路清军都被郑成功军队击退，但是没有任何正史提及顺治帝参与此次南征。但这份手抄本却披露，顺治帝正是在这次战役中被炮击身亡。据《延平王起义实录》记录：有人密报郑成功，顺治皇帝是在厦门思明港被炮轰而死的，大将军达素不敢公布这一消息，京城中查不到顺治帝的下落，召达素回京，达素畏罪自杀。后太子即位，宣布顺治帝驾崩，这是朝廷掩盖的手段。郑成功说："我也意识到了这点，但当时觉得恍恍惚惚，不敢相信。"

名为《延平王起义实录》的史料是一本手抄本，是泉州南安的郑成功宗亲郑梦彪从郑氏后人手中得来的。由于手抄本年代久远，内容文字晦涩难懂，郑梦彪将复印件委托郑成功研究专家、厦门郑成功博物馆原副馆长张宗洽先生进行研究，张宗治先生在研究的过程中，意外发现了两段直指顺治帝死于厦门的惊世之言。

事实上，公元1660年5月时顺治帝的确是在南京与郑成功有过一战，彼时顺治帝派大将达素在广东、福建、浙江三省调集兵力然后到厦门攻打郑成功。激烈的战斗不到一年时间，三路清军都被郑成功打退了。从战争的角度来讲，郑成功是占上风的，但是在历史记载上，却没有提到这一次战争，尤其是清史对于顺治帝的死讳莫如深，而涉及顺治帝死因的只有“十八年春正月壬子，上不豫。丁巳，崩于养心殿，年二十四”这样粗疏的记录。

若根据《延平王起义实录》所载，顺治帝被炮轰死的一个前提条件便是御驾亲征上战场，但历史上并没有顺治皇帝御驾亲征这样的证据。另外一点疑问是，如果按照《清史稿》、《清实录》里面的记载，达素率军南征不应该是在公元1660年，而应该是在公元1659年，也就是顺治十六年年旧历七月，这在《清世祖实录》里面有详细记载。所以如果按照《延平王起义实录》所载，旧历7月23日这一天，达素接到南征的命令，离开北京还没到南京的时候，就已经被郑成功给打败了，这显然是不正确的。

另有一处疑点是根据这段记载顺治皇帝被炮轰死后，达素大将军畏罪自杀。按道理讲像达素这样的大将军，他的死是要被收录到清史里的，但所有的清史包括野史里均没有达素自杀这一事件。而有史料记载说，达素被郑成功打败后赶忙召集三省的军队，联合更多的兵马企图一鼓作气打一次胜仗，结果又被打败了。达素屡战屡败这件事后来还是被顺治帝发现了，顺治帝将其召回，然后下令处罚他，要杀掉他。但由于鳌拜为其讲情，最终顺治皇帝还是没有杀掉达素。也正因此，这之后达素就成了鳌拜的死党，后来康熙皇帝智擒鳌拜的时候，达素已经七老八十了，还挨了100鞭刑。

看来，顺治皇帝被郑成功炮击并不可信。顺治的死的确疑点颇多，原因是清史中没有留下相关记载，所以后人只能猜测，还有更多的是为了制造所谓的秘史新闻而根据野史编撰而成，但无风不起浪，谁又能否定这些野史的真实性呢？

顺治帝死因真相

顺治十八年（公元1661年），福临病了。

在官修史书里，帝王的身体状况向来记录得遮遮掩掩。从官方公布的记录来看，一个帝王的一生似乎只生一次病，这场病开始于“不豫”。“不豫”是一个用来称呼皇帝身体状况的专门词汇，字面意思是“不舒服”，然而事实上这种“不舒服”一旦出现就意味着皇帝已经病入膏肓，无可救药。“不豫”的下一个阶段是“大渐”，通常出现在“不豫”之后的三天以内。“大渐”意味着一个高贵的生命已经进入了最后时刻，死亡只是时间问题。也正因为如此，任何关于“圣躬违和”的传言都将迅速在帝国上下引起轩然大波，进而演变成为一场政治事件。所以，除非皇帝已经病到实在无法继续隐瞒下去，否则，在可供平民阅读的文字里永远都无法找到关于皇帝染病的蛛丝马迹。

这一年福临刚满24岁，然而实际上他还没有度过自己的23周岁生日。但是这个年轻的皇帝并非生机勃勃——董鄂妃死后，顺治帝身体每况愈下。二十多岁的皇上，却骨瘦如柴，精神恍惚。顺治十八年，已患天花的顺治帝为祈求佛法的庇护，亲自把平日最宠信的心腹太监吴良辅送到悯忠寺剃度出家，削发为僧，以作为自己出家意愿的替身。其实早在董鄂妃还在世的时候，他就曾经对木陈忞说：“你曾答应过我要在我30岁生日时来为我祝寿，也许还有这种可能吧！但玉林琇说他要来祝我40岁的生日，我是绝对等不到那一天了。”

冥冥中他已感觉到自己将不久人世，所以对他而言能勉强活到30岁就足可以接受了，40岁则完全是一个遥不可及的梦。现在董鄂妃死了，支撑他守望尘世的最后一根支柱轰然倒塌了。他明白，自己已经再也没有力气照料这个正在蒸蒸日上的帝国了。

顺治十八年（公元1661年）正月初二日，正当帝国的臣民们还在白雪皑皑的土地上享受新年的快乐的时候，紫禁城里传来了福临“不豫”的消息。一种说法是，福临感染了天花。

正月初六日深夜，福临的症状已经完全符合“大渐”的标准。紫禁城紧急召见礼部侍郎兼翰林院掌院学士王熙和原内阁学士麻勒吉到养心殿，他们的任务是要替福临代书一份遗嘱。初七日的一整天，王熙和麻勒吉往返奔走于养心殿和乾清门外的西围屏，写了又写，改了又改，三易其稿，直忙到太阳落山让福临看了满意为止。

这是一份令人心痛的、基督徒式的遗嘱。它以一个死者的口吻对自己走过的一生做了全面否定性的总结。遗嘱除了在结尾处极简短地将福临唯一的遗产指定由他的第三个儿子玄烨继承外，其余 90% 的篇幅都被用来罗列死者的罪过，忏悔死者心中的愧疚。这些罪过与愧疚一共有 14 条，每一条都足以毁灭福临在亿兆斯民心目中的神圣形象。它们包括：未能遵守祖宗的传统，渐渐沾染了汉族的习气，重用汉族官吏导致满洲人内部不和，过早的离世让母亲伤心，董鄂妃的葬礼过于奢侈，违规在紫禁城内设立宦官机构内十三衙门……签署完这份遗嘱的福临于当晚去世，这一天距离他 23 周岁的生日还有 23 天。

顺治帝寝陵为何由扳指来定

白玉扳指　清

在北京故宫博物院里收藏着一只精巧的玉质扳指。在现当代生活中仍有不少玉扳指，它俨然已成为一种专门的装饰之物，而最早的扳指则是在古人拉弓射箭时保护手指的器物。玉扳指又叫玉阁，是拉弓射箭时扣弦用的一种工具。女真族被称为“马背上的民族”，他们以放牧狩猎为生，过着逐水草迁徙、食肉寝皮的游牧生活，骑马射箭是当时每一位成年男子必须掌握的本领，于是弓箭和扳指也就成为了他们日常生活中必备的物品。北京故宫博物院收藏着一幅《乾隆大阅图》，画中的乾隆帝头戴帅盔，身挂铠甲，配弓带箭，神态庄重，英姿焕发，描绘了乾隆帝即位后第四年，也就是公元 1739 年，在京郊南苑举行阅兵仪式的情景。仔细观看，乾隆帝右手拇指上佩戴一只白玉扳指。而本文中要介绍的这只白玉扳指意义非凡，它可是确定顺治帝陵寝的一件堪称“国宝”的物件。

清初的一天，顺治皇帝率领众臣到河北省遵化县一带狩猎，捕获了大量猎物。顺治帝纵马扬鞭登上了高山，极目向南望，金星山如锦屏翠帐；朝北看，昌瑞山山峦重叠，林涛如涌，景物秀美，如同仙境。顺治皇帝不禁发出由衷的赞叹。他站在山巅，凝视着远方，不由想到了自己的后事。他向苍天默默地祷告，轻轻取下佩戴在大拇指上的白玉扳指，小心翼翼地扔下了山坡，然后向众臣宣诏：“此山王气葱郁，可为朕的寿宫，扳指所落之处为佳穴，即可启工。”众部下顺着玉扳指滚落的方向找去，在草丛中发现了白玉扳指，并且立桩以为标记。清东陵中的第一座陵寝——孝陵也就在这里落成了。

落成后的清东陵从选址、设计，到布局、结构都非常周密和讲究，殿宇、陵墓错落有致，主次分明，既体现了封建王朝森严的等级，又具备了科学性和艺术性。难道这一切都始于顺治皇帝的那枚扳指吗？这一疑问在康熙年间终于有了答案。据史料记载，康熙六年 7 月，也就是公元 1668 年 7 月，辅政大臣苏克萨哈提出要去

清东陵

看守孝陵，康熙帝不明白他的意图，于是派人去询问。苏克萨哈回答说，世祖皇帝卜地时，蒙谕："朕万岁后，尔等大臣之墓亦葬陵寝近地为善。我即叩谢：'若得此，幸甚！'"苏克萨哈又说："卜阅陵地，非我一人侍从，曾有索尼、遏必隆，我等三人一齐叩谢。"这段史料可以证明，清东陵这块风水宝地确实是顺治皇帝亲自选定的，至于是否由顺治帝的那枚白玉扳指而定，目前还是个谜。

清圣祖康熙帝

清圣祖玄烨（1654～1722），清朝第四代皇帝，顺治皇帝的第三个儿子，生母为佟佳氏。公元1661～1722年在位，谥号“仁皇帝”，庙号“圣祖”。因其年号为康熙，历史上也称“康熙（帝）”。说康熙帝是中华帝国众皇帝中最出色的皇帝一点也不为过。他为政勤勉，在位时智擒鳌拜，撤剿三藩，南收台湾，北拒沙俄，西征蒙古，打下了一个大大的江山。

“玄烨”的由来

汤若望

康熙皇帝名玄烨，这是许多人都知道的。清世祖顺治皇帝共有八子，分别为牛钮，福全，玄烨，荣亲王（未命名即夭折），常宁，奇授，隆禧和永干，只有三子“玄烨”有“玄”，其他都比较平常。可是为什么叫玄烨，或者“玄烨”二字有什么含义，似乎鲜有人问及。

要弄清康熙帝为何名玄烨，还得从一个人说起。400多年前的紫禁城里，有一个深目高鼻的西洋人，在此自由出入达20余年之久。这位洋人，将西方最精密的西洋钟和望远镜带进皇宫禁苑，还在紫禁城开阔的空场上为崇祯皇帝铸造过20门大炮。顺治皇帝管他叫“玛法”，“玛法”在满语里是爷爷的意思。顺治皇帝的母亲，即孝庄皇太后，尊其为义父。他为顺治皇帝亲政游说过觊觎皇位的亲王。他是中国钦天监第一个洋监正。中国至今阴历阳历并用，而他是第一个将阳历引进中国的人，为此几乎被处凌迟，但最终没有执行。他官居一品，三代荣受皇封，并且可以世袭。玄烨6岁继承皇位，也多亏他直言劝阻别的王位觊觎者。他一生未婚，笃信天主，生于泰西，殁于中土，葬于北京。这个人就是汤若望。

汤若望与“玄烨”之命名有什么关系呢？玄烨是顺治十一年（公元1654年）出生的，此前一年，顺治皇帝赐予汤若望“通玄教师”之封号，加奉一级。3年后，也就是顺治十四年，顺治皇帝又为汤若望御撰《天主堂碑记》一文，并赐“通玄佳境”堂额。可见，在康熙皇帝玄烨出生前后的三四年间，“玄”字在顺治皇帝的心目中十分重要，儿子的名字里带着“玄”字，给洋“玛法”的赐物里两次带有“玄”字，这个在重大场合频繁使用的“玄”字究竟是什么意思呢？它是汤若望传授的包括天文、历法、机械以及天主教信仰在内的、为顺治皇帝深深服膺的一套学说。玄烨出生前后那几年，正是西洋天文机械之学在清初朝廷里最走红的时期。观象测天几千年来在中国人心目中简直是通神通天的职业，岂可授予外人？可是大清朝廷居然能放心地将这个行当的第一把交椅钦天监监正拱手送给一个“西洋远臣”，为此，从隋朝以来世袭千余年的一个穆斯林天文世家被解职。此后，顺治皇帝又划地皮又斥巨资，在宣武门外建造一处天主堂，即北京南堂。

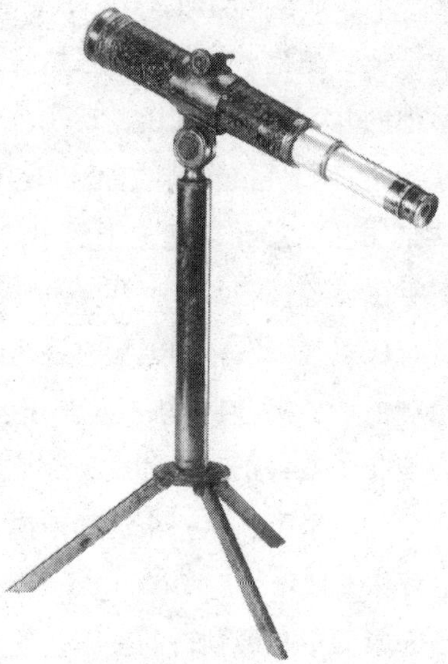

西洋银质三节望远镜

鲜为人知的少年康熙帝

他8岁继位，14岁亲政，在位61年。他16岁那年除掉叛臣鳌拜，用时8年收复台湾平定三藩一统华夏。他是中国历史上有文字记载以来，在位时间最长的一位君主……他生前身后的谜藏在浩如烟海的中华五千年历史长河中，他就是玄烨。

公元1654年5月4日，北京城春光明媚，这一天，玄烨呱呱坠地。公元1661年，刚过完8岁生日的玄烨便披上了龙袍。他的祖辈虽然骑着马从关外打到关内，建立了清王朝，但实际上交给他的并不是一统江山，反清势力和分裂割据的活动来自四面八方。16岁这一年，弱小的康熙凭借自己的智慧和过人胆识除掉了奸党鳌拜。16岁，放在今天还是一介柔弱书生，一个乳臭未干的小娃娃有何本事做出此般举动，这也正是少年玄烨的谜案所在。

少年时代叛逆，青年时代意气风发，到老年时还为继任者的事情操心不已。玄烨是很特殊的。他父亲是顺治帝，祖母是孝庄太后，他爷爷是清太宗皇太极，他曾祖父是清太祖努尔哈赤，他儿子是雍正帝，孙子又是乾隆帝。他在清朝前期这六个皇帝当中，从入关来说是第二个皇帝；从整个清朝来说，他就是第四个皇帝，他处在一个承上启下、一个很特殊的地位。

可以说在历代帝王当中康熙帝是最勤奋的一个，他在幼年时的不幸，激励着他努力学习。康熙帝8岁时父亲便死了，到了10岁时母亲也死了，两年之间父母双亡。一个孤儿形影相吊，实在是可怜，他祖母负责抚养他。康熙帝身上有三种血统，有三种文化，有三种品格。康熙的三种血统缘于他父亲是满州人，他祖母是蒙古人，他母亲是汉人。他同时又受到三种文化的影响。他的满族师傅给他讲满语，教他写满文，教他骑射；他的汉族师傅给他讲四书五经，让他受到儒家文化的教育。

清朝是继承明朝，叫清承明制，明朝的皇帝绝大多数不亲政，很懒。以万历皇帝为例，整天在宫里面和宫女太监厮混，荒淫无度，长达二十多年不上朝，更有当时的史学家甚至说他不止二十年不上朝，说他不孝、不庙、不朝三十年有余。明朝的皇帝不务正业，碰到军国紧急大事要处理时，皇帝不亲政，有的大臣在朝门外跪着请皇帝亲政，一跪跪十个小时，皇帝不予理睬。清朝鉴于明朝灭亡的这一条重要教训，就是要亲政。康熙帝亲政从14岁时开始。当时亲政叫“御门听政”，也就是说皇帝亲自主持朝廷会议，议商和决定军国大事。御门听政在乾清门前，参加御门听政的主要是礼、吏、户、兵、刑、工六部的尚书和左都御使、通政使、大理寺卿、大学士，还有起居官。早朝从早上七点开始，与大臣们讨论奏报，议商一些军国的大事，无论寒暑无一例外。试想，一个十几岁的孩子能坚持早朝是多么不容易的一件事。

少年康熙帝爱学习是出了名的，《康熙起居注》和其他的一些书记载了他上学时的具体情况。

每天早上四点，他就要到无逸斋开始复习头一天的功课，他的起床时间当然是更早，这个时候他才13岁，早上五点，老师来到上书房，满文的师傅达哈塔，汉文的师傅汤斌等到了之后先给康熙帝施行跪拜的礼节，然后就检查他的功课，让他背书。他朗朗背诵，一字不错。然后汉文师傅再给他划下面一段，接着背下面一段。到了早上七点钟，他进过简单的膳食后开始上早朝。据康熙帝后来回忆说，我小时候书要朗诵120遍，之后还要背诵120遍，完全熟练了然后再换下一段，这样一段一段地学。上完早朝后康熙帝就处理他的政事去了。到了下午一点时，康熙帝到天逸斋外面的一个院里，那儿有靶、箭，他练习骑射，练习武艺，史书记载他射箭“连发连中”。康熙帝少年时期的生活天天如此，“无间寒暑”。所以，康熙帝懂得为君之道，做出很大的贡献缘于少年时期打下的基础，而少年时代的康熙帝最大秘密就是爱学习，不断地充实自己、完善自己，从而得到新的动力，推动他不断进步。

康熙皇帝便服写字像

康熙帝继位之谜

顺治十八年（公元 1661 年）正月，顺治帝福临感染天花。他在病榻上唤来张熙和麻勒吉，命这两个人记遗诏。福临强打着精神坐起来，虚弱地道："朕诏告天下，朕继位以来，倾心向佛。今日顺从天意，出家为僧。朕决定将皇位禅让于三阿哥玄烨……"据清史载，顺治帝一生育有 8 个儿子，6 个女儿，另有 3 个养女。在众多皇子中，不乏才华出众者，为何偏偏要选三子玄烨为帝呢？据说顺治帝有一次问三个儿子将来的理想，二阿哥说愿为贤王，玄烨则说愿效法父皇。顺治帝当时一惊，这也为玄烨以后即位打下了基础。当然这只是谣传，那真正情况是怎样的呢？

史书记载，顺治帝选继承皇位的人是在众多皇子参加的廷试当中选中玄烨的，因为在廷试中这个爱新觉罗·玄烨的表现不但最为出色，更重要的一点是他的免疫力最强。为什么免疫力强就能当皇帝呢？原来，摄政王多尔衮的弟弟多铎死于天花，顺治皇帝的妃子董鄂妃和顺治皇帝本人也死于天花。根据《汤若望传》记载，临死之前的顺治皇帝发觉自己身染天花，确定储君就成了燃眉之急。这个时候的顺治皇帝出于对幼主临朝、亲王辅政、大权旁落的忧虑曾经召见汤若望，告诉他自己的决定：把皇位传给自己的堂兄安亲王岳乐。当时汤若望认为，幼主临朝固然要影响政局，但帝系的转移也会引发新的危机，所以汤若望力劝顺治皇帝把储君之位仍然留给顺治皇帝自己的儿子。

康熙帝曾在 1 岁多的时候得过一场天花，但居然奇迹般地熬了过来。这个时候的顺治皇帝本来是想立次子福全为储君，而孝庄皇太后则坚持立第三子玄烨为储君。顺治皇帝再度派人去征询汤若望的意见，汤若望也力主立玄烨为储君，理由是玄烨出过天花，对这种可怕的疾病有了终身免疫力。于是顺治皇帝才立下遗命，以四大臣辅佐年仅不足 8 岁的爱新觉罗·玄烨，由此开创了中国封建社会最后一个盛世时期——康乾盛世。

也有史料称玄烨的继位与一位传教士有关，这位传教士叫南怀仁。南怀仁于公元 1641 年加入耶稣会，公元 1659 年来到中国。最初在陕西传教，不久被朝廷邀请到首都北京，帮助著名传教士汤若望为清廷修订历法。公元1664年他曾经遭到反对天主教中国官员的陷害，被关入监狱，不久又被释放。公元1668年他再次得到皇帝的重用，被任命为清廷天文部门和制定历法的负责人，由于他在这方面的贡献，朝廷授予他很高的官职。公元1680年他协助清廷制造大炮，获得皇帝的极大赏识。公元1676年，他参与了中国和俄国进行外交交涉事务，担任翻译。公元1688年南怀仁在北京去世。

南怀仁

据传当时顺治帝在选下一位君主时犹豫不决，找来汤若望征询意见，汤若望表示回去仔细想想，来日再给顺治帝答复。回家后汤若望便找来南怀仁，将顺治帝选接班人的情况说了，又把当时最有可能成为储君的人选向南怀仁作了介绍。南怀仁深思片刻后，斩钉截铁地道："三子玄烨为继承皇位的最合适人选。"于是，玄烨便成了后来的康熙皇帝。

玄烨身边最重要的两个女人

康熙皇帝玄烨是位德才兼备的君主，他用自己的言行向后世子民展示了他所开创的那个伟大的朝代。同时玄烨又是魅力十足，聚拢在他身边的女人无数，孝庄、苏麻喇姑、宝日龙梅、容妃、慧妃……尽管围绕在玄烨身边的这些女人出身、境遇及最后的归宿各不相同，但都曾尽心地辅佐过玄烨，使他成就了百年基业。而在这些女人当中，有两个人对他的影响最大，其一是玄烨的祖母孝庄太后，另一位便是苏麻喇姑。

孝庄是玄烨生命中最重要的女人，是她铸就了玄烨的帝王胸怀，奠定了大清朝的基业，同时她也使自己成了大清朝的一片天、一片海、一根擎天柱。她是一位神奇的女人，具有非凡的政治才干，但没有像武则天、慈禧那样成就自己的雄心伟业，而是为她心中的大清尽心尽力地辅助她的孙子。她也是一个坚强的女人，丈夫早逝、儿子病死都没有击倒她。在政局动荡、国家干戈四起时，也是她站在风口浪尖掌控了日月旋转，那句“天塌下来有我孝庄顶着”显示了一个女人何等的坚毅。她更是一个伟大的女人，她的伟大就在于她勇于牺牲和隐退。为了她的儿子她牺牲自己，而在她的孙子长大后，她又自动隐退于后宫。

在教育儿子方面，至少在顺治帝婚姻问题上，孝庄并不是一个成功者。也许正因为如此，她把更多的精力投入到年幼的皇孙身上，要求玄烨举手投足、一言一行都要符合帝王规范。玄烨出痘痊愈后，孝庄就让他“入书房读书”，还让皇孙随从“站班当差”，同大臣一起参加各种跪拜礼仪。玄烨成为少年天子后，孝庄常给他讲“得众则得国”的道理。一次，祖母当着王公大臣的面问他的志向，他不假思索，按照祖母平日的教诲回答说：“惟愿天下安宁，百姓安居乐业，共享太平之福而已”，这一回答着实令在场的官员称赞不已。

《清史稿》记载，太后不干预朝政，朝廷每有大政，康熙帝“多告而后行”，委婉说出了孝庄在康熙朝前期举足轻重的作用。玄烨 8 岁丧父，10 岁丧母，因此对祖母有特殊的依恋。一次，孝庄去五台山礼佛，玄烨备下八人抬暖轿一乘，因考虑到轿夫行走山路不便，孝庄坚持乘车上山，玄烨暗中令轿夫随车后行。山路颠簸，乘车实在不稳，孝庄面露难色。这时玄烨命轿前行，来到祖母面前，孝庄大为感动，抚着孙儿的背赞叹说："车轿细事，且道途之间，汝诚意无不恳到，实为大孝。"康熙二十六年（公元1687年），孝庄在75岁高龄时病倒。康熙帝衣不解带，睡不安榻，昼夜守在祖母身边达一个多月之久。

历史上有关康熙帝与苏麻喇姑的记录很多，但都不太完整。根据一些野史或民间传说改编的电视剧，有关康熙帝与苏麻喇姑的故事也并非真实。那真实情况是怎样的呢？历史上到底有没有苏麻喇姑这个人？

苏茉儿

历史上苏麻喇姑确有其人，但她不叫苏麻喇姑，而叫苏茉儿。苏茉儿是蒙古族人，出生在科尔沁部一个牧民之家。苏茉儿的确切出生年月史料并无记载，但可以肯定的是她与孝庄的年龄差不多，也就是说她比玄烨年长40岁。所以有关玄烨与苏茉儿的故事并非如电视剧中所描述的那样，与玄烨年龄相仿并且还有一段"姐弟恋"弟。实际上，苏茉儿对于玄烨来说，最大的贡献是担当了玄烨及其皇子的老师。这是孝庄太后遍选天下的结果。当时孝庄为给玄烨找老师，曾在全国广布告示，最后只选定了一个人，这个人就是康熙皇帝的启蒙老师苏茉儿。为什么会选中苏茉儿呢？因为苏茉儿符合孝庄太后所提出的所有要求：一、苏茉儿是异性；二、苏茉儿会哄孩子；三、苏茉儿懂得满、蒙古、汉三种语言。

玄烨在宫外避痘的几年间，苏茉儿确实担当了教育玄烨的重任。《啸亭杂录·苏麻喇姑》中记载，玄烨幼时，"赖其训迪，手教国书"。从现存的朱批档案中可见，玄烨的满文写得相当好，而康熙的这一成就，正是苏茉儿手把手教育的结果。

另外苏茉儿对玄烨的重要性还体现在另一细节中。玄烨在1岁时得了天花，当时玄烨的奶奶孝庄太后和玄烨的父亲顺治皇帝把玄烨扔到了宫外一个普通的寺庙里，位于现在的北京市西城区北长街20号，扔到这里之后始终有一个女人服侍玄烨的饮食起居，根据《汤若望传》记载："一蒙妇携带一使女"，而这位"使女"便是苏茉儿，所以，苏茉儿对玄烨是有大恩的。

据传苏茉儿有些"怪癖"，《啸亭杂录》说她一年中从不洗一次澡，只有除夕那一天，用极少的水擦洗身体，然后将“秽水自饮”，据说这是为了“忏悔”。至于“忏悔”什么就不得而知了。

这有可能与苏茉儿长期生活在草原上有关。草原上异常缺水，牧民们惜水如金，爱水如命。他们认为浪费水会遭到上天惩罚的，所以他们整年不洗澡，即使除夕夜迎接新年洗去全身污秽的脏水，也要亲自喝下以示忏悔。而且，蒙古草原缺医少药，牧民生病后得不到应有的治疗，只能向佛祖祈求。童年的经历在苏茉儿心上打上了深深的烙印，终其一生，都未曾磨灭。

苏茉儿晚年，曾经抚养了康熙皇帝的第十二子，这个孩子经常称呼苏茉儿为“阿扎姑”。“阿扎”为“母亲”之意，而满语中的“姑”与汉语的“姑”同义，所以“阿扎姑”相当于“母亲姑”之意。苏茉儿死于康熙四十四年（公元1705年），被“葬以嫔礼”，安葬在孝庄的昭西陵侧。

长公主之谜

在清代历史上皇帝所生公主七八十位，其中有一位下嫁给汉人为妻，即清太宗皇太极第十四女——恪纯长公主。这桩婚姻是一种纯粹的政治联姻，从决定那天起就已潜伏了巨大的危机。因为她嫁的不是别人，正是首鼠两端的明末辽东总兵、清初平西王吴三桂之子吴应熊。回过头来看长公主的一生，不能不说她是清代公主中最命苦的一位。

长公主是皇太极最小的一个女儿，为庶妃奇垒氏所生，奇垒氏来自蒙古察哈尔部，虽出身低微，却因容貌奇美而受到皇太极的宠爱。长公主出生时，正值清军在著名的松锦战役中转败为胜，在短短10天之中，明朝13万大军损失殆尽，仅被斩杀者就有5万多，困守松山的洪承畴，城陷被俘，归降了清朝，锦州守将祖大寿也献城降清。随后塔山、杏山等相继落入清军之手，皇太极完全控制了关外的局势。或许因此，长公主的出生被皇太极视为“大清勃兴之兆”，所以他破例将刚满周岁不久的小格格册封为和硕公主。作为一个庶出的公主，这是前所未有的殊荣。然而好景不长，长公主还未满3岁，便因皇太极突然撒手归西而失去了父爱。

公元1653年，13岁的长公主由孝庄太后主婚，下嫁吴三桂之子吴应熊。嫁妆丰厚，赏赐颇多，婚礼隆重。转眼之间，长公主与吴应熊已经共同生活了好几年，与吴应熊生下一个儿子，取名吴世霖。儿子出世之后，夫妻日渐和睦，长公主在吴应熊的调教下日习汉俗，对汉文诗书也颇精通，夫唱妇随，其乐融融。

但好景不长，公元1667年康熙帝亲政，“三藩之乱”渐起，吴三桂于公元1673年11月发动叛乱，打出“兴明讨虏”旗帜，康熙皇帝坚决下达了武装平叛的命令。公元1674年大年刚过，康熙皇帝在几经犹豫不决之后，为了平叛胜利的大局，终于下定决心。他对吴应熊说：“朕欲容你，奈国家法律不能容你，按大清律例，你父反逆，诛灭九族，无论你是否与你父通同谋逆，罪亦当诛，你的儿子也不例外。你父子不必怨朕，需怨你父吴三桂。”遂将已关押3个月的吴应熊父子斩首示众。

长公主的这桩政治婚姻的悲剧终于发生了，这杯苦酒最终得让无辜的长公主咽下。年仅33岁的她，同时失去了丈夫和儿子。

吴应熊父子被诛之后，长公主独守额驸府，她怨自己命苦，嫁给了汉人。她怨恨吴三挂，是他株连了吴应熊父子。她怨恨康熙帝，不顾姑侄亲情。她根本不相信康熙帝所说吴应熊与吴三桂通同谋逆。直到公元1681年，清廷平定三藩之乱后，从吴三桂五华山居处搜出了大量吴应熊给吴三桂的信，她才认清了吴应熊的嘴脸，她感到自己被吴应熊愚弄了20年竟没有察觉，羞愤交加之际又一次病倒了。康熙帝深感长公主可怜，所以对她的生活非常关心，这次公主病倒的消息传入宫中，康熙帝立即派御医前往诊治，并且亲自过府探视，下诏曰："公主为叛寇所累"。

康熙四十三年（公元1704年）十二月，在长公主刚刚过完63岁的寿辰后，这位饱受政治婚姻之苦、独守空帏30年的恪纯长公主终于走完了她生命的旅程。

康熙帝智擒鳌拜之谜

康熙帝即位时才8岁。按照顺治帝的遗诏，由四个满族大臣帮助他处理国家大事，称之为辅政大臣。四个辅政大臣之一便是鳌拜，他仗着自己掌握兵权，欺负康熙帝年幼，独断专横，别的大臣和他意见不合，就遭到排挤打击。

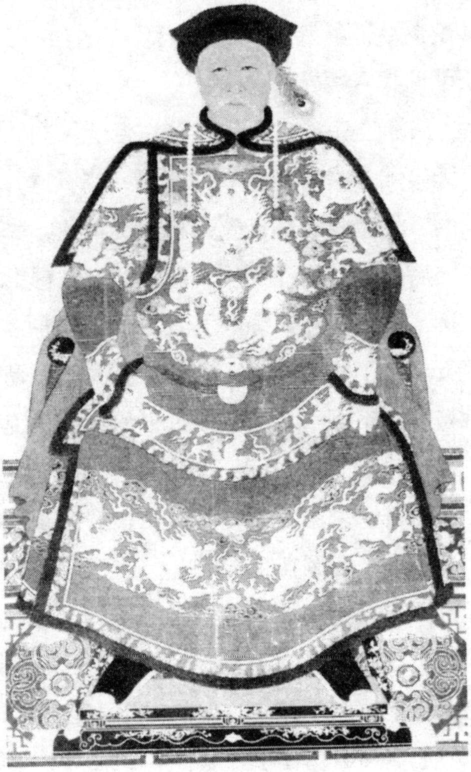

鳌拜

康熙初年，两黄旗和两白旗因更换圈地而引发利益之争。圈地时多尔衮当权，将肥沃的冀东地区圈给了正白旗。鳌拜提出圈地应按八旗排列顺序，冀东的土地按顺序应归黄旗所有。当时户部尚书苏纳海、直隶总督朱昌祚、巡抚王登联都以“旗人安业已久，民地曾奉谕不许再圈”为理由加以反对，属于正白旗的苏克萨哈也坚决反对。结果，苏纳海、朱昌祚、王登联和苏克萨哈被鳌拜陷害而死。苏克萨哈一家最为悲惨，他和他的七个儿子、一个孙子、两个侄子，以及族人前锋统领、侍卫二名都遭斩决，一共是14条人命。

圈地事件中，鳌拜取得了胜利，但也使潜伏已久的各种矛盾迅速激化。在这种情况下，鳌拜被康熙帝视作眼中钉肉中刺，于是在康熙帝15岁那年，除掉奸臣鳌拜便成为孝庄与康熙帝祖孙二人心头的一件大事。

但鳌拜手握重兵，且熟习武功，论文韬武略年幼的康熙肯定不是他的对手。于是康熙帝想出一个计策，利用训练“布库”的方式召集一帮会武者在身边，天天训练，然后伺机除掉鳌拜。“布库”是满语，意思是摔跤常胜者。此时担任“布库”总教练的人是索尼的儿子索额图，索额图的身份在公开场合是康熙皇帝的贴身保镖、贴身侍卫，跟皇帝形影不离，而在暗地场合是宫廷摔跤队的总教练，指挥一帮小孩子每天练习摔跤。当然这帮小孩儿也不知道是为什么，他们谁也不认识，只认识索额图和康熙皇帝。索额图召集的“布库”训练人员都是亲贵子弟，年龄都特别小。鳌拜每天上朝一看皇上又在那儿带着一帮小孩儿折腾，便也没太在意。但是不要忘了，康熙帝身边还有孝庄太后，还有索额图，他们可是有目标的，他们非常清楚鳌拜是很厉害的，被称为第一“巴图鲁”，就是汉语“勇士”的意思。当年鳌拜在几大战役中立下赫赫战功，有记载说他在一次步战中一个人把朝鲜的一个步兵营打垮了，可见其勇猛异常。

康熙帝的“布库”训练营练了一年有余，此时康熙帝觉得时机已到。于是有一天康熙帝借口要跟鳌拜商议一些事情，便在武英殿召见鳌拜。鳌拜那天是带刀上朝的，之后索额图让鳌拜把刀交给他，鳌拜丝毫没有在意便把刀交给了索额图。进门之后，鳌拜坐在了一个有一条腿被锯折了的椅子上面，鳌拜的坐椅后面被康熙帝安排了一个已经训练好了的、非常厉害的“布库”少年。在鳌拜和康熙帝说话的过程中，又出来了一个假太监，这个假太监也是一个非常厉害的“布库”少年，专门负责给鳌拜端茶倒水。鳌拜接过去的这个茶碗事先被沸水煮过，当他发现这个茶碗非常烫手后，“啪”的一下子就把这个茶碗摔当地上了。然后鳌拜便俯身去捡拾这个茶碗，不料身子偏向了另外一边——被锯断了椅子腿的一边，结果又是“啪”的一下，鳌拜一不小心倒在了地上。

鳌拜这一倒，这边送杯子的和他背后站着的这两位非常厉害的“布库”少年，同时扑向已经失去重心的鳌拜，他们还同时喊着：鳌中堂栽了，赶紧抢救！结果又上来十几个小孩儿。鳌拜本以为这十几个小孩是来救他的，却没有想到他们一上来就把鳌拜给摁住了。紧接着康熙帝上前宣布鳌拜 30 大罪状。

据《清史稿·圣祖本纪》，康熙八年，“上久悉鳌拜专横乱政，特虑其多力难制，乃选侍卫拜唐际年少有力者，为扑击之戏。是日鳌拜入见，即令侍卫等掊而系之，于是有善扑营之制，以近臣领之。庚申，五大臣议鳌拜狱上，列陈大罪三十，请族诛。诏曰：‘鳌拜愚悖无知，诚合夷族。特念效力年久，迭立战功，贷其死，籍没，拘禁。’”

揭秘康熙帝打猎

康熙帝戎装像

清朝皇帝是马上得天下，是打进山海关之后入主中原统一中国的。清朝的头几个皇帝都特别重视保持这个传统，既然马上得了天下，就应该马上治之。所以到了康熙时期，康熙帝戎马一生，多次御驾亲征，这也和他少年时期训练骑射围猎有关。康熙帝围猎每次都由他亲自领队，每年都要率领王子、王公大臣以及浩荡的队伍去围猎，通过围猎来进行军事训练，一场围猎也等于是一次军事行动，特别能够锻炼每个人的骑射能力。每年打猎都在秋季，所以有一个说法叫做“木兰秋”。木兰是一个地名，有一个围场，叫木兰围场，那个地方的植被自然生长，有很多野兽自由活动。每年秋天，皇帝就率领浩荡的队伍到那儿围猎。

据民间传说，康熙皇帝上五台山礼佛，住台麓寺行宫，黄昏时分来到这里，一只斑斓猛虎从对面的山上一步一步走下来。康熙帝见了，问随身的侍卫：“老虎吃人不吃人？”侍卫回答道：“吃人是老虎的本性。”康熙帝听了，便从侍卫手中取过弓箭，射死那只老虎。虎死后，康熙帝立即责备随身的侍卫：“你们遇事就不动脑子，一般的老虎应从山上窜下来，而这只老虎是一步一步从山上走下来的，很明显这只老虎是前来迎驾的，你们怎么说它伤害人的？”侍卫们一听觉得有道理，为了向这只老虎表示歉意，就把死虎抬进寺内庭院里，供在特制的木架上。供桌上香火缭绕，供品堆积如山。后将红崖村改为射虎川。当老虎肌肉腐烂后，取出烂肉，以草填之，眼嵌玻璃球，移到天王殿内展出，栩栩如生。《山西历史地名录》也有这方面的记载：康熙二十二年（公元1883年）帝西巡经此（指台麓寺），忽遇一虎，亲挽弓射之，虎应弦而毙，因名射虎川。由此可见康熙帝箭法过人。

据《圣祖实录》记载，康熙帝66岁时自己统计了，用鸟枪弓矢，获虎135只，熊35只，豹25只，猞猁狲10只，麋鹿14只，狼96只，野猪132只，一般鹿上百只，野兔之类那就不计其数了，可见他的武功非同小可。他也希望自己的皇子皇孙能有这个本事，他带他们去围猎，就是有意对他们进行这方面的培养。

照此数字，他真可谓是一个武松式的“打虎英雄”了。可这个数字是真实的吗？根据资料整理可以得出结论，这一数字的确是真实的，但不是康熙帝一个人打死的。据跟随在康熙帝身旁的西方传教士写的一本《鞑靼旅行记》，记录了康熙二十一年的一次打猎情况。首先，康熙从御林军中挑选三千名弓箭手，他们按着一定的顺序和间距，列队绕着山峰，向两侧扩展，围成一个直径三里的环形。等所有的位置固定以后，全体成一条线向前进。前面无论是谷涧，还是荆棘深丛，甚至是险陡的山崖，任何人都必须攀涉，不准左右串动离开队伍。就这样，横越谷涧和山岭，把兽类围在这个环网中，再渐渐地围到一块没树木的低地。然后，三千名武装士兵连同王侯百官，步随步、肩并肩地穷追那些从洞穴中、从栖息地跑出来的兽类。它们东窜西逃也找不到逃路，终于力竭被捕。用这种办法，仅半日间就抓住三百多只鹿、狼、狐狸以及其他野兽。

很明显，康熙帝是把众人围猎之功，记在自己一个人身上了。但不管怎样，这些资料都足以证明康熙帝非常重视骑射，据说到了康熙四十七年，他已经50多岁了还坚持打猎。

康熙帝因何四上五台山

有一部电影名为《康熙大闹五台山》，说康熙皇帝即将巡幸五台山，吴三桂余党马明阳派兵劫持了康熙帝手下的将领穆尔赛，以他当年写给吴三桂的密信为把柄，让他合谋刺杀康熙帝。因皇帝警卫森严，阴谋未能得逞……历史上康熙皇帝究竟去没去过五台山？如果答案是肯定的，那么他去五台山的目的又是什么呢？

传说最广的是康熙帝奉了母命巡幸五台山寻找他的父亲顺治帝。有一天早晨，康熙帝来到镇海寺，见殿前有一和尚打扫庭院，这位和尚身穿半新半旧对襟黑棉袄，下身是深蓝色夹裤，穿一双圆口布鞋，天庭饱满、地阁方圆，有一种令人可亲可近的风度。由于出家人无姓，康熙帝问他叫什么法名，他说“我叫八又”。康熙帝没有太多理会便转身离去。康熙帝在这里打听了半晌也没有找到他的父亲，当他走出寺院，那位打扫庭院的和尚不断在他眼前闪现，当他走近南山寺，突然意识到“八又”是个“父”字，以为那位和尚就是他的父亲，于是他又回来找那位和尚。可是那和尚已不知去向，问此寺僧人，僧人的回答令康熙帝倍感失望：“我们这里的出家人从不穿那种圆口布鞋。”康熙帝在此又没有找到他的父亲，怀着失望的心情走出寺院，当他习惯地回头看时，发现山门右侧的墙上新写了一首诗，走近跟前一看，这首诗是这样写的：“离俗当僧花山寺，不慎破碗被赶出，古有子债父来偿，今希父债子来还。”康熙帝把这首诗的笔迹拓印后拿回北京，他母亲断定是顺治帝的笔体。这首诗有一个含义：顺治帝一开始出家在花山寺，不小心把老和尚的碗打碎了，想让儿子来赔偿。按照此诗的含义，康熙帝在江西景德镇特意烧制一窑瓷碗，分送给五台山所有的寺院。

上面一则故事里有不少疑点，甚至有可能是五台山为了宣传自己而编出了这样一个精彩的故事。不过众多的史书典籍都记载有康熙帝寻父的一事，说康熙帝几次奉太皇太后之命去五台山寻找父亲福临，但每次走到五台山的善财洞时都被一疯老头瞒过了。有一次，太皇太后想到顺治帝脚底有一颗紫色的痣，就和康熙帝想了一个办法，去五台山时，康熙帝另带了五名太监和1000多双袜子，他每到一处寺庙，

五台山上的塔

就令僧人集中在一起，每人发一双袜子，在太监的监视下，脱去旧袜，抬起脚看过之后，再换上新袜。当他们来到善财洞的时候，一查才发现前一天走脱一个僧人，转身看去，又发现大殿的山墙上题了一首长诗，意思是，顺治皇帝认为自己本来就是做和尚的料，却偏偏落在了刀光剑影的帝王之家，成为人生的一大憾事。全诗一气呵成，反讽喻事，诙谐有趣，流露着一种在世的伤怀情绪，看透世俗的超逸，具有浓重的禅味。

康熙帝找不着父亲，就把这首诗拓印下来带回宫中，太皇太后认定是顺治的笔迹，再次敦促康熙帝来五台山寻找。据说康熙帝第四次巡幸五台山的时候终于见到了父亲福临，而此时做乖弄痴的顺治帝已经衰老得不成样子了，他穿着一身皱巴巴的僧衣，趔趔趄趄地行至观海寺深沟中的一处荒山野穴，身偎蒿草，喃喃坐化。而那墙上的归山诗，据说一直到文化大革命期间，才因山墙被洪水冲塌而毁。

夜壶丢失之谜

康熙帝微服私访来到风景秀丽的南阳城，一行人刚住下，宜妃娘娘突感浑身奇痒难忍。贴身丫环小桃红看了后惊叫道："主子，你身上怎么有一粒粒红肿的小点子呢，怕是被跳蚤咬伤的。"扮成商人模样的康熙帝忙替宜妃察看，果见背部及四肢出现一粒粒小红点，于是忙让法轮武师去街上请来一名老郎中。老郎中观病后一脸凝重，说夫人身上的小红点不是被跳蚤所咬，而是受了风寒所致，病毒已入血液。一番话说得康熙帝大惊失色，急向老郎中求治病妙方。老郎中沉思片刻，拉康熙帝来到客厅悄声说："客官，你若要夫人病愈，只有一个药方，不知愿试与否？"

康熙帝急说："只要能治愈夫人的病，什么药方都可一试，只管说出来，我会重酬你的。"

"好，那我就直说了，"老郎中颔首答道，"在下有一祖传秘方，名曰'跳蚤汲毒'。"康熙帝从未听说这种怪方，遂请教道："不知老先生所说的'跳蚤汲毒'为何是灵丹妙药，又怎样使用？"老郎中捋了一下白花胡子，慢慢道来："所谓'跳蚤汲毒'，其实就是让跳蚤叮咬病人，把病人带毒的血液叮汲出来。当汲满毒血的跳蚤一只只死去时，病人也就康复了，这叫以毒攻毒。"听了老郎中的话，康熙帝方明白个中缘由，看来要治好宜妃娘娘的病，只有用这种方法一试了。当下商量让贴身侍卫三德子去捉跳蚤，并叮嘱此事不得外传，不然有损娘娘的尊严。

三德子受命后先上街购买盛跳蚤的容器。可跑遍了大街小巷却买不到，最后只好买来一把尿壶。尿壶的口子很小，只要安上了一个带孔的木塞，跳蚤便不会逃走了。三德子买来尿壶便去捉跳蚤了，可花费多时捉不了几只，最后他想起附近有个乞丐部落，乞丐身上跳蚤多，便当即赶去了，果然没费多大工夫便捉到了几百只跳蚤。这里离他家乡不过十几里路，他决定先回家住一晚，顺便探望年迈的双亲。

三德子的爹娘都已是古稀老人，见到儿子回家自然高兴，可一看儿子随带之物竟是一把外表粗糙的尿壶，好生奇怪："三德子，你带回一把尿壶干啥？"三德子不便道出实情，便说："爹、娘，这把尿壶是宫中之物，是侍候康熙帝用的，千万要保管好，不可有半点失误。"说罢就出门去看望亲朋好友去了。

儿子一走，两位老人便围着桌面对这把黑糊糊的尿壶观看起来。他们左看右瞧也看不出这把皇帝用的夜壶和普通人家的夜壶有什么区别。不过，根据儿子的叮嘱，老人们还是小心翼翼地看管着这把夜壶。

当晚，三德子在朋友家喝多了酒，没回家。次日一清早赶回来，没想到放在家中的夜壶竟然不翼而飞了。三德子问爹娘，爹娘只说昨夜里好好放在桌面上的，为了不染上尘灰，他们还用一块布巾遮住了。于是一家人里里外外寻找了半晌也不见夜壶的踪影，急得三德子半天说不出一句话。要知道皇上正等着这几百只跳蚤替宜妃娘娘治病呢，要是出了差错可担待不起啊。两位老人自然更是急得不得了，昨夜他们明明把尿壶放在桌面上的，怎么就没了呢？这件事他们没有向任何人透露过呢。百般无奈，三德子只好找县衙查询这件事，当然，他只说失踪了一把宫中的夜壶。

却说这把夜壶，确实被人偷走了，是谁偷走的呢？村民孙二担。此人好吃懒做，专干偷鸡摸狗的缺德事。这天他路经三德子家时正好三德子回家探亲，因为三德子在宫里做事，孙二担便躲在后屋窗外偷看他从宫里带回了什么宝物。一看不由傻了眼，只见三德子带回了一把黑糊糊的夜壶，正觉奇诧，忽听三德子说这是侍候康熙皇帝的夜壶，一时间孙二担眼睛发亮：听人说皇帝吃过的竹筷也值几十两银子，皇帝用的夜壶就更值钱了。当夜，孙二担爬入了三德子的家，趁两位老人熟睡之际偷走了那把夜壶。

孙二担偷走夜壶后，心里窃喜，次日一早便用黑布袋装着来到一家典当店。典当店的老板名叫张青，他见孙二担递上一把尿壶要典当，脸色一沉斥道："连尿壶也来典当，快走快走，免得让臭气损坏了我的店名！"孙二担嘿嘿一笑说："掌柜的告诉你吧，这乃是当今皇上用的尿壶，自大清国第一个皇帝爱新觉罗用后一直沿用至今，少说也有百年历史了，你说这把宫中的尿壶值不值钱？这可是无价之宝，我是看得起你才把它拿到你店里来典当，你要是不识货，我就另找主子了，你可别后悔。"

经孙二担天花乱坠一番吹嘘，张青不由对这把尿壶细细地详端起来，要是这把尿壶真是宫中之物，那肯定值钱，而且还有收藏价值，但看了半天也看不出与别的尿壶有什么不同之处，于是便说："你这位爷的话我不能不信，也不能全信，这样吧，你先把尿壶放在我这里，等我让人鉴定后再论价。"孙二担同意把尿壶先放在店里，不过他让张青写了一张押据，说好第二天来店里讨音讯。

第二天大半天过去了，并不见孙二担来店里讨音讯。这期间张青已请人鉴定过这把尿壶，认定这把尿壶只是普通的夜壶，没有与众不同之处，看来典当人所言虚假不实，于是决定把尿壶退还给孙二担。可左等右盼不见孙二担人影，一看这尿壶口上有一个木塞，心想莫非这把尿壶里面藏着什么，于是就打开木塞。谁知刚打开木塞，便闻到一股难闻的臭味，正想看个仔细，只见一只只跳蚤从尿壶里跳出来，顿时把他吓呆了。这些饿极了的跳蚤跳出壶口，纷纷向店主和他的家人身上猛扑。张青和家人一时间被叮咬得叫苦不迭。张青一气之下，拿起尿壶狠狠地砸在了地上。没想到就在这时，孙二担急匆匆地来了，身后还跟着几个拖着杀威棒的衙役，孙二担一见张青赶紧说："掌柜的，快把那把尿壶还给我吧，我不当了。"

张青见孙二担来取尿壶，气不打一处出，他指着地上的摊碎片说："瞧吧，一把破尿壶，早被我打碎了。"孙二担听说尿壶已打碎，顿时吓得面无人色。站在一旁的衙役这时上前给了张青一个耳光，厉声吼道："你这人是吃了豹子胆？没经顾主同意，怎敢随便打碎典当之物？这件事你担当得起吗？"张青丈二和尚摸不着头脑，正在这时衙役说道："这是皇上用的尿壶，你这是犯了欺君之罪，是要杀头的。"衙役把张青连同孙二担一起抓到县衙去了。

康熙帝南巡图第一卷

孙二担偷窃御用尿壶，张青故意将尿壶打碎，两人都犯了欺君之罪，本来是要杀头的。可县令根据三德子的意图，没有关押他们，只让衙役打了每人三十大板，然后命令他们半日之内把放走的跳蚤如数捉回，否则就打入死牢。孙二担和张青虽然弄不清其中的原因，为了活命，他们赶紧买了个新尿壶去捉跳蚤。经过半天折腾，三德子看看捉得差不多了，这才提着尿壶走了。

胤祥因何被囚

爱新觉罗·胤祥

爱新觉罗·胤祥，生于康熙二十五年十月初一日（公元1686年），卒于雍正八年五月初四日（公元1730年6月18日），康熙帝第十三子。胤祥幼时很得父皇宠爱，自幼温文尔雅，在父亲面前显得很乖巧。《钦定八旗通志》记载，胤祥“幼偕诸王侍圣祖于宫廷。尝随行，以稚弱未能前视，圣祖过，寻履迹伏地嗅之，其孺慕诚切如此”。也就是说，胤祥幼时与诸兄一起侍从皇父于宫廷，因年龄小、个子矮，他几乎看不见在众人簇拥下一晃而过的父亲。为了表示对父亲的孝敬和仰慕，他不禁爬在父亲刚刚留下的脚印上一个劲地闻起来。这个记载或许有所夸大，但从胤祥一生的行止和他死后被追谥为“贤”来看，他在为人之道上，无论是对父母、对兄长、对臣民，都很符合儒家传统推崇的典范。

胤祥13岁时第一次离开京城，随皇父康熙帝前往谒陵。此后，康熙帝经常带他四处巡幸。玄烨一生先后六次南巡，在诸皇子中，随行次数最多的就是胤祥。玄烨第三、四、五、六次南巡，他都参与了。他还随同玄烨巡幸过京畿、陕西西安、山西五台山，或往塞外避暑围猎。胤祥继承了满洲人的传统技艺，骑马射箭样样精通。有记载提到，他“精于骑射，发必命中”。有一次出巡狩猎，一只猛虎突出林间，他神色不动，手持利刃向前刺之。

胤祥的生母是章佳氏，章佳氏出身一般，是满洲镶黄旗参领海宽的女儿。初入宫，册封妃。她于康熙二十五年生皇十三子胤祥，二十六年生皇十三女，三十年生皇十五女。在四年零两个月内，连续生了三个孩子，这在玄烨中年以后的嫔妃中再无二例，说明她一度很受皇帝的宠幸。但是，她寿命不长，康熙三十八年（公元1699）去世。这时她的儿女尚幼，胤祥14岁，皇十三女13岁，十五女9岁。章佳氏死后，玄烨降谕礼部："妃张雅氏（章佳氏）性行温良，克娴内则，久侍宫闱，敬慎素著。今以疾逝，深为轸悼，其谥为敏妃。"可见，康熙帝对这位早去的皇妃的评价还是很高的。

如此优秀如此受宠爱的皇子胤祥，本应该在年长时大富大贵封王晋爵，可是历史总是留给人们无法理解的扑朔迷离——康熙四十七年，皇十三子胤祥连同诸多皇子都被康熙帝囚禁了。

乾隆年间皇八子胤禩的后嗣弘旺在《皇清通志纲要》中写道："（康熙四十七年）九月，皇太子、皇长子、皇十三子圈禁。""十一月，上（玄烨）违和，皇三子同世宗皇帝、皇五子、皇八子、皇太子开释。"这一记载说明在康熙四十七年即康熙帝第一次废黜皇太子的同时，曾将皇太子胤礽、皇长子胤禔、皇十三子胤祥一同圈禁。而在此前后，被圈禁的还有皇三子胤祉、皇四子胤禛（即后来的世宗皇帝）、皇五子胤祺、皇八子胤禩。也就是说，从皇长子到皇八子，除皇六子早逝不计外，只有对立储一事漠不关心的皇七子胤祐没被圈禁。

另有雍正年间的萧奭在《永宪录》中记载，康熙四十七年九月，皇十三子胤祥"因废东宫事波及，削爵"。但事实是在康熙四十八年以前，皇九子以下的皇子因年龄小，还没有封号，所谓胤祥"削爵"，与事实不符。

关于胤祥为何被囚，几乎所有的史料都没有提及。据后人推测，一说是当年他把大阿哥胤禔诅咒皇太子的实情告诉给了康熙皇帝，于是康熙帝在治罪于胤禔的同时，也将告密的胤祥囚禁了。另有一说是缘于胤祉。康熙三十八年，胤祉被封为郡王，但是由于他在胤祥的母亲去世时的不敬行为很快地被削去了王爵。试想一下胤祉好不容易才得到的王爵，只因一点无关紧要的小节而失去，他的心里能不怨恨吗，于是便找机会报复胤祥。

那么胤祥被囚禁的时间究竟有多长？一年，两年……还是若干年？这又是一个难解之题，因为从清朝的官修史书到民国初年修成的《清史稿》，对胤祥被囚均无只言片语。从康熙四十七年（公元1708年）九月胤祥被圈禁，到六十一年（公元1722年）正月他突然出现在政坛中心，这中间的14年在他的生命里完全是一片空白。

何以造成这种情况？唯一解释是：胤禛即位后删除了一切于己不利的文字，其中包括有关胤祥的记载。

其实，无论是多么有理的推测、多么确切的考证都有可能是谬论。历史在发生的那一刻起就已经注定了它的真实性与客观性的不容置疑，但是出于史料记载缺失、人为破坏等多种原因，这一确定的事实至今仍然是未解之迷。

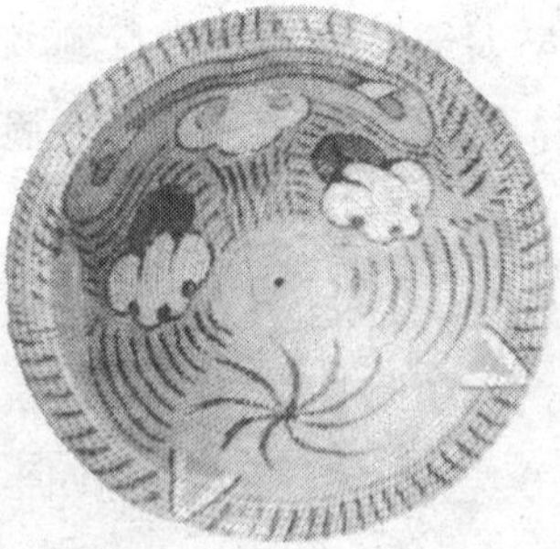

藤牌

康熙二十四年（1685 年）五月

雅克萨之战时清军所装备的藤牌。

揭秘康熙帝文字狱

因清康熙年间仍有明朝后裔四处兴风作浪，高举“反清复明”的大旗四处招兵买马，故康熙帝对此问题非常敏感，以致那个年代的一些章表诗文，一切影射、暗示，甚至牵强附会的字句，都会给作者带来杀身灭族之祸。按清律，凡谋反者和共谋主犯凌迟处死，三代内父、子、兄弟及同居之叔伯兄弟及子中16岁以上男子全部斩首，不满16岁的男童阉割后罚为奴，母、妻、妾、姐、妹，不论长幼全部罚为奴。外戚师生朋友也逃不了干系，就是死了也要挖出来戮尸。文字狱的犯人包括家属、出版者、参订者、抄写人、装订人乃至买书人和当地官员。每起文字狱案件被奴、流、刑、杀的少则几十人，多则几百人，而告发者往往升官发财，于是告讦成风，人人自危，因此一般文人不敢研究和反映现实问题。

康熙二年（公元1663年），归安县吴之荣被罢了知县后想借告发立功，以图东山再起，将庄廷鑨等人所编《明史》涉嫌毁清一事报告杭州将军松魁。松魁与巡抚朱昌祚讨论这事后，朱昌祚以书面形式报告督学胡尚衡，庄廷鑨知道后，通过贿赂免于起诉。之后，庄廷鑨将《明史》指斥清朝的话稍加修改重刊。吴之荣看到他第一次告密失败，仍未死心，便买了初刊到京师直接告到司法部门。吴之荣向来怨恨南浔富人朱佑明，他乘机嫁祸于朱，他说庄书中所称“旧史朱氏”指的就是朱佑明。刑部于康熙元年派人到湖州调查，认为此书有八大罪，主要罪名是扬明朝，毁本朝，庄廷鑨、朱佑明被逮至京城。此为康熙年间的第一起文字狱案。

最著名的文字狱案发生在康熙五年（公元1666年），史称“黄培诗案”。黄培是山东即墨人，明末官至锦衣卫都指挥使。明亡后，黄培隐居在家，他曾经接济过于七农民起义军，所作诗如“一自蕉符纷海上，更无日月照山东”、“杀尽楼兰未肯归，还将铁骑入金徽”、“平沙一望无烟火，惟见哀鸿自北飞”反映出黄培反清复明的民族思想，他还和一帮同道结为大社。告黄培的人是他家世奴家仆黄宽之孙黄元衡。黄元衡本姓姜，他考中进士、当上翰林后，为了归宗还姓解除与黄家的主仆名分，就向官府控告黄家具下刻印并收藏有“悖逆”的诗文书籍等。因此黄培等十四人被捕入狱，最后被处斩。姜元衡还嫌不够，又伙同恶人上了一道《南北通逆》的禀文，指控顾炎武等“故明废臣”和对清廷怀有二心之人南北之间的通信，不是密谋造反，就是诽谤朝廷。在这份居心叵测的禀文中，姜元衡点了约三百人的名字，企图制造一件大案。此案最后被弄到奉旨办理的地步，山东总督、巡抚也亲自过问。

每一个上台的皇帝都希望本朝局面稳定，都希望能够把老百姓思想和嘴巴管住，遂大兴文字狱。明初朱元璋也大兴文字狱，如浙江府学教授林元亮、北平府学训导赵伯宁、福州府学训导林伯璟、桂林府学训导蒋质，都因他们执笔的表章中有歌颂皇帝为天下“作则”一类字样，被认为是影射皇帝年轻时作过“贼”的往事。尉氏县学教授许元，在奏章上有“体乾法坤，藻饰太平。”这两句话本是千年以前的古文，但朱元璋却解释说：“法坤与‘发髡’同音，发髡是剃光了头，讽刺我当过和尚。由此可见文字狱其实是当朝皇帝为控制百姓的异端思想，使本朝政治更稳定而实行的一种专制措施。

《四书讲章》

此为康熙年间满文抄本，现收藏于故宫博物馆。

康熙帝平定三藩之谜

康熙帝一生有很多功绩，其中之一就是平定三藩之乱。“三藩”是指顺治年间派驻云南、广东和福建三地的平西王吴三桂、平南王尚可喜、靖南王耿继茂。开始，他们奉命南征，击败南明政权及农民起义军余部，其权势也随之膨胀，成了拥兵自重、独霸一方的地方割据势力，危害着国家的统一。当时有“天下之财赋，半耗于三藩”的说法。而三藩之中尤以吴三桂的势力最大，他割据云南，圈占民地，抢掠人口，苛捐杂税，鱼肉百姓；招降纳叛，广植党羽；其选官、练兵，都不让朝廷过问，用财开支，不受户部限制。康熙十二年（公元1673年），吴三桂拒绝朝廷撤藩的旨意，发动叛乱，接着，耿精忠、尚可喜也树起了反清的旗帜。这就是历史上著名的“三藩之乱”。

吴三桂

三藩之乱爆发时，康熙帝仅20岁。当时三藩各据一方，形成独立王国，其势力已尾大不掉，严重威胁着清政权。三藩的存在，每年要消耗兵饷2000余万两，在经济上也成为清廷沉重的负担。因此，清廷不能不考虑撤藩的问题。康熙十二年（公元1673年）春，撤藩的机会来了。这时尚可喜首请归老辽东，而欲使其子尚之信继续留镇广东。康熙帝抓住这个机会，即命其父子率属下兵丁家小同撤。吴三桂、耿精忠闻之，也奏请撤藩，目的在于试探朝旨。当时朝中多数大臣都畏惧吴三桂的武力，不敢应允，而康熙帝则力排众议毅然决定撤藩。撤藩之令既下，吴三桂首先于这年十一月杀云南巡抚朱国治反，自称“天下都招讨兵马大元帅”，蓄发，易衣冠，发布檄文，

尚可喜

倡言“兴明讨虏”，呼清皇帝为满酋。吴三桂以恢复明朝为幌子，用以收拾人心，但其背叛明朝的行为早已昭昭于人耳目，所以恢复明朝的旗帜并不能骗人，不但得不到广大汉族人民的同情和支持，甚至连明朝遗老也不理睬他。不过，吴三桂的发难，也鼓动起一个很大的反清浪潮。吴三桂军以破竹之势，由云、贵直冲湖南，长驱至岳州，湖南全省沦陷。吴三桂又分军犯四川，四川提督郑蛟麟、巡抚罗森、总兵谭宏及吴之茂均降，四川全省皆下。于是，云南、贵州、湖南、四川四省尽入吴三桂之手。吴三桂兵锋甚锐，一时响应者四起，在福建有靖南王耿精忠，在广东有总兵刘进忠、平南王尚之信，在广西有将军孙延龄，在陕西有提督王辅臣，在湖北襄阳有总兵杨来嘉，在河南彰德有总兵蔡禄。于是，中国西南全境和东南沿海地区以及中原、西北一带，都骚动起来，战火弥漫十余省。

在此情形下，康熙帝决定出兵攻打吴三桂。康熙帝派出攻打吴三桂的第一人选是王辅臣。很多影视剧甚至野史中都记载王辅臣是位忠臣，实则不然，王辅臣非常滑头。当时他驻守甘肃平凉，是吴三桂的部下，是吴三桂推荐他到甘肃平凉当官的。吴三桂造反后，立马给他写信，相约在某天起事。王辅臣接信后马上就答应了，说好跟吴三桂一块造反。但他又马上把这封信用600里加急连夜送到了北京给康熙皇帝看——把吴三桂出卖了。康熙帝接到这信说：大英雄王辅臣在最关键的时刻救了我，马上升官。于是，整个甘肃省的兵全都归王辅臣一人节制，之后，康熙帝命令王辅臣出兵攻打吴三桂。

让康熙帝没有想到的是，拥兵自重的王辅臣来了个坐山观虎斗，不听朝廷调遣。王辅臣的本意是如若朝廷作战有利，他就起兵南下，直捣吴三桂老巢；如果形势对吴三桂有利，他就起兵攻打朝廷。可谓一石二鸟之计。但当时吴三桂的反清阵营非常虚弱，内部互相利用，矛盾重重，经不起持久的军事攻击与政治瓦解。而且吴三桂一开始即在战略上犯了保守主义的错误，以致陷于被动地位。当他以锐不可当之势占领湖南全省时，却立即收住了攻势，不再渡江前进，扩大占领地区，乃转而在湖南采取守势，沿江布置防御工事，与清军对峙，结果不能出湖南一步。因为吴三桂企图遣兵由长沙犯江西，以便与耿精忠会合；另从四川犯陕西，以便与王辅臣会合。这就给了康熙帝以调兵遣将、从容布置应付的机会。

康熙十五年（公元 1676 年），陕西的王辅臣和福建的耿精忠先后投降清朝；次年，广东的尚之信也投降于清；吴三桂局促于湖南一隅之地，外援日削，而清岳乐之军已由江西进围长沙，吴三桂失败之势已成。至康熙十七年（公元 1678 年），吴三桂已起兵 6 载，年已 67 岁，为排除胸中苦闷，乃于这年三月在衡州称帝，立国号周，建元昭武，大封诸将。但这是吴三桂穷蹙绝望的表现，未几即忧愤成疾，这年八月病死。康熙二十年（公元 1681 年）冬，清军进入云贵省城，吴三桂之孙吴世藩自杀。至此，历时 8 年波及十余省的三藩之乱终于平定了。

康熙帝死因之谜

公元1722年11月13日，寒冷的冬夜，正围坐在火炉旁的清朝百姓并不知道，一场惊天动地的变故即将降临。戌时（晚7时至9时），被称为中国历史上最伟大的皇帝之一的玄烨驾崩。关于他的死一直存在争论，有人认为病死的，也有人认为毒死的，还有说是含恨猝死的。这几种说法中究竟哪种说法是正确的呢？

支持正常病故的人对此的解释是，玄烨对自己病况“不够重视”。据清朝的官史记载，康熙六十一年（公元1722年）十月二十一日，69岁的康熙帝兴致勃勃去南苑打猎，十一月七日感觉身体不适，十三日晚便死去。康熙帝临终前几天，只不过是“偶感风寒”，没到病危阶段，也未发出过任何“病危通知”，没有任何人能预料竟会突然死去，即使康熙帝本人也没有死神已经降临之预感。

疑问在于即使康熙帝本人对病况不够重视，在已经宣布龙体“不豫”的情况下，身负重任的议政大臣特别是对康熙帝的健康负有重要责任的御医们，又如何敢“不够重视”？可见，提出康熙帝对自己病况“过于轻视”者，只是为胤禛开脱干系的说辞而已。在雍正帝即位后，民间就一直有人说康熙皇帝不是寿终正寝，而是被雍正皇帝害死的。雍正朝吕留良一案中曾静的供词为：“圣祖皇帝畅春园病重，皇上进一碗人参汤，圣祖就驾崩了。”这是说康熙帝是被毒死的，凶手就是后来的雍正帝胤禛。著名清史专家孟森认为，康熙帝当年的病情不重，突然死亡，不能不使人生疑。

另有学者指出康熙帝去世和胤禛嗣位“是一场以武力为后盾，精心策划，巧妙安排的宫廷政变”，是“雍正在药品或是食物中投放了致命性的毒药”害死了康熙帝。那么，康熙帝去世当天，胤禛向康熙帝进参汤究竟是否真有其事？康熙帝驾崩前宫廷里到底发生了什么事？

据史料记载，十一月六日康熙帝在南苑听取胤禛、隆科多等人汇报通州查勘粮仓一事时“久议方散”。十一月九日，康熙帝命令胤禛去南郊祭天，胤禛以“圣躬不豫”为名推辞，多次恳求留在康熙帝身边，遭康熙帝拒绝。而十一月十日，胤禛却一日三次派侍卫进入康熙帝寝宫，以后又每日多次派侍卫进入，直至十三日晚康熙帝猝死。令人怀疑的是，从十一月十日起直至十一月十三日晚康熙帝猝死，除胤禛一人进出五次，竟没有任何一名大臣、皇子、后妃在现场。康熙帝猝死后，胤禛为其父更衣，也仍然没有任何一名大臣、皇子、后妃在现场。康熙帝猝死后，从畅春园往紫禁城宫内移灵时，仍然没有任何一名大臣、皇子、后妃在现场。

种种事实证明，从十一月十日起直至康熙帝死后，康熙帝及康熙帝寝宫已被胤禛完全隔离与控制。胤禛在其《大义觉迷录》中说，八阿哥对他向康熙帝进参汤一事横加恶名进行报复。雍正称帝后认为八阿哥把康熙帝之死同自己向康熙帝进参汤作为因果关系是“加恶名于朕”。可见，雍正确认并无以参汤弑父夺位之心，而并不否认自己在康熙帝临终之日确向康熙帝进参汤之实。胤禛进参汤，八阿哥根本不在现场，又何以知道？应该是康熙帝近侍之人揭发。著名清史学者王钟翰在《清世宗夺嫡考实》一文中也认为康熙帝被谋害致死之说不是捏造的，并以意大利人马国贤身临其境目击其事的记载断言：“驾崩之夕，号呼之声，不安之状，即无鸩毒之事，亦必突然大变。”

但有人认为康熙帝被谋害致死说经不起推敲。这是因为康熙帝死前对胤禛较为信任，临终传位，完全可能，而且康熙帝久病在身，因感冒引起其他病状而死亡实属正常；再则，康熙帝本人对人参“不轻用药”，加上警卫森严，用人参汤毒死他是很难的。

看来，康熙帝的死因谜团实在太多，至今无人能解。

福佑寺康熙帝神碑

现收藏于故宫博物院

清世宗雍正帝

清世宗胤禛（1678~1735），清朝第五代皇帝，康熙帝的第四个儿子。公元1722~1735年在位，谥号“宪皇帝”，庙号“世宗”。因其年号为雍正，所以历史上也称“雍正（帝）”。雍正帝诚信佛教，工于心计，性格果断刚毅。在位期间严格吏治，清查国库亏空，并对赋役进行了大刀阔斧的改革。雍正帝在整个清朝历代皇帝中起了承上启下的作用，是一位有开拓精神、有作为的皇帝。

雍正继位谜案

要想详解雍正帝的历史，必先从雍正帝继位说起。雍正帝继位与顺治出家、太后下嫁并称清初三大疑案，也是被说得最热闹的一个话题，毕竟皇位的继承与出家、下嫁相比分量要重得多。雍正帝继位的疑案，已存 282 年，概括起来共有三种不同的说法。

遗诏继位说。

就是遵照康熙帝遗诏继位，这是合法继位。主张这一说法的有三个理由，第一个理由是胤禛表现比较好，深得康熙帝信赖。有史料称康熙六十一年病重时派胤禛代他到天坛祭天。国之大事在祀与戎，祀就是祭祀。康熙帝把祭天这么大的事情委托于胤禛，表明其意欲让他继位。第二个理由是康熙帝临死时，即康熙六十一年十一月十三日早上四点钟左右，把他七个儿子和尚书隆科多召到畅春园御病榻前，向他们宣布谕旨说："皇四子胤禛，人品贵重，深肖朕躬，必能克承大统，著继朕登极，即皇帝位"。口谕很明确。第三个理由是康熙帝的遗诏很长，其中一项就是立皇四子胤禛为继位人选。

根据以上三点理由，一些学者认为胤禛根据康熙帝的遗诏继位是合法的。

胤禛改诏篡位说。

康熙帝遗诏

据说康熙帝临终前宣读口谕时胤禛没在场，他在天坛斋戒所祭天。但是也就在这一天，雍亲王三次奉召到畅春园去见他父亲，上午八点左右第一次见到他父亲。《清圣祖实录》记载，康熙帝对雍亲王说他的病情逐渐见好，但并没有提及选胤禛做皇帝的意思。另有一说在康熙帝五十四年时，康熙帝颁布一个诏书。康熙帝后来说“此谕已备十年，若有遗诏，无非此言”。现在提到的这个康熙帝的遗诏，基本上是这个谕旨的文字。但问题也出在这里，这个遗诏应该是康熙帝死之前就作了，可是康熙帝死的时候并没有宣布，康熙帝是 13 日故去的，16 日才拿出来，在这中间难免有人做手脚。所以有学者认为这个遗诏漏洞百出，怀疑前部分那些文字的确出自康熙帝之手，但后部分是胤禛加上去的。也有的说康熙帝死后，北京城九门都戒严了，亲王和皇子没有雍正帝的谕旨任何人不许进入皇宫，就连康熙帝其他的一些皇子皇孙到皇宫里吊唁的资格都受到了限制，所以认为雍正帝这样做正说明他心里有鬼。还有的说胤禛继位后把帮助他继位的人中出力最大的两个人——年羹尧和隆科多都杀了，杀人灭口说明他得位不正。

除此之外还有一些其他的理由，总之认为胤禛篡改了康熙帝的遗诏，篡夺了皇位。

回过头来细细分析，每一种说法都有疑点。首先，关于胤禛夺嫡说。众所周知，清朝皇位继承没有采取嫡长制，康熙帝晚年特别是他故去之前，也没有立嫡长子为皇太子。既然清朝没有嫡长制，康熙帝晚年也没有立嫡，那么胤禛何嫡之可夺？所以夺嫡说就不成立了。其次是胤禛篡位说。所谓篡位是指夺太子之位或被人继承的皇位。那么雍正帝究竟篡谁的位，没有任何史料记录康熙帝立了哪位皇子或皇孙做太子。有学者说胤禛篡皇十四子的位，康熙帝晚年的遗诏就是传位十四子，胤禛把“十”字改成“于”字。许多野史或民间故事都这么说，但其实这个问题是经不住推敲的——按照清朝当时的行文习惯，均称皇十四子、皇四子，前面有个皇字，如果按照篡改说就变成了“传位于皇于四子”，是不通顺的。最为重要的是当时传位诏书有满汉两种文字，如果说汉文的“十”字改成“于”字也还有可能的话，那满文怎么改？

所以说将“传位十四子”改为“传位于四子”这一说法不成立。另外按照《玉牒》关于改名的记载，雍正帝名胤禛，他的同胞的弟弟皇十四子，叫胤祯。“禛”、“祯”这两个字字形相似，读音也相似，所以一种意见就说康熙帝传位的时候，是传给胤祯的，但这时候胤祯皇十四子不在北京，胤禛就做了皇帝，但这种说法显然有牵强附会之嫌，不能证明是胤禛篡了弟弟的位子。

所以近百年来各种意见交错，公说公有理婆说婆有理。如果按照中华民族的历史发展来说，谁做皇帝并不重要，重要的是看谁做皇帝后对于中国历史的发展做出贡献，这是评判历史人物的主要标准。

揭秘雍正帝社仓

雍正帝在位 13 年，一直忙于国事。在位时间虽短但工作量之大是惊人的。在雍正帝完成的工作任务中，有一件对后世产生着深远的影响——设立社仓，这是封建统治者实现救荒的办法。早在隋唐时期，封建统治者便想出了义仓这种较有效的救荒措施。

关于雍正皇帝设立社仓的故事很多，正史、野史均有记录，但如何正确客观地评价它，后世资料记载并不多见。雍正帝同其父康熙帝理政的态度大不一样，他即位后不久，就谕令湖广督抚杨宗仁等设立社仓。地方官员为了迎合他，强令百姓缴纳仓粮，规定凡交正赋银一两的，外纳社仓谷一石，并以存储多少作为州县官的考成，这等于新的加派，而且很重。雍正帝于二年（公元1724年）提出明确的社仓办理办法：由民间承办，不用官办；官员只宜劝导举行，不可强迫命令仓中存粮数目、出入办法。同时确定管理奖惩办法：仓粮由百姓捐输，捐至十石给花红，三十石以上挂匾，三百石以上的给八品顶戴；每社设正副社长，选择人品端正、家道殷实者充任，表现优秀十年以上者亦给八品顶戴；侵蚀仓粮的依法严办；借谷收息，一石加息二斗，若遇荒歉年头，小歉减半，大歉全免，只收本谷。

雍正帝并非没意识到办理社仓难以进行。他知道富饶之家自有储蓄，即使遇上荒年，也不会依赖仓谷，所以不愿输纳；贫穷人家希望社仓办好，然而却无力纳粟。百姓们为避免吃亏，也都不想缴纳仓粮。官吏对有关考成的平仓尚有侵蚀挪用之弊，对不计考成的社仓更难指望用心办好了。雍正帝并非不知道这个道理，只不过他个人富有挑战精神，即使知道此事难以成功，还是要放手一试，这也说明他救荒心切，想造福于民。社仓对于灾年赈饥的确发挥着意想不到的效果，西北战事骤起的时候，陕西总督岳钟琪奉命设立社仓，采买谷麦近四十万石，在关键时刻发挥了很大的作用。

如果说提倡实行社仓是雍正帝实现救荒的一个好办法，那么提倡节约粮食则是雍正帝另一项防患于未然的措施。雍正帝不仅深知“民以食为天”、“农为天下之本务”

的道理，而且看到了人口日益增加而粮食产量有限、“所入不足以供所出”的问题。为此，他在采取一系列政策和措施努力增加粮食生产、慎重仓储的同时，还特别强调爱惜和节约粮食。

雍正二年（公元1724年），他谕令膳房：“凡粥饭及肴馔等类食毕，有余者切不可抛弃沟渠。或与服役下人食之，人不可食者则哺猫犬，再不可用者则晒干以饲禽鸟，断不可抛弃。朕派人稽查，如仍不悛改，必治以罪。”数年之后，他得知膳房沟水内仍有倒掉的饭食，又训诫膳房太监说：“膳房沟水内魁弃饭粒甚多。从前不时晓谕，尔等并不严饬所管人役。如朕再行查出，必不轻恕尔等，不单罚尔等之俸、革膳房人等钱粮而已。慎之！慎之！”由此可见雍正帝为节约粮食可谓费尽心思，从人食、猫食到鸟食都交代得清清楚楚。

至高无上的封建皇帝，专门为处理剩粥剩饭下一道特谕，在中国几千年的历史上大概也绝无仅有，由此可以看出雍正帝是一位勤俭治家的皇帝。事实也是如此。如果把整个清朝的发展史如股市波动图般显示出来的话，康雍乾三朝在图谱中呈现的是“马鞍之势”，而雍正朝便位于这个马鞍子的正中，起到桥梁与纽带的作用。为什么这么说呢，事实上自努尔哈赤建立大清以来直到康熙年间，都处在“打江山”时期，最耗费银两钱财，正所谓马上得天下更要马上治之。雍正帝继位时国库的银子已经被前几朝皇帝花得差不多了。雍正帝首先要解决的是“发家治富”问题，他在位的这13年里为清朝后续子孙赚了个盆满钵满，也正因此，才使得乾隆时期出现了清朝的鼎盛，这也正是雍正帝的最大贡献之一。

雍正御题之勤政亲贤匾，悬挂于养心殿西暖阁内。

雍正帝惩贪之谜

“雍正一朝无官不清”，很多研究清史的学者都出此言。雍正帝的前任圣祖仁皇帝玄烨，手创了一个“太平盛世”，但也留下了严重的后遗症，如吏治腐败、税收短缺、国库空虚。雍正帝接手时，国库储银仅八百万两，而亏空的数字却大得惊人。雍正帝说：“历年户部库银亏空数百万两，朕在藩邸，知之甚悉。”又说，“近日道府州县亏空争粮者正复不少”，“藩库钱粮亏空，近来或多至数十万”。如此看来，堂堂大清帝国，竟是空架子，外面看强盛无比，内里却空空如也。那雍正帝是如何整治这些贪官的呢?

各地亏空的钱粮到哪里去了？雍正帝看得很清楚：不是上司勒索，就是自身渔利，而户部的银子，则被皇帝和权贵们在“不借白不借”的心理支配下“借”走了。这么多人挖国家墙角，国库还有不亏空的道理？但是从中央到地方，各级官员的贪污、挪用、借支公款，又确有其“不得已”处。这是因为清从明制，官员俸禄极低，正一品官员的年俸不过纹银一百五十两，七品县令则只有四十五两。这点俸银，养家糊口都成问题，更不要说打点上司、迎来送往和礼聘幕僚了。从这个意义上讲，明清两代吏治的腐败，是逼出来的。

由此可见，亏空关系到吏治，吏治又关系到体制，这是一个连锁反应，这个连锁上的每一个环节都含糊不得。于是，在康熙六十一年（公元1722年）十二月十三日，即康熙皇帝去世刚好一个月时，雍正帝下令户部全面清查亏空钱粮。他不顾乃父“尸骨未寒”，对积弊大动干戈，可见其决心之大，也可见事情之紧迫。这是雍正帝即位之后的第一个大战役，关乎国本，也关乎帝位。一旦无功而返，或半途而废，不但雍正帝自己身败名裂，国本也可能为之动摇。因此只能胜不能败，只能进不能退。

雍正帝确实太了解下情了。他知道，靠贪污犯去查自己的贪污，那是永远也查不出来的。他们的上司也同样，因为没有一个贪污犯不巴结上司、不给上司行贿送礼。如果他不巴结上司，或者上司不接受贿赂，他是不可能混到今天的。即使他的上司是清廉的，也不可靠，因为地方上的亏空如此严重，贪墨如此猖獗，他们居然毫无动作，那就只能是三种情况：要么是昏官，对下情一无所知；要么是庸官，知情而不敢举报，或无力纠察；要么是混蛋，为了保住自己的官位官声，对下面的胡作非为睁眼闭眼，包庇纵容，搞“地方保护主义”。靠这些人去清查亏空，那才是竹篮打水一场空。

雍正帝对付贪官的一个重要举措是成立“会考府”。会考府是一个独立的核查审计机关，成立于雍正帝元年（公元 1723 年）正月十四日。它的任务是稽查核实中央各部院的钱粮奏销。雍正帝深知，钱粮奏销，漏洞很大：一是各省向户部上缴税银或报销开支时，户部要收“部费”，也就是现在说的“好处费”、“茶水费”。没交“部费”，即使正常的开支，又无手续或计算方面的问题，户部也不予报销，甚至拒收税款。相反，如果有“部费”，即使浪费亏空上百万，也一笔勾销。二是各部院动用的钱粮是自用自销，根本无人监督。这也是多年积弊，古已有之。

流氓恶棍趁机敛财，借替长官还债为名敲诈百姓，这些在雍正帝时期是明令不准的。如有此类问题发生，那么板子就结结实实地打在贪官污吏的屁股上，不但要追赔还要抄家。元年八月，雍正帝采纳了通政司官员钱以垲的建议：亏空官员一经查出，一面严搜衙署，一面行文原籍官员，查封其家产，监控家人，追索已变卖的财物，杜绝其转移藏匿赃银的可能。赃官们的罪一经核实，就把他的家底抄个干净，连他们的亲戚、子弟的家也不放过。雍正帝下令：“丝毫看不得素日情面、众从请托，务必严加议处。追到水尽山穷处，毕竟叫他子孙做个穷人，方符朕意。”此令一下，全国一片抄家声，雍正帝也得了个“抄家皇帝”的称号，甚至连牌桌上都有了一种新打法：抄家和。看来，赃官们真只有“死路一条”了。

令人称快的是，在雍正帝时代，贪官们连“死路一条”的选择都没有。雍正帝的政策是贪官即使死了也不放过。雍正帝四年，广东道员李滨、福建道员陶范，均因贪污、受贿、亏空案被参而畏罪自杀。雍正帝下令，找他们的子弟、家人算账。雍正帝指出，这些家伙自知罪大恶极自身难保，就想以死抵赖，牺牲性命保住财产，让子孙后代享用，这是办不到的。

揭秘雍正帝炼丹之谜

张伯端

自古以来，凡是幻想长生不老的帝王，大多迷恋神丹妙药。从秦始皇派人入海访仙求药，到汉武帝命炼丹家李少君、栾大炼化“益寿”、“不死”的黄金器具；从三国的曹操遍招甘始、左慈等天下方士习炼“养性法”，到东晋哀帝“饵长生药”丧命；从隋文帝指派嵩高道士潘诞“合炼金丹”，到唐太宗李世民服食古印度方士的长生药“暴疾不救”；从宋太祖赵匡胤召见高道苏澄隐询问“养生秘术”，到明宪宗以丹纵欲“气伤龙脉”而暴亡……一代又一代的封建帝王对道家的丹术走火入魔。而清朝的雍正帝，可算是中国古代史上最后一位宠信道士迷恋丹药的皇帝了。

雍正帝喜好炼丹，由来已久。他在做皇子时，就对丹药产生了兴趣，那时他曾写过一首题目就叫《烧丹》的诗：“铅砂和药物，松柏绕云坛。炉运阴阳火，功兼内外丹。”这首诗中，又是铅砂，又是炉火，烟雾缭绕，功兼内外。这首诗就好像一幅活灵活现的炼丹写真图，从中可以看出，雍正帝早年就对炼丹有所认识并有些研究了。在登上皇帝宝座之后，雍正帝曾极力推崇金丹派南宗祖师张伯端，把他封为“大慈圆通禅仙紫阳真人”，并敕命在张伯端的故里建造道观崇祀。据《紫阳道观碑文》记载，雍正帝特别赞赏“真人”张伯端“发明金丹之要”。至此从雍正四年（公元1726年）开始，雍正皇帝就经常吃一种叫“既济丹”的丹药。他感觉服后有效，还作为特殊礼品赏赐给云贵广西总督鄂尔泰、河东总督田文镜等一些宠臣。在田文镜的一件奏折上，雍正帝用朱砂笔写道：“此丹修合精工，奏效殊异，放胆服之，莫稍怀疑，乃有益无损良药也。朕知之最确。”雍正帝劝自己的宠臣，对御赐丹药放开胆子吃，丝毫不用怀疑，因为他对这种丹药“知之最确”。这表明，雍正帝很注意研究丹药的药性，并且对丹药“奏效殊异”已是确信不疑了。

雍正八年（公元 1730 年）春天，雍正皇帝闹了一场大病。为了治病，雍正帝命令内外百官大规模访求名医和精于修炼的术士。为此，他给河东总督田文镜、浙江总督李卫、云贵广西总督鄂尔泰、川陕总督查郎阿、山西巡抚石麟、福建巡抚赵国麟等一大批地方高级官员，分别发去内容完全相同的手谕，内容大概意思是让封疆大吏们代皇上寻找会修养的道家术士。雍正帝还要求地方大员：第一，务必将此事当成要务，一定要“留神”，而绝不能视作可办可不办的事；第二,一旦访得“深达修养”的人，对其家属要优厚安排，要好好护送其本人来京；第三，只管打消顾虑，哪怕推荐的人不很合适，也不会怪罪；第四，本地没有的，若听说外省有，也要奏报上来。最后，雍正帝嘱咐，此事属于绝密，千万“慎密为之”。

这道非同一般的密谕，总共写了多少份发给多少人，我们不得而知。不过，在今天中国第一历史档案馆藏有九份，台北故宫博物院保存着六份。这十五份朱谕，内容完全一样，一字不差。若在通常，发给各地官员的谕旨，如果内容文字相同，都是由亲密大臣代笔，唯独这道密谕，全是雍正帝用朱砂一笔一笔一份一份地书写，而且十分工整，可见雍正帝对此事的慎密和重视。

神秘的“血滴子”与密折

雍正帝在世人眼里是一位施行恐怖、苛严政治的强权统治者，关于他的流言蜚语在民间广为流传。这位皇帝夺位前老谋深算，即位后冷酷无情，他屡行大狱，文网森严，广布耳目，令人谈虎色变……其中同雍正帝有关的“血滴子”之谜最受关注。

“血滴子”最早究竟出自何处已无从考证，“血滴子”的形象特征是诡秘、残暴、人治加铁腕，其背景是雍正朝的特务组织和密折制度。在历代文人骚客的笔下，雍正帝被刻画成精谙武艺、神通广大的阴谋家，他的手下豢养了一批技艺绝伦的侠客力士，操持着一种名为“血滴子”的杀人利器，能取敌人的首级于千里之外，同时“血滴子”也是秘密杀手的代称。据传，雍正帝的八弟“阿其那”、九弟“塞思黑”都是为“血滴子”所杀。显然，此类荒诞不经的描写不能作为信史。然而，雍正帝确实是以处于弱势的政治力量在夺储斗争中取胜的，他能登上宝座，除了本人工于心计和有一套政治手腕外，还得力于他有一个训练有素的情报组织，这个组织便是“粘杆处”，“粘杆处”的作用就是培养大量的“血滴子”。

顾名思义，“粘杆处”是一个专事粘蝉捉蜻蜓、钓鱼的服务组织。雍正帝还是皇子时，位于北京城东北新桥附近的府邸内院长有一些高大的树木，每逢盛夏初秋，繁茂枝叶中有鸣蝉聒噪，喜静畏暑的胤禛帝便命门客家丁操杆捕蝉。康熙四十八年，胤禛从“多罗贝勒”被晋升为“和硕雍亲王”，其时康熙帝众多皇子间的角逐也到了白热化的阶段。胤禛表面上与世无争，暗地里却制定纲领，加紧了争储的步伐。他招募江湖武功高手，训练家丁队伍，这支队伍的任务是四处刺探情报，铲除异己。他登上皇位后，为了巩固专制统治，也为了酬谢党羽，在内务府之下设立了“粘杆处”机关。“粘杆处”的头子名为“粘杆侍卫”，是由有功勋的大特务担任的，他们大多是胤禛府邸旧人，官居高位，权势很大。粘杆处的一般成员名为“粘杆拜唐阿”，统称“粘杆拜唐”，由小特务充任，他们都是内务府包衣人，属未入流，薪水不高，但每天跟随胤禛左右，炙手可热。

由此可见“粘杆处”表面上是伺候皇室子弟玩耍的服务机关，实则是一个特务组织。小说中所谓的“血滴子”大概指的就是粘杆处的这些人。不难推想，雍正帝是把政敌比作鱼、蝉、蜻蜓一样的小动物来撒网捕捉、加以控制的。

密折制度实为告密制度。本来告密这种事就被君子所耻，但在雍正帝麾下互相告密却是官员的常课，被视作为本职工作的一部分。雍正二年，封疆大吏浙闽总督觉罗保、山西巡抚诺珉、江苏布政使鄂尔泰、云南巡抚扬名时突然遭到皇帝严厉的斥责，紧接着宣布停止他们给皇帝上奏的权利。作为一个封建官僚，除了降罪撤职，再也没有什么比被剥夺其参政言事的权利更为严重的处罚了。他们为何事得罪？可以参见雍正七年胤禛给鄂尔泰的侄子鄂昌的一段批示：“密之一字，最紧要，不可令一人知，即汝叔鄂尔泰不必令知。”原来，觉罗保等人是因为向外人透露给皇帝奏章的内容被惩罚的。这种不得让第三者知道的奏章，不是题本、奏本，而是雍正朝的一种特殊的文书制度——密折。

雍正帝登基的第十四天，便下了一道收缴前朝密折的谕旨，使密折逐步形成了一种固定的文书制度。在雍正帝钦定的规章里，从缮折、装匣、传递、批阅、发回本人，再缴进宫中，都有一定的程序，不允许紊乱。按照密折的内容，分别规定用素纸、黄纸、黄绫面纸、白绫面纸缮写，并使用统一规格的封套。密折须本人亲笔，臣工缮写完后，加以封套、固封，装入特制的折匣，用宫廷锁匠特制的铜锁锁住，坊间锁匠配制的钥匙是绝对打不开密折匣的。密折派专人送达。

给皇帝上密折是一种特权更是一种荣誉，只有皇帝家臣才有此权利。据史料载，康熙年间密奏者只有百余人，而雍正朝却多达一千一百多人，逐步扩大到各省督抚、藩、臬、提、镇等。上密折是特权，有权利就有义务，臣子们在洋洋得意自己受恩宠的同时，不知不觉中也把前程付之于这一奏折了。奏折的内容千差万别，上自军国重务、下至身边琐事无所不包。雍正朝的密折不但用来陈事，还用来荐人。雍正帝于官员的录用、陟黜极为留意，他曾一再透露：

雍正帝蒙古服装像

“朕惟治天下之道，首重用人。”他考察地方的吏治，着重点是对地方官吏的检查。他给官员授权，允许越境奏事；可以越级监视，上下牵制，这种方法使他了解了很多情况，诸如地方政事的好坏，官员中谁认真负责、谁搪塞敷衍；也使为官者人人震慑，不敢轻蹈法网。但是，雍正帝很讲究官僚体制，他不允许下级超越职权。他一再告诫臣子：“今许汝密折奏事，切毋藉此挟制上司，而失属官之体。”

密折用于君臣间的私人通讯，可以无话不谈。臣下献议，皇帝先睹为快，可以通达下情，直接批上自己的意见，国家有所兴荣，臣下有不同看法，也可以婉转谏劝。密折制只是一种文书制度，它虽是无形的，但其所产生的影响，却远远超出一般的官衙的置废。杨启樵先生在《雍正帝及其密折制度研究》一书中认为：密折制是雍正帝推行专制政治的有效手段。之一，皇帝可以直接处理庶务，强化其权力；之二，有效地控制了官员，使他们互相牵制，效忠于皇上。密折制度牵涉到君臣间的权力的分配，是官僚政治的重大改革。

破尘居士印及其印文

为雍正帝闲章，寿山石质。现藏于故宫博物院。

雍正帝赐死年羹尧之谜

雍正帝初年，年羹尧成为新政权的核心人物，被视作社稷重臣，虽远在边陲，雍正帝却让他参与朝政。在政务活动中，雍正帝常常征求采纳年羹尧的意见，山西巡抚诺岷提出耗羡归公的建议，雍正帝对年羹尧说："此事朕不洞切，难定是非，和你商量。你意如何？"律例馆修订律例，雍正帝阅后发给年羹尧看，要他提出修改意见。在用人和吏治方面，雍正帝也给了年羹尧极大的权力。在川陕，"文官自督抚以至州县，武官自提镇以至千把"，其升迁降革均由年羹尧一人决定。对其他地方官员的使用，雍正帝也常听取年羹尧的建议。在生活上，年羹尧的手腕、臂膀有疾及妻子得病，雍正帝都再三垂询，赐送药品。对年羹尧的父亲年遐龄在京情况，年贵妃以及她所生的皇子福惠的身体状况，雍正帝也时常以手谕告知。赏赐美食珍宝玩物更是常事。有一次赐给年羹尧荔枝，为保存鲜美，雍正帝令驿站 6 天内从京师送到西安，这可与唐时朝向杨贵妃进献荔枝相比。雍正帝对年羹尧宠信优渥，希望他们"彼此做个千古君臣知遇榜样"。然而后来雍正帝却杀了年羹尧，这又为何呢？

在年羹尧看来他一直是忠于雍正帝的，甚至到了最后关头也一直对雍正帝抱有很大幻想。年羹尧的失宠和被整肃是在雍正二年（公元 1724 年）十月，彼时年第二次进京陛见。在赴京途中，他令总督李维钧、巡抚范时捷等跪道迎送。到京时，黄缰紫骝，郊迎的王公以下官员跪接，年羹尧安然坐在马上行过，看都不看一眼。王公大臣下马向他问候，他也只是点点头而已……客观地讲，正是由于雍正帝宠信过分、赞誉过高、征询过多，致使年羹尧权力膨胀。而年羹尧骄横傲慢、忘乎所以、不守臣节，则渐渐引起了雍正帝的警觉和不满，终于下决心惩治这个天下"第一负恩人"。

在被革川陕总督赴杭州将军任的途中，年羹尧幻想雍正帝会改变决定，因而逗留在江苏仪征，观望不前。结果这使雍正帝非常恼怒，他在年羹尧所上的谢恩折上这样批道："看此光景，你并不知感悔。上苍在上，朕若负你，天诛地灭；你若负朕，不知上苍如何发落你也……你这光景，是顾你臣节、不管朕之君道行事，总是讥讽文章、口是心非口气，加朕以听谗言、怪功臣之名。朕亦只得顾朕君道，而管不得你臣节也。只得天下后世，朕先占一个是字了。”雍正帝的这段朱批实际上已经十分清楚地发出了一个信号：他决心已定，必将最终除掉年羹尧。

直至年羹尧接到自裁的谕令，他也一直迟迟不肯动手，还在幻想雍正帝会下旨赦免他。但雍正帝已经下定决心，认为使其免遭凌迟酷刑而以自裁保全名节已属格外开恩，所以他应该“虽死亦当感涕”，因此年羹尧生路已绝。一个想要谋反的大臣怎么会对皇帝有这种不切实际的幻想呢？雍正帝在给年羹尧的最后谕令上说：“尔自尽后，稍有含冤之意，则佛书所谓永堕地狱者，虽万劫不能消汝罪孽也。”在永诀之时，雍正帝还用佛家说教，让年心悦诚服，死而不敢怨皇帝。

还有一种观点认为，年羹尧参与了胤禛夺位的活动，胤禛即位后反遭猜忌以至被杀。不只是稗官野史，一些学者也持这种看法。据说，康熙帝原已指定皇十四子胤祯继位，胤禛矫诏夺位，年羹尧也曾参与其中。他受胤禛指使，拥兵威慑在四川的皇十四子胤祯，使其无法兴兵争位。雍正帝登基之初，对年羹尧大加恩赏，实际上是欲擒故纵，待时机成熟，即罗织罪名，卸磨杀驴，处死年羹尧这个知情之人。

暂且抛开雍正帝决心除掉年羹尧的真正动因不说，从年羹尧自身而言，他的死确实有点咎由自取。他自恃功高，妄自尊大，擅作威福，丝毫不知谦逊自保，不守为臣之道，做出超越臣子本分的事情，已为舆论所不容。而且他植党营私，贪赃受贿，“公行不法，全无忌惮”，为国法所不容，也为雍正帝所忌恨。这就犯了功臣之大忌，势必难得善终。所以《清史稿》上说，隆、年二人凭借权势，无复顾忌，罔作威福，即于覆灭，古圣所诫。

雍正帝测字之谜

有一个测字的故事，跟雍正帝也有关。雍正帝登位，传说是靠当时的江湖人物帮忙，由大侠甘凤池跟白泰官潜入皇宫，将康熙帝预定的遗诏盗出。遗诏本来说“传位十四子”，当时的著名文士吕留良看过诏书，立刻提笔改之为“传位于四子”。胤禛排行第四，由是即能承继大宝。而甘凤池、白泰官两人，盗诏还诏，两度潜入皇宫，自然功劳很大。他们为什么肯帮胤禛的忙呢？因为胤禛答应他们，自己能登上天子位，一定下诏恢复汉家衣冠。那时的人将衣冠看得很重要，许多人因为不肯梳辫穿满装，宁愿自杀，因此吕留良他们便答应帮忙了。到雍正帝登位后，甘凤池写一个“望”字找了空和尚测字，了空道：“糟了，你们快点躲藏起来。”甘凤池问故，了空道：“望字头似功字，只是多了三点，那是小人进谗，功不成功。再说，望字还有功高盖主之象，皇上一定不会感激你们，而会加害你们，所以你们从此遁迹江湖避祸为上。”甘凤池他们果然听从了空的话，而吕留良亦躲回乡下。后来雍正帝拿不到甘凤池一伙人，只捉到吕留良，居然狠心将他腰斩。

另有传说雍正帝派年羹尧出兵征讨青海蒙古，其时年羹尧贵为大将军，统领健锐营，而雍正帝则刚坐上皇座，兼且与兄弟不和，将兄弟纷纷充军治罪，正需要军队拥护自己，所以对年羹尧甚为依赖，而年大将军因此而骄横，王公大臣无不对之侧目。年羹尧出兵前，一时高兴，以“荡”字叫一门下客为测字，那门下客说：“将军此去，定必马到功成，以汤涤血，自然去尽群丑。”年羹尧听见，十分高兴。这门下客却乘机向他辞行，说家中老母患病，要回乡省亲。年羹尧立即赠以白银千两，以壮行色。后来年羹尧果然战胜，留守西康。过两年，雍正帝把他召回京师，寻些事故将他贬官：一夜连下九道圣旨，将他由大将军贬至守城门。京师的老百姓见到年大将军按剑坐在城门口，都不敢出城。过两天，雍正帝索性杀了年羹尧，且满门抄斩。这时，那测字的门下客才对人说，年大将军将“荡”字写成“水易皿”，而“皿”字为“血”象，由水变成血，十分不祥，故知他此行的结局必不得善终，所以急忙诈称母病返乡。

雍正帝为何秘密立储

所谓秘密立储制度，就是在皇帝生前，不公开宣布立哪一个皇子为皇太子——嗣皇帝，而是由皇帝秘密亲书预立皇太子名字的“御书”，密封匣内，藏于乾清宫正大光明匾后，等皇帝临死前或死后，由御前大臣、军机大臣等共同启示，按“御书”所定，嗣皇帝即位。众所周知，清代雍正朝以前没有固定的立储制度，所以皇位继承三代都很混乱，甚至上一朝皇帝死后没有接班人，即便有也是含糊不清，比如清太祖努尔哈赤死后没有指定继承人，死后皇太极与多尔衮长年争权，给后世史家留下了一个个疑案；清太宗皇太极还未立储就暴亡了，皇弟多尔衮、皇长子豪格等剑拔弩张，结果太宗第九子福临即位，因为他年仅六岁，不能亲政，仍由宗室辅政，以此消弭了可能发生的内战；顺治帝二十四岁病死，没有来得及建立继承制度，临终前在母后的参与下，决定以第三子玄烨为嗣君，理由是他出过天花，不致因为这个令人恐惧的病症而短命。而清代以前的历代王朝，解决皇位继承之法，基本上是采取公开建储——即预先册立皇太子，以备承嗣皇位的制度。其选择继承人的标准和原则，不是根据被选人的品质和能力，而首先是看他是否是皇帝的嫡子和长子。这就是所谓的立嫡长子之制。

雍正帝借鉴历代“建储诸弊”实行秘密立储制度，这是载在史册，众所周知的事。但是，有关秘密立储的具体办法，却有不同的传说和记载，而关于秘密立储的直接档案文献，则从未见诸于世。雍正帝即位后，于元年（公元 1723 年）八月发布上谕称：“……建储一事，必须详慎，此时安可举行？然圣祖既将大事付托于朕，朕身为宗社之主，不得不预为之计。今朕特将此事亲写密封，藏于匣内，置之乾清宫正中世祖章皇帝御书正大光明匾之后，乃宫中最高之处，以备不虞，诸王大臣咸知之。”秘密立储制就此始行。雍正十三年八月二十三日，雍正帝死，庄亲王允禄等开启雍正元年立皇太子密封，宣诏皇四子弘历继位。

储位斗争扰乱了康熙帝朝政，使清朝陷入政治危机中。这个斗争前后持续了四十余年，斗争以结党的形式表现出来，它使宗室王公、外戚、满汉大臣、一部分中小官僚和士人卷入其中，涉及的社会面相当广泛。党争令人无所适从，一些集团垮台了，一些人遭到清洗以致丧失性命；造成政治上的混乱，党争者需要经费，与脏官勾结，对人民敲诈勒索，贪污盗窃，大做买卖，影响人们的正常生活，造成康熙帝末年社会矛盾的加剧。储位斗争削弱了清朝的力量，大大影响了皇帝的权威，降低了行政效率，引起严重的政治危机。而雍正帝本人，正是从储位斗争中走过来的，他深知其害，自身成了当权者后，更加体会到它对皇权的危害、对稳定政局的妨碍。他从祖先的做法中，认识到储制不立有问题，照搬嫡长制也不行，于是提出秘密立储的方法。雍正元年八月，他在大内乾清宫召见总理事务王大臣、满汉文武大臣，并把事前书写好的关于储君的谕旨密封于匣内，放置在宫内正中顺治皇帝书写的“正大光明”匾额之后，规定等皇帝宴驾，打开谕旨，由被指定的嗣君继位。秘密立储，尽管连储君本人在内的群臣都不知道是谁，但国本已经确定，人心有归系，国家有新君，不会发生动乱，这同公开立太子的作用没有两样。密立的太子因为没有举行正式的仪式，也不知道是谁，皇帝如果发现他不合适，可以随时改换，遇到的阻力也会小得多，影响也小。秘密立储还避免了储君与皇帝的冲突，诸皇子不知道储位属于谁，也无攻击目标，不会产生皇子与储君竞争的现象，同时仍可令皇子、皇储从政，不失满州的传统。

正大光明匾

位于乾清宫，雍正帝藏立储密匣于匾后。

雍正帝的这种秘立储君的方式成功地传诸后世，乾隆、嘉庆、道光三朝相继采取这个办法立储。这种嗣位制度是历史上的一个创造，也是雍正帝政治才能的体现，也可以说是清代康熙朝以前历代争储斗争的一个产物。

雍正帝死亡之谜

吕留良

虽然雍正帝在位时间只有13年，但他一生都是谜，继位登基让后人猜疑百出，严猛政策让人评说不已，而他的暴死，更给后人留下了一个难解的谜。关于雍正帝的死，清宫档案《雍正朝起居注册》记载了他死前几天的情况：雍正十三年（公元1735年）八月，时年五十八岁的雍正皇帝住在圆明园，十八日与办理少数民族事务的大臣议事，二十日召见宁古塔的几位地方官员，二十一日仍照常办公，说明这时他的身体还挺好。二十二日，雍正帝突然得病，当天晚上朝中重臣被匆忙召入寝宫，已是奄奄一息的雍正帝宣布传位给弘历。第二天，五十八岁的雍正帝便在圆明园咽下了最后一口气。

也正是在雍正帝咽气之后，关于他死因的一系列谜团由此展开。首先是雍正帝被刺杀说。当时有一位刚烈女子叫吕四娘，她的父亲和爷爷都因文字狱被雍正帝杀害。为报仇，吕四娘砍去雍正帝的头。因此，在安葬雍正帝时，只好铸造了一颗金头。但即便是这一说法也有不同的两种版本，传说吕四娘是吕留良的女儿，或说是吕留良之子进士吕葆中的女儿，在吕留良案中，她携母及一仆逃出，为替父祖报仇刻苦习武，后来入宫杀掉了雍正帝。或云她的师父是一僧人，原为雍正帝手下的一名剑客，后不愿为其所用而离去，培养了这位女徒。1981年曾发掘雍正地宫，未打开即作罢。可坊间传说棺材已经打开，雍正帝有尸身而无头，拟以考古发掘证实雍正帝被吕四娘所刺。

其实，这两种说法并无道理。雍正帝处置吕家，戮尸、斩首之外，吕留良孙辈发戍宁古塔，给披甲人为奴。乾隆时，吕氏遗人有开面铺、药铺的，有行医的，还有人成为捐纳监生，被清政府发觉，改发配黑龙江给披甲人为奴。后住齐齐哈尔，隶水师营。吕氏后裔俱在，不过遭到严格管制，不能自由活动，当然不能替祖上报仇。至于吕四娘主仆三人的逃出是不可能的，当时办理此事的浙江总督李卫以擅长缉捕盗贼而著称，所以奉命兼管江苏盗案，若吕留良后人果有逸出，他自有能力搜捕到案。再说他曾为吕家题过匾，吕案发生后雍正帝没有责备他，他必心怀畏惧地下死劲处理有关人员，怎肯容主犯子孙逃脱。

第二种说法是雍正帝被宫女、太监缢死。这种传说也有它的渊源。传说雍正九年，宫女与太监吴守义、霍成伺候雍正帝睡熟，以绳缢之，气将绝，用太医张某之药而愈。在明朝倒发生过类似的事。明世宗在嘉靖二十一年（公元1542年）被宫婢杨金英等缢而未死，用太医许绅之药而康复。雍正帝和嘉靖帝都庙号"世宗"，民间传说，把明世宗事安到清世宗身上，也是难免的。

还有雍正帝遇刺于湖南卢氏妇人的说法。谓卢某谋逆被处死，其妇工剑术，为夫报仇，进入畅春园，刺杀雍正帝，然后自刎。说雍正帝被湘人所害，大约是出过曾静案的缘故，把圆明园误为畅春园，可见传闻的不确实了。

以上几种说法均为民间谣传，并无确凿证据。除此之外，最有科学依据的一种说法是雍正帝死于丹药中毒，史学界也一直有这种看法。国内外许多清史学家通过研究认为，雍正帝相信道教长生不老的说法，服用丹药中毒而死极有可能。《清帝外纪》载："惟世宗之崩，相传修炼饵丹所致，或出有因。"近年，随着雍正帝问题研究的深入，雍正帝服丹致死说越来越引起史家的关注和认同。美国学者A．W．恒慕义在20世纪40年代即指出："胤禛相信道教关于长生不老的说法，所以他服用各种各样的药物。正是这些药物，导致他的死亡。"海外学人杨启樵通过长篇论证，推断雍正帝是"服饵丹药中毒而亡的。"冯尔康先生认为，雍正帝"死于丹药中毒，此说颇有合于情理处"。杨乃济先生则提出"雍正帝死于丹药中毒说旁证"。现在，雍正帝炼丹的档案得到进一步发掘，从雍正帝召请道士炼丹，向内外大臣赏丹以及他自己说吃丹等情况看，雍正帝服丹致死的可能性的确是很大的。他常年服食丹药，有毒成分在体内长期积累，最终发作导致暴亡，这是极有可能的。

雍正帝子夜死，弘历、允礼、鄂尔泰、张廷玉连夜将他的遗体送回大内，安放于乾清宫，上午八九点时入殓。因死得急骤，缺乏料理后事准备，当遗体送回大内时，侍从诸大臣如张廷玉、鄂尔泰只能乘官厩中的劣马，或驮煤的骡子，急急赶路，张廷玉几乎从马上跌下来，鄂尔泰弄得肛门开裂，鲜血直流。到大内后，张廷玉一昼夜都未喝一口水，当夜只睡了一个时辰，鄂尔泰在宫禁中忙了七昼夜，始行回家。经过诸人的竭力安排，雍正帝丧事一切如礼进行。二十七日发表遗诏，九月十一日梓宫安放于雍和宫，十一月十二日，弘历为其父上谥号，曰“敬天昌运建中表正文武英明宽仁信毅大孝至诚宪皇帝”，庙号“世宗”。乾隆元年二月定雍正帝陵名“泰陵”，二年三月初二日安葬雍正帝于易州泰陵地宫。

清高宗乾隆帝

清高宗弘历（1711~1799），清朝第六代皇帝，雍正帝第四个儿子，母亲为孝圣宪皇后。公元1735~1799年在位，谥号“纯皇帝”，庙号“高宗”。因年号“乾隆”，历史上也称其为“乾隆（帝）”。乾隆年间社会稳定、民生太平，一片繁荣景象。乾隆帝是年寿最高的皇帝，为巩固和发展清王朝立下了功劳。同时，乾隆时代也是清王朝的历史转折点。

乾隆帝是不是康熙帝的孙子

乾隆帝名弘历，据官方记载是雍正帝的第四子，自幼得到祖父康熙帝的宠爱，被康熙帝接入自己宫中抚养，成为中国历史上第一位密立的储君。乾隆帝是中国历史上执政最长久的皇帝之一，是有史以来年寿最高的帝王。他少年得志，青年登基；他开疆拓地，六下江南。然而，荣华富贵笼罩的乾隆帝，在位长久，疑案颇多。首先，乾隆帝的生母是谁，不同的史学家就有不同的见解。

乾隆六十年，乾隆帝禅位于嘉庆帝，自己称太上皇。乾隆帝在位时间与其祖父康熙帝一样长，他禅位是因为不愿对祖父不恭——乾隆帝对康熙帝的感情远远超过其“父亲”雍正，从这一点上可以清楚地看到。根据散落在海外的乾隆帝《上谕档》中的描述，“康乾盛世”的提法首出于乾隆帝。乾隆帝为何无视雍正帝，而把爷孙摆在一起？

在康熙帝晚年，历经了立储的层层风波，胤禛最终登上了皇位，成为康熙帝的继承人。但胤禛登基的合法性历来被史学界所怀疑，根据《康熙实录》的记载，胤禛喜怒无常，脾气暴躁，康熙帝多次对胤禛做出过负面的评价，按照常理，不太可能选择自己不喜欢的皇子继承皇位。然后最终的选择还是雍正，这不得不让人心存疑虑。而且胤禛登上皇帝宝座之前和之后，在对乾隆帝的态度上，表现两张面孔和两副心肠。正是这种变化，使得后人怀疑他们父子关系的真实性。

《康熙皇帝自传》最后附录了17封康熙帝给亲信太监的信件，其中第16封说道“谕顾太监：前日朕有言‘心实除贼，意不虚发’之句。今噶尔丹已死，其下人等俱来归顺。朕之大事毕矣。朕两岁之间，三出沙漠，栉风沐雨，并日而飧。不毛不水之地，黄沙无人之境，可谓苦而不言苦，人皆避而朕不避。千辛万苦之中，立此大功，若非噶尔丹，有一日朕再不言也。今蒙天地宗庙嘿（通“默”）佑成功，朕之一生可谓乐矣，可谓致矣，可谓尽矣。朕不日到宫，另为口传，今笔墨难尽，书其大概而已。特谕。”

文笔间，可以看出康熙帝对众皇子的无奈，并隐讳地提到了皇孙可继承江山大统。萧奭的《永宪录》里记载雍正元年册封那拉氏为皇后，又封侧福晋年氏为贵妃，侧福晋李氏为齐妃，侧福晋钱氏为熹妃，乾隆帝的生母就是侧福晋钱氏。据《满学研究》第二辑的记载，侧福晋钱氏是康熙二十九年间遴选进宫，但是没有册封任何名号，在几年之后，被送到了雍亲王王府。雍正继承他父亲的皇位之后，就把雍亲王府改成了雍和宫，在那里面供奉他父亲康熙皇帝的画像，每年正月初七乾隆帝要到雍和宫去，一方面祭奠他祖父，一方面礼佛。乾隆五十四年，他 80 岁，正月初七又到雍和宫来，还是作了诗，诗里有个注，注说“我在康熙辛卯，康熙五十年生于是宫，生于雍和宫。”也就是说，乾隆帝是知道自己的生父是康熙帝而并不是雍正帝。雍正帝只不过是这对父子传递皇位的一个中间的过渡而已。康熙帝在晚年对自己的儿子均已失去了信心，在万分无奈的时候，想到了还有一个不可告人的儿子弘历，名义上是自己的皇孙，为了保证江山的稳固，康熙帝选择了雍正，实际上是选择了自己的亲生儿子乾隆帝。

“乾隆敕命之宝”与玺文

乾隆帝继位后，仿代表皇权的“敕命之宝”，制作了“韩隆敕命之宝”。

乾隆帝究竟出生何地

乾隆帝出生何地，这是清史学家们关注的谜案之一。按照乾隆帝本人的说法，他生在雍和宫，雍和宫在康熙时代原雍亲王的府邸，当时并不叫雍和宫，雍正三年（1725 年），改王府为行宫，称雍和宫。雍正十三年（1735 年），雍正驾崩，曾于此停放灵柩。弘历登基后也把他父亲雍正帝的画像供奉在这座府第里的神御殿，派喇嘛每天诵经。乾隆帝曾经多次以诗或以诗注的形式，表明自己出生在雍和宫。

乾隆四十三年（公元 1778 年）新春，乾隆帝在《新正诣雍和宫礼佛即景志感》诗中，有“到斯每忆我生初”的诗句，这说明乾隆帝本人认定自己出生在雍和宫。乾隆四十四年（公元 1779 年）新春，乾隆帝又一次在《新正雍和宫瞻礼》的诗中说：“斋阁东厢胥熟路，忆亲唯念我初生。”在这里，乾隆帝不仅认定自己诞生在雍和宫，而且还指出了具体的出生地点，就在雍和宫的东厢房。乾隆帝自己说自己出生在雍和宫东厢，应当算是比较权威的说法。乾隆帝还有一次到雍和宫瞻仰礼拜，尔后作了一首诗，据《清高宗御制诗集》记载：“来瞻值人日，吾亦念初生。”意思是在正月初七日这一天，乾隆帝到雍和宫瞻礼，总是念念不忘当初就是出生在这里。

当时朝中有一个官员叫管世铭，江苏武进人，乾隆四十三年进士，后入值军机处，任军机章京，了解很多宫廷掌故与秘闻。他随乾隆帝一起去避暑山庄，去木兰秋围，写下《扈跸秋——纪事三十四首》，其中第四首涉及乾隆皇帝的出生地：“庆善祥开华渚虹，降生犹忆旧时宫。年年讳日行香去，狮子园边感圣衷。”管世铭在这首诗的后面有个原注，说：“狮子园为皇上降生之地，常于宪庙忌辰临驻。”这里明确地说避暑山庄狮子园是乾隆皇帝的诞生地，因此乾隆帝常在先帝雍正驾崩的忌日，到这里小住几天。

另外嘉庆帝对其父亲的出生地也曾在诗中透露过是在避暑山庄而非雍和宫。嘉庆元年八月十三日，乾隆帝 86 岁大寿，以太上皇身份到避暑山庄过生日。颙琰即后来的嘉庆帝跟随去了，写下《万万寿节率王公大臣行庆贺礼恭纪》诗庆贺。诗中提到乾隆帝的出生：“肇建山庄辛卯年，寿同无量庆因缘。”其诗下注云：“康熙辛卯肇建山庄，皇父以是年诞生都福之庭。”颙琰在诗后注解说，皇祖康熙辛卯年（康熙五十年）题写了“避暑山庄”匾额，皇父乾隆帝也恰好于这年降生在山庄，这是值得庆贺的福寿无量的因缘。

以上两首诗注都表明：皇父乾隆帝出生在承德避暑山庄。但在十几年后，嘉庆帝却放弃了皇父乾隆帝出生在避暑山庄的看法。这是为什么呢？原来清朝每一位皇帝登基以后，都要为先帝纂修《实录》和《圣训》。嘉庆十年（公元 1805 年），嘉庆帝命朝臣编修乾隆帝《实录》和《圣训》。嘉庆帝在审阅呈送稿时，发现《实录》和《圣训》稿都把皇父乾隆帝的出生地写成了雍和宫，他命编修大臣进行认真核查。这时，翰林出身的文华殿大学士刘凤诰，把乾隆帝当年写的诗找出来，凡是乾隆帝自己说出生在雍和宫的地方都夹上黄签，呈送嘉庆帝审阅。嘉庆帝面对皇父御制诗及注，感到问题十分严重，在皇父出生地的问题上，怎能违背皇父本人的旨意呢。于是，他放弃了皇父出生在避暑山庄狮子园的说法，改为出生在雍和宫的说法。嘉庆帝命在《实录》和《圣训》里这样记载乾隆皇帝的出生：“康熙五十年辛卯八月十三日子时，诞上于雍和宫邸。”

可是嘉庆二十五年（公元 1820 年）七月二十五日，嘉庆帝突然在避暑山庄驾崩。在当时军机大臣托津、戴均元等撰写的嘉庆帝《遗诏》中，采用了乾隆帝生于避暑山庄说。

事情经过是这样的：嘉庆帝到塞外木兰秋围，嘉庆二十五年（公元 1820 年）七月二十四日，到达避暑山庄，第二天突然死去。在御前大臣、军机大臣、内务府大臣以嘉庆帝名义撰写的《遗诏》末有“皇祖降生避暑山庄”一语，就是说乾隆帝当年就生在滦阳行宫，即避暑山庄。新继位的道光帝发现这一问题后，立即命令以每天 600 里加急，将已经

雍和宫（原为雍亲王府）

避暑山庄

发往琉球、越南、缅甸等藩属国的嘉庆帝《遗诏》从路上追回来。改写后的《遗诏》，把原来说乾隆帝生在避暑山庄，很牵强地说成乾隆帝的画像挂在避暑山庄。《实录》记载修改后的《遗诏》：古天子终于狩所，盖有之矣。况滦阳行宫，为每岁临幸之地。我祖、考神御在焉，予复何憾！

到了道光年间，道光帝为把他爷爷乾隆帝出生在北京雍和宫的说法作为结论确定下来，不得不把他父亲嘉庆帝当年说乾隆帝生在山庄的诗及注都改过来。由于嘉庆帝的诗早已公开流行天下，如果大张旗鼓地修改，结果会欲盖弥彰，所以道光改得不彻底，有一部分没有改的《嘉庆御制诗集》流传下来，从而愈加使天下官员百姓对乾隆帝出生地疑窦丛生。

乾隆帝到底是出生在北京雍和宫，还是出生在承德避暑山庄，至今学术界没有定论，仍然是一个历史的疑案。如果是普通百姓，他出生在什么地方，对家庭来说可能算是一回事，但对民族、对国家来说并没有什么影响。然而，乾隆皇帝却不同，乾隆帝的出生地同他的生母是谁密切关联，因为乾隆帝的母亲“出身名门”或“出身微贱”，会直接影响乾隆帝的皇位、事业，如果乾隆帝的母亲是汉人，则又牵涉到更为复杂的政治问题。所以乾隆帝死前对其出生地也没有太多记录，而是轻描淡写一带而过，这才给后世带来诸多谜案。

乾隆帝生母是谁

作为中国最有作为的皇帝之一，乾隆帝的身世问题是史学研究者很有兴趣研究的课题。关于乾隆帝生母到底是谁的问题，曾经出现了很多没有真实依据的传说和野史，《雍正档案》与《雍正实录》关于熹妃钱氏与钮祜禄氏记载上的矛盾，为后世的研究带来种种迷惑。

一直以来，乾隆帝是汉人的传说此起彼伏，小说、电视、电影，甚至史学家，都认为乾隆帝是一位汉人。并且说得有板有眼，似乎很有根据，但真是这样的吗?《永宪录》卷二记载：雍正元年十二月丁卯（二十二日）午刻，上御太和殿，册立中宫那拉氏为皇后。诏告天下，恩赦有差。封侧福晋年氏为贵妃，侧福晋李氏为齐妃，侧福晋钱氏为熹妃，宋氏为裕嫔，耿氏为懋嫔。而且有很多学者又在清宫档案里查到了一条与该记载完全相吻合的具有权威性和真实性的历史材料，这就是雍正元年二月十四日一条档案，这个档案即清宫档案《雍正朝汉文谕旨汇编》，雍正元年（公元1723年）二月十四日记载："雍正元年二月十四日奉上谕：尊太后圣母谕旨：侧福晋年氏封为贵妃，侧福晋李氏封为齐妃，格格钱氏封为熹妃，格格宋氏封为裕嫔，格格耿氏封为懋嫔。"也就是说，雍正帝封侧福晋钱氏为熹妃，那雍正档案的这个熹妃钱氏和萧奭《永宪录》的那个熹妃钱氏就是一个人，按道理似乎可以肯定熹妃姓钱无疑了。可是这同一件事在雍正帝故去之后，乾隆修《清世宗宪皇帝实录》，记载："谕礼部：奉皇太后圣母懿旨：侧妃年氏，封为贵妃；侧妃李氏，封为齐妃；格格钮祜禄氏，封为熹妃；格格宋氏，封为懋嫔；格格耿氏，封为裕嫔。尔部察例具奏。"封侧福晋钮祜禄氏为熹妃，这个熹妃在萧奭的《永宪录》里面是姓钱，而且在雍正元年二月十四日册封的时候还姓钱，到《雍正实录》里面这个熹妃就不姓钱了，就姓钮祜禄氏。这三份记载为何差异，唯一的解释就是：格格钱氏与格格钮祜禄氏是一个人，因为她们都是同一天、都是奉皇太后的懿旨受封。

在中国第一历史档案馆保存的《玉牒》上，也写着世宗宪皇帝（雍正帝）第四子高宗纯皇帝（乾隆帝），于康熙五十年辛卯八月十三日，由孝圣宪皇后钮祜禄氏、

雍正的孝圣宪皇后——钮祜禄氏

凌柱之女诞生于雍和宫。但是当时清朝政府有个规定，皇帝家族生儿育女，每3个月要上报一次，写明出生时间和生母。根据这条规定，乾隆帝生母钱氏在清宫档案《雍正朝汉文谕旨汇编》雍正元年（1723年）二月十四日记载中姓钱应该是真实的。而《玉牒》则是每隔10年才根据出生和死亡记录的底稿，添写一次皇室族谱，《玉牒》修成后，还要经皇帝亲自审阅修改，也就是说《玉牒》是时隔10年经皇帝修改后的后记了。

另外有关乾隆帝母亲是否是汉人的疑问似乎也可得出结论。雍正元年二月十四日册封熹妃钱氏的时候雍正还没有秘密立储，弘历这时候作为普通皇子其母亲钱氏和其他普通皇子的母亲一样都是可以保留汉姓的。而到了雍正元年八月十七日雍正正式设立秘密立储制，才指定弘历为皇太子，所以熹妃钱氏变成熹妃钮祜禄氏就是在雍正秘密立储之时或之后的事了。在这里合理的解释是：因为皇太子的母亲需要有一个高贵的满族出身，因此必须要将熹妃钱氏篡改为满族贵姓，而钮祜禄氏是满族最高贵的姓氏之一，其先祖巴图鲁额亦都曾帮助努尔哈赤以十三兵甲起家，是满清开国基业的第一功臣。于是熹妃钱氏便拜巴图鲁额亦都之后四品典仪凌柱为义父，从而便改汉姓钱氏为满姓钮祜禄氏了。

在考证乾隆帝生母到底是谁的同时需要特别说明的是，乾隆帝在他母亲钮祜禄氏面前是个大孝子，曾侍奉母亲三游五台山，三上泰山，四下江南，更多次到塞外避暑山庄，乾隆帝爱写诗，在他的诗文中，有不少是称颂生母钮祜禄氏养育之恩的。

乾隆帝创造“神话”的秘决

皇帝是封建制度的第一产品和制造者，是社会公正和法律、知识和真理的最后裁决者。细数中国两千多年封建历史中的皇帝，会发现那么多皇帝其实没有几位真正称得上“精英”，可圈可点的英雄人物也寥寥可数，而乾隆帝应该算作为数不多的“精英皇帝”之一。他创造了很多的“中国皇帝之最”——最长寿的皇帝，在位时间最长的皇帝之一，文武双全的皇帝，巡游天下最多的皇帝之一，自命为十全老人自我感觉很好的皇帝，风光一生留下风流韵事最多的皇帝，在位期间宠幸的内臣成为最大的贪污犯，他所在位的朝代是文字狱最多的朝代、编辑全书最多的朝代……

专制的秘密在于夺取和巩固政权的秘密，而且封建时代英雄人物的谋略才智往往在此项上高人一筹，“乾隆神话”的秘决也在于此。乾隆帝和顺治帝、康熙帝、雍正帝等祖辈先人相比，坐到皇帝宝座上似乎要顺利得多，没有经过那么多父子叔侄兄弟之间如野兽般的殊死争咬搏斗，也没有从顾命大臣那里夺回权力的血腥谋杀，他是他父亲雍正帝开创的秘密建储制度的第一个受益者。但这并不表示他是位无能的皇帝，相反他在统帅军队、集中国家财力、处理民族矛盾、制止分裂、用兵统一中国、建立中华帝国的行政系统方面作出了卓著贡献。

乾隆帝即位后内地军事征服活动结束，为实现安定团结的局面，乾隆帝继续推行赋税、财政方面的改革，在全国范围内完成了“摊丁入亩”工作，遇到荒旱灾年，照例免征赋税，并且两次实行全国各地赋税轮免。鼓励垦荒延长起科年限，使耕地与人口数量显著增加。农工商有了很快发展，资本主义萌芽也开始成长起来。但同时伴随经济恢复和繁荣，土地兼并也在加速进行。乾隆帝晚年，奢靡成性，听任贵族、官僚、富商和地主豪绅掠夺土地，积聚巨额财富，享受奢侈生活。乾隆帝朝政日趋腐败，大小官僚贪污成风，人民群众重新陷入饥寒交迫境地。乾隆末年，农民起义与少数民族起义相继爆发，清王朝陷入严重的政治危机。

乾隆帝即位后，继续对西北、西南用兵，先后讨伐达瓦齐、阿睦尔撒纳、罗卜藏丹津、珠尔默特那木扎勒、大小和卓木，以及大小金川吐司叛乱；在喀什噶尔等地分别设立参赞大臣、办事大臣、领队大臣。乾隆帝二十七年设置伊犁将军，加强对天山南北两路的管辖，自此天山南北两路统称新疆。公元1750年，西藏农奴主发动叛乱，乾隆帝派兵进迫西藏，协助达赖喇嘛平定了这次叛乱。公元1793年，乾隆帝又派兵抗击廓尔喀入侵，之后颁布《钦定西藏章程》，明确规定驻藏大臣督办西藏事务，其地位与达赖、班禅平等，葛布伦以下各级地方官员皆是属员。此举大大加强了西藏地方与中央政府的隶属关系。

乾隆帝也想学着祖父康熙帝的样子在文治方面作出一些成绩，于是便组织文人编出了中国历史上最大的一部丛书——《四库全书》。乾隆三十七年（公元1772年）正月，乾隆帝谕令各省官员广泛搜集前代遗书和本朝人的著作，并责成督抚，令各地藏书家把收藏的书籍进呈给朝廷。谕旨下达后，安徽学政朱筠上疏提出四点建议：一、抓紧搜集罕见的旧刻本和抄本；二、充分利用皇家藏书，公布内廷藏书目录，组织人员从内廷收藏的《永乐大典》中辑录佚书，开馆校勘；三、著录与校勘并重，不可偏废；四、对于金石、图谱等也要兼收并蓄，留心搜集。奏疏引起乾隆帝的重视，立即交军机处讨论，决定挑选翰林官开馆，编辑《永乐大典》中辑出的佚书和各省采进的书籍，乾隆帝亲自给这部大部头的丛书取名为《四库全书》。

乾隆大阅图

以上这些均可称得上"乾隆神话"，乾隆帝自己也十分得意，晚年自称"十全老人"，夸耀自己的十大武功，指的就是维护统一的多民族国家的功绩。当然，中国三千年来农耕民族和游牧民族的冲突始终不断，连年内战，流血沃野，文明成果屡被毁坏又复兴的历史怪圈不断循环至此结束，这的确是令人自豪和民族骄傲的历史功业。

乾隆帝为何挤入罗汉行列中

在北京西山卧佛寺三世佛殿中，左边从外数第一尊罗汉穿着墨绿色铠甲，头戴缨络战盔，胸前护心镜上闪着两条飞舞的银龙，脚踏一双战靴。无独有偶，在不远的碧云寺罗汉堂内有一名为“破邪见尊者”的罗汉，也是这身打扮。罗汉堂内其他罗汉都是身披袈裟，光着脑袋，只有他不像个出家人。他是谁？原来他就是清朝的乾隆皇帝。一代堂堂天子，为何成了一尊罗汉？

佛教认为，人修行后可达到不同的果位，有一、二、三、四果之分。其中四果成就最高，取名为罗汉，达到涅槃的最高境界，可以消除一切烦恼，不再生死轮回。佛教最初传入中国时，只有四大罗汉。由于中国太大了，东南西北中，就是一个罗汉管一个地方也够忙的，还需要加强力量，于是又出现十六罗汉之说。

直至玄奘法师把《法住记》翻译过来，中国才知道这些罗汉的名字，从此十六罗汉在中国才有了正式户口。

后来有的画家在画完十六罗汉画像之后，没有经过正式“批准手续”，把斯里兰卡高僧庆友和我国玄奘法师也给画上了，变成十八罗汉。乾隆年间，乾隆皇帝和章嘉活佛不认账，表示反对。也有人认为乾隆帝一生信奉佛教，说乾隆帝认为自己的修行已达到了罗汉的程度，“圣心与佛心无二无别”，并幻想“圣寿与佛寿亦无二无别”。他虽不敢与观音、普贤、文殊、地藏等菩萨相比，但也认为自己的修行有了一定的成就，不为世间一切所惑。在罗汉堂兴建之前，也就是乾隆十年时，他在寄题独乐寺诗中说：“丈六金身应好在，春风过后偶相思。”在乾隆十三年兴建罗汉堂时，乾隆帝又来到这里，他认为，罗汉金刚可以长久存在，把自己塑成金身罗汉，可以永远受人们的供养，叫人思念，于是下令把自己挤入罗汉中。

此外，还有人推测，乾隆帝挤入罗汉中，是大臣们阿谀奉承的结果。五百罗汉数目众多，人们很难一一对上号，就是十八罗汉人们也记不清他们的名字。章嘉活佛在与乾隆帝商量要补上降龙和伏虎两罗汉后，为了讨好乾隆帝，不知把哪位罗汉给取消了。大臣们设计出那身着战袍的打扮，乾隆帝默许了。后来乾隆帝觉得有点

卧佛寺三世佛殿前的乾隆御碑

儿过分，才说："禅流颂悉檀，忌堕妄语戒。"意思是佛教有不同的流派，不要多说了。

如果说是大臣们阿谀奉承的结果，那这位"破邪见尊者"的称号绝非一般。李增新、高寿仙编著的《五百罗汉》载："破邪见尊者，即破邪见魔菩萨，因德行立名。"这位清除邪见的菩萨，乃是佛祖释迦牟尼的弟子，正直慈和，好静善思，道行还很高。养正所著《五百罗汉谱》说："第444破邪见尊者，正面而坐，右脚高架，双手交叉置于腹前，方面大耳，体形丰硕健壮，神态从容高贵，宁静思索貌。"而碧云寺罗汉堂第444尊罗汉，虽名为"破邪见尊者"，但脚不高架，双手置于腿上，胸前护心镜上的两条龙在飞腾。有人推测，史料对每尊罗汉的记叙都十分清楚，乾隆帝胆再大，也不敢降旨把哪位真罗汉挤掉。因此，一定会有批准的手续。果真如此的话，会是谁批准的呢？这点还有待于深入考证。

总之，堂堂天子挤入罗汉堂中，到底为哪般？这是一个颇为有趣的谜。

乾隆帝为何六下江南

乾隆帝在位六十年，曾六次南下巡视。他在《御制南巡记》中说："予临御五十年，凡举二大事，一曰西师，二曰南巡。"乾隆帝把南巡作为他生平最重要事功之一，但他六下江南，开支浩繁，也成为乾隆朝中期国势渐衰的原因之一。他如此兴师动众南往北返，其目的为何？而且六下江南中有四次到海宁，每次都住在陈家具园，这又是为何？

有学者以为乾隆帝"艳羡江南，乘兴南游"，故游玩享乐是其主要动机，乾隆帝乃太平之君，骄奢靡费，习以为常。当时江宁、扬州、苏州、杭州等城市，人口稠密，物产丰盈，经济繁华，且名胜颇多，景色迷人，他为"眺览山川之佳秀，民物之丰美"而六下江南。另有传说，雍正帝曾以女儿与海宁陈氏儿子相换，此男儿即后来之乾隆帝，故乾隆帝实为海宁陈氏之子。他即位后对自己的身世发生怀疑，所以南巡的重要目的之一，是去浙江海宁陈家访察，搞清自己出身真相。他六下江南，四次亲临陈家，升堂详问家世，临走时还令把中门封闭，并说：以后不是皇帝临幸，此门不得开启，从此这门一直关闭着。不过，此说可信度较低。

还有学者认为乾隆帝南巡目的决不会如此简单。他六下江南的活动，除游名胜、寻享乐外，还着眼于社会政治、经济之大端。东南地区号称财赋甲于天下，是清政府财政命脉所系，维持这一地区的安定很重要。但明末清初，江浙一带反清斗争相当激烈，以后还发生不少文字狱，而且黄淮水患频仍，浙江海塘告警，南方潜伏着严重的社会危机。面对这样的局面，乾隆帝相信自己的"天子圣明"、"乾纲独断"，希望通过南巡解决上述社会问题。于是，他五次阅视黄淮治理工程，四次亲勘浙江海塘，指示清理杭州西湖，多次到曲阜祭孔，到文庙行礼，到书院临视，奖励文学，优礼高年，眷顾旧属，慰赐各级官员，致祭历代先贤勋臣忠烈祠墓，奖饰豪富商人，颁布体恤民情的法令，检阅军队等，以达到督促水利、笼络各级官员、维系民心、整饬武备的目的，从而稳固清朝的统治地位。

但有一个细节不得不做交待，这就是乾隆帝南巡直至其继位十四年后才首次提六年方得以成行。原因是乾隆帝认为南巡是一个极为重要的大典，如果当政初到东南游玩，对自己的名声不好，他需要经过一段时间，在百姓中树立起贤明的象后再巡幸东南。从即位到乾隆十四年（公元 1749 年），他成功地解决了西南苗民问题，降服了四川的金川吐司，社会经济文化也有了一定的发展。因此，到这个时候他开始向文武大臣暗示南巡一事，极善逢迎的地方官员急忙以“江南绅士百姓殷切盼望皇上巡幸”为由，请示举行南巡大典。乾隆帝得到奏折当然高兴，连忙令廷臣议论此事。大学士、九卿遂引经据典，表示南巡关系到地方军政、河务海防以及民间疾苦，必须举行，于是乾隆帝南巡就这样定下来了。另外乾隆帝初年未能举行南巡之典的另一个原因还和当时清政府人事变动有关。乾隆帝即位后相当长一段时间，在朝中管事的是鄂尔泰、张廷玉等人，他们都是雍正帝遗诏中指定的辅政大臣，资历很深，影响也大。虽说乾隆帝掌握着绝对的权力，但对这样的先朝老臣也不敢轻看，格外尊重。然而鄂尔泰、张廷玉凡事谨慎，为政清俭，当他们在朝时如提出南巡一事，恐怕很难不遭到抵制或反对。乾隆十四年（公元 1745 年）鄂尔泰去世，乾隆十四年时张廷玉也退休了，这样南巡的障碍就基本消除了。

《乾隆帝南巡图卷视察黄河》
清代徐扬绘，法国尼斯市魁黑博物馆藏。

据档案记载，乾隆帝南巡到海宁，主要是视察耗资巨大的钱塘江海塘工程。当年，康熙帝也曾六次南巡，但只是到杭州。到乾隆帝时，海潮北趋，海宁一带潮患告急，而海宁大堤一旦冲破，苏州、杭州、嘉兴、湖州这一带全国最富庶的地区势必被淹，到那时将会严重影响国家的税收和漕粮的征收。乾隆帝从“海塘为越中第一保障”的认识出发，四次亲临海宁，检查海塘工程，终于建起海潮屏障鱼鳞石塘，其中有的地段至今完好，仍然起着挡潮防患的作用。而在当年乾隆帝巡视时，在偏僻的海边小县海宁，实在找不出比陈家具园更体面的接驾的地方。乾隆帝在陈氏家园住过四次，但对陈家子孙却一次也没有召见过，更谈不上传说中“升堂垂询家世”的事了。

乾隆帝为何宠信和珅

和珅

和珅字致斋，清满洲正红旗人，生员出身，袭世职，乾隆帝时任军机大臣，后官至文华殿大学士，封一等公。和珅是一个出身贫微，靠自己的才干爬到最高官职的鞑靼人，但他靠的还不光是才干。乾隆帝在一次检阅皇家卫队时被和珅的魅力所吸引，于是此后和珅深受皇帝宠爱，不断得到提升。众所周知，和珅是个大贪官，靠着乾隆帝对他的宠幸，结党营私，招权纳贿。但就是这样一位恶贯满盈、横征暴敛的大贪官，乾隆帝却对他百般宠幸，这是为何？

乾隆帝素爱野游，一天与和珅说起江南的风景，乾隆帝叹息说："朕想去游幸一次，只虑南北迢遥，要劳动官民，花费许多金钱，所以未决。"和珅道："圣祖皇帝六次南巡，臣民并没有多少怨咨，反都称颂圣祖功德。古来圣君，莫如尧舜。《尚书·舜典》上也说五载一巡狩，可见巡幸是古今盛典，先圣后圣，道本同揆，难道当今万岁，反行不得么？况且国库充盈，海内殷富，即使费了些金银，亦属何妨。"乾隆帝生平最喜仿效圣祖，又最喜学尧舜，听了和珅的一番言语，正中下怀，便高兴地说："你真是朕的知己！"遂降旨预备南巡。和珅督造龙舟，建得穷工奇巧，备极奢华，把康、雍两朝省下的库储，任情挥霍，仿佛流水一般，而和珅自己则从中得了数十万好处，乾隆帝还奖他办事干练，升他做了侍郎。御驾所经，督抚以下，尽行跪接，一切供奉，统由和珅监视。和珅说好，乾隆帝定也说好；和绅说不好，乾隆帝定也说不好。督抚大员，都乞和珅代为周旋，因此私下馈赠的金银珠宝以千万计。不到几年，和珅家里居然宅第连云，家财千万，奴婢成群，美人满室。四方进贡来的宝物，乾隆帝吩咐和珅自己挑选，把十成里的三四成都赏给他。其实那进贡的东西先要经过和珅的手，他早已拣好的东西拿到自己家里去藏起来，却把拣剩的送给乾隆帝。有一天皇子七阿哥一不小心，打碎了陈设在宫中的一只碧玉盘。那玉盘直径有一尺宽，颜色翠绿，是乾隆帝最心爱的珍物，七阿哥吓得守着破碎的玉盘哭个不停。恰巧和珅从院子里走来，七阿哥知道这件事只有和珅能帮忙，忙给和珅磕头。和珅起初不肯管闲事，后来看七阿哥真急了，情愿给他十万银子，和珅才答应。到了第二天，和珅便在自家中拿了一只碧玉盘，悄悄去安放在长春宫里。和珅的碧玉盘比乾隆帝的要大一倍，原来碧玉盘是进贡来的，和珅把大的留在家里自己用了。

乾隆帝宠幸和珅是有来由的，乾隆帝在很年轻的时候发疯似的爱上了他父亲的一名妃子，他的母亲皇后娘娘发现此事后就想消除诱惑他儿子的这名妃子，于是皇后便召见了那名妃子，强迫她用白绫自缢。40年后，一天乾隆皇帝检阅皇家卫队，发现站在第一排有一个漂亮的小伙子，长得和他曾经热恋过的妃子几乎一模一样。中国人都相信暴死的人死后灵魂到处游荡，然后附体再生，乾隆帝更相信这点，因他是喇嘛教徒，相信灵魂转生。他坚信他曾热恋的妃子的灵魂附在这个小伙子身上再生了。据说，他和这个年轻人在一起尝到了很久以前没让他尝到的幸福。

另有一种版本是纪晓岚的后人写的一本书叫《我的先祖纪晓岚》，里面讲了一个故事，说的是弘历做皇子时，有一次进宫看到雍正帝的一个妃子娇艳无比，想和她开个玩笑，于是就从后面用双手捂住了那个妃子的眼睛，妃子用梳子往后击打，正好打到了弘历的头上。乾隆帝的母后见了，就说那个妃子调戏太子，将她赐帛自尽。弘历觉得对不住这个妃子，就说是我害了你，如果你有灵二十年后再来找我。后来，和珅入宫侍驾，乾隆帝越看和珅越像那个冤死的妃子，就开始宠信和珅。

揭秘乾隆帝同性恋之谜

乾隆帝自称“十全老人”，文武双全圣德超群，同时具备有龙凤之体日月之表。他开创了大清的鼎盛时期，结满汉为一家，一统天下。就连外邦也与其大清和好，年年贡品丰富多饶，奇珍异宝琳琅满目。有人说他是吃雍正帝的老本，有人说他是有圣人贤才相助，其实不管怎么样，富国强兵是历史的事实，由此证明他还是位很不错的皇帝。只是乾隆帝纵有千般好，却让人搞不懂为什么他培养了历史上第一大贪官和珅呢？难道当时的乾隆帝丝毫察觉不到他的腐败和贪婪、阿谀和奉承么？更为令人奇怪的是乾隆帝对和珅不是一时的宠幸，而是长久如此。

对乾隆帝、和珅的同性恋猜测亦有很多，其中重要一点是和珅长相不凡，白里透红，眉清目秀，可谓一表人才。传说，乾隆帝曾三次下江南，由于风流成性结识了一位绝世美女，带回宫中封为贵妃娘娘，同时对她宠爱有加，可能是天嫉英才，这位贵妃不幸早逝了。巧就巧在她死那年就是和珅的出生年，而且两人同有一个胎记长在脖子上，于是他就认为和珅就是那妃子的投胎转世，所以对他就有所爱恋。

乾隆帝曾多次与和珅聊至深夜，并留其与自己同室共寝，至于在不在一张床上就不得而知了。据史料记载，和珅初得宠幸后便打起精神，无微不至地伺候着皇帝，乾隆帝想着什么，不待圣旨下颁他已暗中领会，十成中猜中八九成，因此愈加宠任。后来乾隆帝竟日夜少他不得，有时在御书房里与他同榻而眠。也就是因为这，现在的一些历史学者怀疑乾隆帝的性取向有问题。

和珅府花园湖心亭旧址

关于乾隆帝60岁时爱上了和珅，据稗史所载的

《硃痕冥缘》，小横香室主人著的《清宫遗闻》云：当雍正时，世宗有一妃，貌姣艳。高宗年将冠，以事入宫，过妃侧，见妃方对镜理发，遽自后以两手掩其目，盖与之戏耳。妃不知为太子，大惊，遂持梳向后击之，中高宗额，遂舍去。翌日月朔，高宗往谒后，后瞥见其额有伤痕，问之，隐不言，严诘之，始具以对。后大怒，疑妃之调太子也，立赐妃死。高宗大骇，欲白其冤，逡巡不敢发。乃亟返书斋，筹思再三，不得策。乃以指染朱迅往妃所，则妃已缳帛，气垂绝。乘间以指硃印妃颈，且曰："我害尔矣，魂而有灵，俟二十年后，其复与吾相聚乎？"言已，惨伤而返。迨乾隆帝中叶，和珅以满洲官学生在銮仪卫选舁御舆。一日驾将出，仓猝求黄盖不得。高宗云："是谁之过欤？"和珅应声曰："典守者不得辞其责。"高宗闻而视之，则似曾相识者，骤思之，于何处相遇，竟不可得，然心终不能忘。回宫后，追忆自少至壮事，恍然于和珅之貌，与妃相似，因密召珅入，令跪近御座，俯视其颈，指痕宛在，因默认为妃之后身，倍加怜惜，遂如汉哀之爱董贤矣。

和珅府花园湖心亭旧址

香妃谜案

香妃

香妃，这个传说中美丽神秘的女子，自清朝覆亡以后，忽然火了起来，就像一阵旋风，刮遍了大江南北、东海北疆，被编成了故事、写进了小说、，登上了舞台、进入了荧屏。为什么香妃之风久刮不衰？为什么香妃之名越叫越响，原因就在于她是一个扑朔迷离的人物，在她身上有许多难解之谜，如名称之谜、画像之谜、葬地之谜、婚姻之谜、宝月楼之谜、有椁无棺之谜、死亡之谜等。

"香妃"之名早在清朝末年的一些私人著述中就已出现了。据迄今为止的考证得知，最早出现香妃之名的当属光绪十八年（公元1892年）萧雄写的《西疆杂述诗》卷四"香娘娘庙"，其中有"纷纷女伴谒香娘"一语。他在附录中进一步写到："香娘娘，乾隆帝年间喀什噶尔人，降生不凡，体有香气，性真笃，因恋母，归没于家。"光绪三十年（公元1904年）刊印的《王湘绮先生全集》第五卷中，记有回妃被拐入宫，不顺从皇帝，最后被皇太后绞杀的情节。"香妃"之名的广泛流传是在清王朝灭亡以后。1914年，故宫古物陈列所从沈阳故宫和承德避暑山庄调来一批文物搞展览，其中有一幅年轻女子的戎装像。在该画像下面的说明文字中，明确指出"香妃者，回部王妃也。美姿色，生而体有异香，不假熏沐，国人号之曰香妃。"从此以后，香妃之名大震。

根据档案记载，香妃是于乾隆二十五年（公元1760年）二月进宫的，当时已27岁。那个时代，女子一般都在十几岁就出嫁，清帝挑选秀女，13岁的女孩子就可参选。因此有人据此推测她很可能已经结过婚，而且婚史不会很短。如果香妃入宫前结过婚，那她以前的丈夫是谁？这次入宫，是因丈夫死了还是离婚了？如果是离婚，离婚的原因是什么？以前是什么时候结的婚？这些都无从得知，香妃也有可能在入宫前没有结过婚，那个年代虽然盛行早婚，但个别晚婚的也不是没有。当年叶赫部首领布扬古妹，丰姿绰约，聪慧柔顺，是有名的美貌佳人，也正因为她的美丽聪慧以及政治上原因，到 33 岁才出嫁，成了著名的“老女”。香妃久负美名，远近闻知，她难道就不会是第二个“老女”吗？在民间，也有一些有地位、有财富的美貌女子，依恃自己的财貌，高不成低不就，香妃会不会也属于这种情况呢？这个谜团恐怕真的难以解开了。

关于香妃的一系列谜团中还包括香妃墓葬何处。新疆的香妃墓位于喀什市东北郊区的浩罕村，占地 30 亩，是香妃的外祖父阿帕·霍加为自己的父亲阿吉·穆罕默德·优素福·霍加修建的，始建于明崇祯十三年（公元 1640 年），后来阿帕·霍加及其后人也陆续葬在了这座墓葬群内，成为了一座家族墓葬群。300 多年来，经过不断地修缮、扩建才形成了今天的规模，共葬阿帕·霍加五代 72 人，现有墓堆 58 个。以前此墓称“海孜来特麻扎尔”，译为“尊者之墓”。也有人称为“阿帕克和卓扎尔”的，简称为和卓墓，直到现在还有人这样称呼。此墓群最初并无“香妃墓”之称，后来才传说香妃也葬在里边，但连守墓人也不知哪座墓堆是香妃的。再到后来，不仅“香妃墓”叫得越来越多、越来越响亮，而且还明确了哪座墓堆是香妃的。更有甚者，有人将据说是当年运送香妃遗体的废旧驮轿也摆了出来，以证实香妃确实葬在那里。此墓建于公元 1640 年，而香妃之名正式出现于民国初年，况此墓又为家族合葬墓，而且迄今为止也没见到香妃葬入此墓的明确的文字记载，故称之为“香妃墓”应是后人附会之说。摆出的驮轿确是运送尸体用的，但怎么就能认定一定是运送香妃遗体的驮轿？据有关文献记载，此轿乃是咸丰六年（公元 1856 年）运送一个死在北京的男子尸体时用的，从时间和性别上都与香妃毫无关系，根本就不能成为香妃葬入此墓的证据。根据中国民间习俗，已出嫁的女子死后，都要葬入婆家的坟地，而不归葬娘家祖茔。香妃既已成为大清皇帝的妃子，死后能归葬新疆娘家祖坟吗？大清皇帝的妃嫔死后都葬入皇家陵园，陪伴在自己的夫君身旁，还从来没有发现过皇妃死后归葬娘家祖坟的例子。因此，香妃不可能葬入新疆喀什的“香妃墓”。冠以“香妃”之名，无非想借助香妃的名望来提高此墓的知名度罢了。

乾隆帝的长寿秘诀

在清代帝王中，寿命最长者共有两人，其一为康熙皇帝，生于顺治十一年，于康熙六十一年十一月十三日病逝于畅春园寝宫，在位61年，卒年69岁。另一位便是乾隆皇帝，生于康熙五十年八月十三日子时，于嘉庆四年正月初三死于养心殿，在位60年，卒年89岁。乾隆皇帝不仅是清代最有作为的皇帝，而且还是中国养生保健的系统实践者。乾隆帝成功地将心理卫生、运动健身、饮食调理与药饵补益巧妙地结合起来，达到了养生的最高境界。

虽然长生不老的目标遥不可及，但对于封建帝王来说，如何利用无上的权力来延长自己的寿命，无疑是一生中最重要的一件事，于是能否长生不老便成了很多帝王们后半生的一块心病。但乾隆帝对此似乎并不以为然，对待所谓“长生不老”的态度很端正，认为人的一生从出生到死亡是一个自然的过程，是不可遏止的，因而人只能顺应自然，多加保养，以求在一定范围内延长寿命。

乾隆帝的长寿法则就是饮食得宜，不能有所偏嗜，更不能暴饮暴食，应该对自身的情况加以注意，合理进食。按道理说乾隆身为帝王，臣子自然竭尽全力地向他献媚邀宠，但乾隆帝喜食清淡食物，偏爱水果，于是各地官员争先恐后地采摘鲜果进贡，但他从不多吃，总是品尝一点儿就够了。他说：“这些鲜果还不够熟，等放熟了，气味甘美时再吃吧，否则对身体无益。”关于乾隆皇帝饮食清淡的传说和记载很多，不说别的，光他六次下江南，就吃得够多样化了。仅在民间，荤荤素素几乎吃遍了江南所有可吃的小菜，如“冰香白玉板”、“红嘴绿鹦哥”……其实这些小菜只是名字起得好听，实际只不过是豆腐、菠菜之类。还有鳝鱼，也都让乾隆帝大饱口福，要是在宫里，这些“农家菜”恐怕是吃不到的。吃得多样了，营养全面，才使乾隆帝成为皇帝中的“老寿星”。乾隆帝每次南巡总是拒绝那些尽是山珍海味的宴席，而专吃当地所产的时令菜。他说：“老年人应该吃一些口味比较淡的食品并且多吃蔬菜，这样就会少生病。”对于那些不恤下情、竭力搜刮民脂民膏、置办丰盛宴席讨好自己、力求升官者，乾隆帝毫不客气，立即予以撤职查办。另外乾隆帝对饮水的要求是很高的，一般要把水加热煮沸，取蒸馏水饮用。每当夏日大雨倾盆或洪水暴发之际，他绝不饮用河水，他认为喝了这时的河水易生病。

乾隆帝长寿的另一秘决是心胸宽广，表现在他对待明代君臣、对待反对过他父亲的诸王的态度上，以及对那些犯过错误大臣的使用上。例如他四次南巡有三次去江宁祭奠明太祖朱元璋的陵墓，追谥明建文皇帝为恭惠皇帝。对于因反对其父雍正皇帝而被革去黄带子、削王爵、交宗人府编入"佐领"的八王允祀和九王允禟，二人虽已死去，全家受到株连，但乾隆帝在即位后立即宣谕"赏阿其那、塞思黑子孙红带，收入玉牒"，改掉了株连，并于1778年正式下旨："朕今临御四十三年矣，此事重大，朕若不言，后世子孙无敢言者。允祀、允禟仍复原名，收入玉牒，子孙一并叙入。"又如：对于曾逮问下狱论斩的清代名将岳钟琪，乾隆帝即位13年时给予启用，担任提督。岳钟琪也得以在平定大小金川叛乱中立下战功。可见弘历胸襟博大，宽宏大量。

除此之外，乾隆帝喜爱音乐、戏剧，精于音律，爱戏懂戏，不但会唱会演，还自制曲拍以教授各种角色，用以陶治性情。乾隆帝初年，他曾亲自组织编写剧本的写作班子，从内容、服饰、脸谱、道具、曲牌、唱腔、演技等方面，对京剧的产生都起到推动作用。

乾隆帝统治的时期长达60年，是我国封建王朝中称帝时间最长的皇帝之一，乾隆帝本来还可以在皇位上坐得时间更久一些，但为了表达对先祖康熙帝的景仰之情，最后将皇位禅让给嘉庆帝。乾隆帝直到晚年仍然思路敏捷，乾隆朝被后人称为"盛世"，想来也不仅仅因为地域广袤、国泰民安，更有乾隆帝身体强健之因。

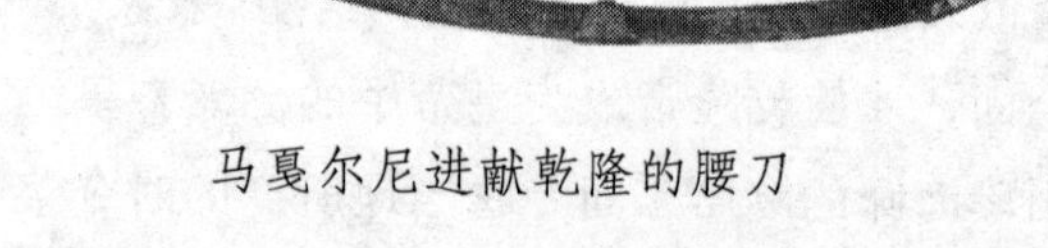

马戛尔尼进献乾隆的腰刀

两后之死

乾隆帝共有三位皇后，其中有两位是他比较宠幸的，但这两位皇后最后的下场却不尽相同，也由此引起一系列的谜案。乾隆帝的第一位皇后富察氏，雍正五年（公元 1727 年），被册为宝亲王弘历的嫡福晋。这年弘历 17 岁，嫡福晋富察氏 15 岁。乾隆二年（公元 1737 年），嫡福晋富察氏被册为皇后。皇后富察氏出身名门，她的曾祖父哈什屯顺治时任议政大臣，祖父米思翰康熙时任内务府总管、户部尚书、议政大臣，父亲李荣保任察哈尔总管，兄马齐任兵部尚书、左都御史、议政大臣、武英殿大学士，其兄马武任内务府总管、镶白旗蒙古都统、领侍卫内大臣，弟傅恒任户部尚书、军机大臣、保和殿大学士，赐第在东安门内。皇后富察氏，性贤淑，尚节俭，不奢华，孝顺太后，敬爱乾隆帝。乾隆帝年轻时曾患疖，刚愈，太医说："须养百日，元气可复。"皇后就每晚在乾隆帝寝宫外面居住，精心奉侍，百日之后才回寝宫。乾隆帝十三年（公元 1748 年）正月，皇后富察氏随乾隆帝和皇太后东巡，前往山东曲阜祭孔。三月十一日，在返京途中死于德州船上，年 37 岁。

关于富察氏之死，野史记载：三月十一日夜，乾隆帝东巡回銮，驻德州，在舟中宴饮淫乐。皇后激切进谏，乾隆帝加以诟訾。后羞忿，投水死。蔡东藩《清史演义》说皇后之嫂（实为皇后弟妹）在皇后中秋节时前来祝寿，酒宴间联诗。乾隆帝起句道："坤闱设帨庆良辰"，皇后续道："奉命开筵宴众宾"，嫂嫂随续道："臣妾也叨恩泽逮"，乾隆帝则接道："两家并作一家春"。酒后乾隆帝同嫂嫂私通，被皇后察觉。皇后同乾隆帝从此产生芥蒂。祸不单行，皇后生的儿子永琮，被乾隆内定为皇太子，乾隆十二年除夕，因天花而夭折。乾隆十三年（公元 1748 年）出巡，皇后陪同，因舟车劳顿、水土不服，皇后病死在德州的船上。

于是，民间产生诸如福康安的身世之谜的传说与故事，怀疑福康安为乾隆帝同傅恒夫人所生。其实，乾隆帝与皇后的感情还是很好的。《清史稿・后妃传》记载："十三年，从上东巡，还跸，三月乙未，后崩于德州舟次，年三十七。"乾隆帝为此悲恸不已，连续九天在皇后灵柩前每天三次摆上供品。乾隆帝用富察氏生前所希望的“孝贤”二字，来作为她的谥号。孝贤皇后富察氏的灵柩，安放在裕陵地宫四年多。在这段时间里，乾隆皇帝共为她祭奠100多次，并写下一篇情真意切的《述悲赋》：“《易》何以首乾坤？《诗》何以首关雎？为人伦之伊始，固天俪之与齐。”“悲莫悲兮生别离，失内位兮孰予随？”意思是说，我是多么悲痛啊，这样生死离别，失去贤惠内助，今后谁来陪伴我呢？所以，野史与传说，都缺乏历史依据。

第二位皇后乌拉那拉氏，也是乾隆帝的宠妃，佐领那尔布之女。弘历为皇子时，乌拉那拉氏被册为侧福晋。她不仅深得皇帝宠爱，而且颇讨皇太后喜欢，弘历登极后，封她为娴妃。在皇后富察氏死后，她由贵妃晋为皇贵妃，统摄六宫事，再被册为皇后。在乾隆帝三十年（公元1765年）初，皇后陪皇太后和乾隆帝第四次下江南。在途中，皇后刚过48岁生日，就出了问题。蔡东藩在《清史演义》中，写了“游江南中宫截发”回目。小说中写乾隆帝在和珅陪伴下游金陵秦淮河，登舟游幸，感叹：“北地胭脂，究不及南朝金粉！”乾隆同和珅在舟中，拥妓酣饮，色迷心醉。后被皇后发现，二人发生口角，“皇后气愤不过，竟把万缕青丝，一齐剪下”。这种说法可能出自想像，但皇后惹恼了皇帝是肯定的，从此皇后乌拉那拉氏就被打入冷宫。若不是众位大臣苦劝，乾隆皇帝就会重演当年他的曾祖父顺治皇帝废掉皇后的故事。第二年，也就是乾隆三十一年（公元1766年）七月十四日，皇后乌拉那拉氏终于在冷宫中走完了49岁的人生之路。

这件事情，清宫档案记载：闰二月十八日，皇后在行宫吃早饭时，还得到皇帝赏赐。到了晚饭时，皇后却不见了踪影，她的名字被黄签盖上。皇后哪里去了？有人说她发了疯病，在杭州削发当了尼姑。也有人说她被先行遣回了京师，清宫的《上谕档》记载：闰二月十八日，乾隆帝派额驸福隆安扈从皇后那拉氏，由水路先行回京。那么，皇后为什么被遣送回京？

《清史稿·后妃传》记载：“乾隆三十年（公元1765年），从上南巡，至杭州，忤上旨，后剪发。上益不怿，令后先还京师。三十一年七月甲午，崩。”满洲有个习俗，亲人故去才“断发成服”。因此，皇后剪发，犯下大忌！皇后死讯传来时，乾隆皇帝正在木兰围场打猎。他并没有停止打猎，而是命皇后那拉氏的儿子回京办理丧事，并命丧仪照皇贵妃礼办理，也就是说要从皇后降一个等级到皇贵妃。皇后乌拉那拉氏的命运与孝贤皇后富察氏的命运相比，真有天壤之别。

揭秘乾隆帝剃头案

乾隆十二年除夕，乾隆帝嫡子永琮因天花病逝。乾隆十三年三月十一日，孝贤皇后——永琮的生母死于南巡途中。不到三个月，乾隆皇帝接连失去两个至爱亲人，这使乾隆帝悲痛万分，因而性情暴躁，对办理丧仪欠妥、不敬皇后之人严加惩责。大阿哥永璜因迎丧失礼，遭帝痛斥，致其哀愁气愤，不到两年即命丧黄泉。管理翰林院的刑部尚书阿克敦，以大行皇后册文误将“皇妣”译为“先太后”满文，而被判处斩监候，刑部尚书、侍郎盛安等官全部革职留任。工部尚书、侍郎因办理皇后册宝“制造甚属粗陋”而均遭谴责，侍郎索柱被连降三级。

一批官员因“违制”于百日之内剃发，而发生了“剃头案”，遭到严惩。

满洲习俗，男子将顶发四周边缘剃去寸许，这四周剃去的头发，除了父母之丧及国丧以外，不准养长，应时时剃去，名为剃发或剃头，但在丧事期间，则不能剃。孝贤皇后富察氏于十三年三月十二日去世后的“丧仪”规定，“在京王公百官，咸缟素二十七日，百日剃头”。六月二十二日，因奉天锦州府知府金文淳、山东沂州营都司姜兴汉于孝贤皇后丧事百日之内剃头，被巡抚、副都统题参，乾隆帝下谕，严令惩办，并将此禁载入会典。谕旨说：“本朝定制：遇有国恤，百日以内均不剃头，倘违例私犯祖制，立即处斩。”“此百余年来，人所共遵，不待传谕而后晓，是以会典律例，皆无明文。”“嗣后将国恤百日内不得剃头，违者立即处斩之处，载入会典律例，令人共知遵守。”

乾隆帝要将国恤百日之内剃头者处以死刑，并载入会典，其决定性的根据是“祖制”。可是，这个依据是没法成立的，因为，根本就没有这样的百年以来人所共遵的“祖制”。看看在此之前清朝历代皇帝皇后的大丧仪制，就可一目了然了。清太祖高皇帝努尔哈赤逝世时，没有臣民服仪制的记载。太宗皇太极的丧葬仪制规定，臣民截发辫，官员百日之内不宴会，军民十八日之内不宴会。顺治帝福临的“大丧仪”，官员截发辫，百日内不嫁娶不作乐；军民一月之内不嫁娶，百日不作乐。康熙帝玄烨去世的“大丧仪”规定，王公官员截发成服，一年内不作乐，百日不嫁娶；

军民百日不作乐，一月不嫁娶。雍正帝的大丧仪与此类似。以上五位皇帝“驾崩”后的“大丧仪”，不管是谕旨，还是会典律例，通通没有百日之内不许剃头违者处死的规定，可见乾隆帝谕旨所说“本朝定制：遇有国恤，百日以内均不剃头，倘违例私犯祖制，立即处斩”，是无中生有虚构之言。历史事实表明，清代没有这样的“祖制”，没有这样的“本朝定制”。

至于皇后的“大丧仪”，也没有剃头者正法的禁令。乾隆帝以前，顺治、康熙、雍正三朝，以皇后身份逝世的共有5位，她们是顺治帝的孝献章皇后董鄂氏，康熙帝的孝诚仁皇后赫舍里氏、孝昭仁皇后钮祜禄氏、孝懿仁皇后佟佳氏，雍正帝的孝敬宪皇后。五位皇后的丧仪基本相同，王公官员27日内不嫁娶不作乐，都没有百日之内不许剃头的禁令。

乾隆帝以前有四位皇太后和一位太皇太后去世，其中三位皇太后和一位太皇太后的“丧仪”都没有百日之内不准剃头的禁令，只有顺治帝的第二位皇后博尔济吉特氏被康熙帝尊为孝惠皇太后的“丧仪”才有“俟四月初七日后（即百日以后），始行剃头”的谕旨。但一则此谕旨未明确规定违此谕旨如何惩治，是斩首、是绞杀、是流徙，还是杖责，都没有明说，不能将它与斩立决划等号。再则，此谕已是康熙五十六年的谕旨，离乾隆十三年仅仅不过30来年，不能当作是乾隆帝所说“百余年来，人所共尊”的“祖制”。三则此乃皇太后之“丧仪”，怎能当作皇后的丧仪来办！

从悬挂于养心殿内的帝后诞辰、忌辰表还可看到，即便乾隆帝费尽九牛二虎之力，硬要套上不剃头者斩的所谓“祖制”，他也不能据此来处罚违禁剃头者以死刑，因为总理丧仪的王大臣和礼部，在告知各省督抚的讣告中，并未将此百日之内不许剃头违令者斩的新禁令向各省“传谕”。常言道不知者不罪，这又哪能责怪外省官员故意违禁呢！

可是，不管多么地无理无据，乾隆帝却制造了长达半年之久的“剃头案”，硬将一些百日之内剃头的官员严加重惩，将湖广总督塞楞额革职拿问，勒令自尽，江南河道总督周学健革职自尽；湖北巡抚彭树葵、湖南巡抚杨锡绂因系追随上司满员塞楞额而违禁，从宽，革职留任；锦州知府金文淳革职，发往直隶修派城工，“赎伊重罪”。

国丧期间的“剃头案”，就这样折腾了半年，朝野为之震动，成为乾隆年间政界的一件大案。真是不剃头要死，剃头也可能会死。

清仁宗嘉庆帝

清仁宗颙琰（1760~1820），清朝第七代皇帝，乾隆帝第十五个儿子，母魏佳氏，追尊孝仪皇后。公元 1773~1820 年在位，谥号“睿皇帝”，庙号“仁宗”。虽然嘉庆帝在位时革除积弊，面对乾隆末年危机四伏的政局，也试图力挽狂澜，但无奈此时国内阶级矛盾尖锐，农民起义如火如荼。所以尽管嘉庆帝有心回天，却已无力重振朝纲。

嘉庆帝为何不能重振朝纲

在清代皇帝中嘉庆帝是最容易被忽略的一个，原因是嘉庆年间足以被载入史册的大事确实不多。清仁宗爱新觉罗·颙琰是清高宗乾隆帝的第15个儿子，于乾隆二十五年（公元1760年）生于圆明园“天地一家春”，母亲为皇贵妃魏佳氏。作为乾隆帝的第15个儿子能得以即位为君，一方面是由于清朝皇帝选择继承人立贤不立长，另一方面与乾隆帝子嗣成活率偏低亦有关系。在这一点上乾隆帝与他爷爷康熙帝比起来就差远了，老康熙帝37个儿子活了24个，而乾隆帝育有17个儿子，到晚年时有资格坐上皇位的只剩下了4个，其中颙琰便是他最中意的一个。

与几位先祖相比，可以说颙琰的即位是相当容易的，没人争没人抢，还是在那慈祥父亲的注视下登基的。不过乾隆帝留下的江山并不好坐，嘉庆帝在位时间25年，刚刚继位时在朝内有乾隆、和珅压制着他，嘉庆帝并没有话语权。而在朝外又有川陕地区的白莲教几乎把天下搅了个遍。这种局面直到嘉庆四年乾隆驾崩、和珅倒台才有所好转，而白莲教一直到三年后的嘉庆七年才基本搞定。

表面上看嘉庆帝在位的25年是清王朝由盛转衰的25年，所以他也被史学家们称为是“败家皇帝”。客观分析嘉庆帝，其实“败家”二字放在他身上实在有些名不符实，和之前几位先帝相比，乾隆帝和康熙帝命好，登基时他们的父皇都给他们留下了大把的银子供其挥霍，嘉庆帝刚继位时面临的国家形势和雍正时期有所相似，不同的是雍正时期的清朝正处在一个上升期。而可以说嘉庆朝是多灾多难的，作为皇帝的嘉庆帝一生都在和吏治腐败做斗争，可性格方面的原因又注定了他是这场斗争的失败者。这里同样可以拿嘉庆帝和雍正帝作一个比较，康熙末年由于这位千古一帝的宽仁放纵，吏治已出现危机，国库也同样空虚，俗话说“乱世需用重典”，越是在这样的时候就越需要一只铁腕来改变这种颓势，康熙帝的英明之处就在于他为国家及子孙选择了一个“刚坚而不可夺其志”的继承人——胤禛，也因为这样才有了后来的乾隆盛世。嘉庆帝即位之时其国内形势比康熙末年严峻一百倍，吏治腐败，国库空虚，土地兼并严重，起义不断，这时需要的又是一个雍正帝式的人物。可惜乾隆帝选错了，他的十五阿哥（即颙琰）以“仁”治天下，做个盛世守成之君还可以，要他“扫百年之颓风”的确很难为他。

嘉庆帝春苑展书像

应该说嘉庆帝是一位认真的皇帝，也有重振朝纲的决心，可他没有那个意志，光想却不去做。拿处理和珅一案为例，嘉庆帝以迅雷不及掩耳之势解决掉了和珅和他的同党，并没收了他的数亿家产充实了国库，令人拍手称快。但在后来有人提出和珅家产还有隐匿未上报、其余党还存在时，嘉庆帝却训斥那个大臣，声称不再追究此事。和珅一案处死 2 人其余定罪降级，后来这些人中的大部分又被起用，嘉庆帝在这一点上和雍正比差得实在太多。乾隆末年以来的危机比康熙末年严重得多，嘉庆帝与雍正帝在能力上又有如此大的差距，清王朝的继续衰败也在情理之中了。

在治国上嘉庆帝是个庸君，但他的个人品质在历代帝王中却是不差的，他对自己的要求的确非常严格，每天都要处理很多政务，连皇孙出世都没有例外；同时他还很节俭，在位时的个人开销比乾隆时不知减了多少，并不许各地呈进珍宝古玩。但实际上到乾隆后期清朝就已走向衰落，社会矛盾尖锐。嘉庆帝在位期间，土地高度集中，农民沦为佃农、雇农，吏治腐败，贿赂公行，武备废弛，军无斗志，各地农民起义纷纷爆发。嘉庆帝元年，四川、湖北地区爆发白莲教起义，历时 9 年，遍及四川、湖北、陕西、甘肃、河南五省，清政府为镇压起义耗资近二亿两白银，相当于清政府四年的财政收入，清王朝因此元气大伤。同年，又有黔、湘地区的苗民起义，嘉庆帝十八年，天理教组织京师、河南、山东等地教众起义，京师一支曾攻入紫禁城，举国为之震动。嘉庆帝十九年，陕西三才峡木工因失业乏食，也发动起义。另外，东南海上也有蔡牵等人领导的反清起义……应该说嘉庆帝是一个悲情皇帝，缺乏治国之才的他被命运推到了历史前台，作为一个人他是一个不错的人，作为帝王他全然不是一位合格的帝王，他在位期间有人接二连三地闯入大内，不是行刺就是造反。偏偏世界在那时处在一个大变革时代，西方文明的飞速发展，已把中国及他的属国远远地甩在了后面，所有的这些均是清朝由盛至衰的缘由。

嘉庆帝三次遇刺之谜

历史上“舍得一身剐，敢把皇帝拉下马”的刺客确有不少，但很少有毫无背景且精神失常的下层奴仆堂而皇之地拿着刀子进入后宫刺杀皇帝的。而作为皇帝，难免遇刺，但嘉庆帝曾先后三次被刺，的确是一件怪事。

第一件突如其来的事情发生在嘉庆帝八年（公元 1803 年）闰二月二十日，这一天正是嘉庆帝拜谒东陵还宫的日子，正当浩浩荡荡的仪仗护着嘉庆帝转过神武门，将要进入顺贞门的时候，一个中年男子突然从角落里一跃而出，径直扑向嘉庆帝，手里还握着一把锋利的刀子。这种场面顿时把在场的人都惊呆了，守卫在神武门两侧的侍卫、护军章京、护军校、护军，全然忘了自己的工作职责，都呆呆地站在原地，没一个人敢冲上去拦阻，眼瞅着嘉庆帝采取“自救”的方式——狼狈不堪地避来逃去，幸好嘉庆帝身边总算还有几个胆大的，御前大臣定亲王绵恩（嘉庆帝的侄子）冲上去拦住刺客、固伦额驸拉旺多尔济（嘉庆帝胞姐丈夫）随之扑上去抱紧刺客，御前侍卫扎克塔尔、珠尔杭阿，乾清门侍卫丹巴多尔济、桑吉斯塔尔以及另两名护卫也迎上去围攻。在搏斗中，丹巴多尔济受刀伤三处，绵恩的左袍袖也被划破，总算把刺客擒拿下来。眼见刺客在电光火石间束手就擒，神武门两侧的其他百余侍卫们似乎才回过了神，连忙呼啦啦地冲上去，将嘉庆帝重重围护起来。

经过审讯，“刺客”的底细很快就查了个清楚。此人叫陈德，时年 47 岁。祖籍河南泰县，因其父母投靠在山东青州海防同知、镶黄旗人松年门下为奴，所以他一直在山东一带生活到 30 岁。后来主人和父母都先后死去，陈德在山东难以维生，想到有个外甥姜六格在内务府正白旗当护军，便带着妻儿到了北京。到北京后，陈德夫妇先后在侍卫绷额布家、兵部笔帖式庆臣家、内务府笔贴式于兴家、内务府包衣管领达常索家做仆役，最后又给一个叫孟明的做了五年厨子。后来张氏去世，陈德一人抚养 80 岁的残疾丈母娘还有两个儿子，生活非常窘迫。就在嘉庆八年二月二十五日，陈德终因情绪失控喝酒闹事被孟明辞退，陈德只得搬去外甥姜六格家居住，姜家房子太小，住了不到一个月，陈德又不得不搬到东华门外的一位亲戚黄五福家借住。日子过得实在穷苦，陈德的精神开始有些恍惚，一面想寻死，一面又不甘心就这么平平淡淡地死了。这时他想起了自己几年前曾经做过一个怪梦，梦中他穿着一件蟒袍，一副富贵样子。他忽然“福至心灵”，认为那件袍子乃是黄色，预示着自己必有“朝廷福分”。嘉庆八年闰二月十六日，陈德看见军士执役们在北京的街道上黄土垫路，知道皇帝将于二十日返京，遂想定了主意，认为只消冒险行刺，将皇帝押在手里，就可以得富得贵。陈德曾经在乾隆六十年至嘉庆二年期间在内务府镶黄旗包衣管领达常索手下当差，具体来说是为諴妃刘佳氏准备车辆什物的下层杂役。这活儿虽然收入低身份卑，却经常出入宫门，对路径非常熟悉。于是，就发生了闰二月二十日的一幕。

案子审结，陈德父子都在二十四日被处死，按道理在经历了这次遇刺事件后嘉庆帝应该小心提防才是，但不想紧接着又发生了一起“行刺未遂”案。嘉庆九年（公元 1804 年）十一月二十四日，一个叫了友的安徽和尚又再次轻易地闯进了紫禁城。这个和尚于当年正月去普陀山参拜，不知是不是拜完后觉得自己该走运了，他就想要去京城找找皇帝，弄个御封方丈之类的当当。到京后他一直围着皇宫转悠，虽然没找到什么入宫的机会，却也把皇宫的方向道路摸了个大概，了解了守卫的漏洞所在。就在十一月二十四日这天凌晨，守候在景山东门外的了友遇到了“良机”。他跟在往宫里送食物的队伍后面混进了皇宫。谁知天公不作美，可怜的了友还没能找着皇帝的寝宫，就被巡逻的给抓住了。

紧接着，就在嘉庆十年（公元 1805 年）二月二十日这天又发生了一件怪事。一个叫刘士兴的中年男人扛着铁枪闯宫，声言“要找皇上理论理论”，此人倒也神勇，将守卫神武门的护军刺伤了好几个，众护军一齐上场总算将其制服，却又七手八脚打得太猛，刘士兴最后竟伤重身亡，始终也没能弄明白他找皇上到底要“理论”的是什么事。

揭秘癸酉之变

嘉庆十八年（公元 1813 年）秋，嘉庆帝按惯例离开北京城，开始了他木兰秋狩的行程。临走时他只带了几个年轻漂亮的新宠，而入宫多年已有名号的妃嫔大多留在了紫禁城里，其中包括六宫之主钮祜禄氏皇后。可见皇帝是想要好好快活一下的。

然而嘉庆帝的秋狩一点也不愉快。首先是天不作美，阴雨连绵不断，围场上溪水暴涨，泥沼遍布。扫兴的嘉庆帝便下令提前回京。就在回京的路上，嘉庆帝接到了直隶总督温承惠的奏章，温总督在奏章中向皇帝报告了一个消息，说天理教徒于九月初七在河南滑县造反。三千余教徒不但攻下了滑县县城，还杀了安司巡检刘斌和知县强克捷。

白莲教起源于南宋高宗时期，创始者是苏州僧人茅子元，此教在民间流传久远，其主脉与支派都多次发起并参与中国历史上的农民起义。乾隆后期，各种社会矛盾日益激化，白莲教在各地的活动也非常活跃，并逐渐形成了一支力量强大的反清队伍，直接威胁到清朝的统治。乾隆五十九年，清朝政府也采取了严酷的镇压措施，在全国各地搜捕白莲教的领袖。到了乾隆六十年，湖北等地幸免于难的白莲教首领秘密商定于嘉庆元年（公元 1796 年）三月初十在各地同时发动起义。然而，在这一年湖北宜都、枝江等地的首领张正谟、聂杰等人因官府查拿紧急，被迫提前起义，拉开了白莲教大起义的序幕。在随后的数月之间，在南到四川、贵州，北到河南及湖北的广大地区，起义的队伍达到四五十万人之众。自嘉庆帝登基以来，白莲教和天理教的暴动频频不断，鉴于这种状况，当嘉庆帝接到直隶总督的奏报后，虽然心情不佳，却也并没有放在心上。

然而嘉庆皇帝没有想到，这一次的天理教起义与从前大不一样。嘉庆十七年正月，天理教主林清开始策划一次大规模的起义，按原定方案林清本人率直隶教众攻打北京皇宫杀掉皇帝皇子，助手李文成与冯克善则分别在豫东与鲁西起兵攻打当地官府，三地同时起兵的日子是嘉庆十八年九月十五日。但由于李文成在河南打造兵器不慎走漏风声，李文成被滑县知县强克捷捉住，河南的教众只得提前造反。曹县、定陶等地的白莲教众也闻讯暴动。

正当河南打成一片，嘉庆皇帝正在回京路上的时候，北京城里的林清又按原计划时间起兵了。这就是紫禁城历史上前所未有的“癸酉之变”。九月十四日这天，林清派约二百名教徒，装扮成商贩模样进入北京城。十五日中午，众人在太监刘得财、刘金、张泰、高广幅等人的接应下，由东华门及西华门两个方向攻入紫禁城，在一番混战之后，大约有四五十名真理教徒直入隆宗门，甚至直达养心殿。然而嘉庆帝不在宫中，起义者未能顺利完成杀死皇帝的计划，尽管如此，他们离后妃所居的宫室也已经很近了。有人攻进皇城的消息很快就传到了后妃们耳中，喊叫和打杀声原已足够惊得这些养尊处优的女人们面无人色了；另一个消息更吓得她们瑟瑟发抖——把守午门的将领策凌，竟在闻听天理教攻入的消息之后，身先士卒地带队逃跑了。幸好钮祜禄氏皇后比较镇定，她派人找来了正在上书房读书的皇子皇孙们。首先做出反应的是皇次子旻宁，他不但自己带着鸟枪在养心殿前守卫，还指挥随后赶来的各路官兵与天理教众展开战斗。

混战进行到傍晚时分，在健锐营、火器营一千多名装备精良的官兵齐心协力的围攻下，天理教教徒终于抵挡不住，攻东华门的一路四十余人撤回了黄村宋家庄，进入皇城的几十人则被全歼于武英殿一带。林清本人也在两天后被捕。

天理教教徒攻打皇宫的消息，第二天就传到了回京路上的嘉庆帝耳里，在目瞪口呆之余，他不禁为儿子的英勇折服。当即下令封绵宁为“智亲王”，加给岁俸一万二千两，他当时使用的那支鸟枪也起名“威烈”。回京之后，嘉庆帝对真理教教徒攻打皇宫之事进行了详细调查，才发现策凌带兵逃跑只不过是小事一桩，更糟糕的是给林清提供皇宫私密的竟是皇帝的近臣太监，而他的计划更早已有知情人告发，但这样的消息竟被王公大臣们当皮球一样踢来踢去，直拖到事发之后。林清身边有个叫祝现的教徒，他的族兄祝海庆是豫王府的差役，早已经将林清攻打皇城的所有路线时间都弄得明明白白，然而当祝海庆在初九日向豫王告密时，豫王竟回答：“还差着好几天呢，急什么，等皇帝回来再说。”

皇宫内出了此等丑事，嘉庆帝可谓颜面尽失，痛心疾首的他也只能发道诏书，自责“汉唐宋明未有之变”竟发生在如今大清朝，“较之明梃击一案，何啻倍蓰”！

嘉庆帝为何杀和珅

公元1796年正月，在皇帝宝座上坐满了六十年的乾隆帝，将帝位禅让给了他的第十五子颙琰。嘉庆成为清王朝惟一的一位由禅让继位的皇帝。84岁的乾隆帝虽然当上了太上皇，但依旧以训政的名义继续大权在握，掌控朝政。公元1799年正月，太上皇乾隆帝病逝，此时的清王朝已经面临严重的统治危机，民生困顿，阶级矛盾愈加尖锐。乾隆帝留给嘉庆帝的已不再是什么盛世，而是一个矛盾丛生、问题成堆的正急剧走向没落的衰败之世。

这些难题无疑使嘉庆帝面临严峻的考验，而嘉庆帝也因此成为了清朝历史上一位起到转折作用的帝王。如果嘉庆帝能够兴利除弊解决危机，那么大清王朝将继续康雍乾盛世的繁荣，如果他无力解决这些社会危机，那么大清王朝也就从他开始走向衰败。此时的嘉庆皇帝成了决定大清王朝发展进程中至关重要的一位皇帝。

要想让清朝继续盛世辉煌，当务之急是要惩内贪、治外患。当时朝廷最大内贪当属和珅，嘉庆帝在做皇子的时候，对和珅的问题已经是看在眼里恨在心上，但没有办法——乾隆帝虽然退位了但还是太上皇。朝鲜人记载，说乾隆帝接见朝臣的时候，颙琰侍坐在旁边，乾隆帝笑，他不管真也好假也好，也跟着笑，乾隆帝高兴，他也跟着高兴。这个时候和珅还受到乾隆帝的宠信，颙琰如果动了和珅，就很难确保皇上不拿他开刀。于是聪明的颙琰不但不动和珅，甚至还放出风去说和珅是太上皇的宠臣，我还正要准备重用他呢。这是颙除掉和珅所使用的第一招，麻痹和珅，稳住和珅。

其实，乾隆皇帝在位时，就有很多人弹劾和珅的贪婪，但和珅太有本事了，他能将所有这些对手的努力一一化解。乾隆帝是嘉庆四年正月初三病死的，死在皇宫养心殿。乾隆帝死了，大内要办丧事，当天就把乾隆帝小殓，然后就在乾清宫放上棺材开始祭奠，成立“治丧委员会”。和珅是大学士，当然也是“治丧委员会”中的一员。于是嘉庆帝对和珅说，你曾是太上皇的重臣，你心里头一定很悲痛，那就在这儿守灵吧，24小时不能离开。这是嘉庆帝使用的第二招，等于把和珅软禁在乾隆帝的灵堂上，用一条无形的绳索把和珅捆在乾隆帝的棺材上，切断了和珅同外面的所有联系。

和珅是个很聪明的人，当时他肯定想到这是嘉庆帝为整治他而使出的计策。但令和珅万万没有想到的是他守灵还没过 27 天，嘉庆帝就来处置他了。首先嘉庆帝颁布了谕旨说南方同白莲教的战事打得不好，地方将领有责任，朝廷里面大员也有责任，这责任当然就是指和珅。然后有一个叫王念孙的大臣就上了一个奏章，列举和珅的罪状。嘉庆帝根据官员的弹劾免了和珅大学士等重要职务，先软禁起来，让官员讨论。直隶总督胡季堂首先表态，说和珅罪大恶极，纯属小人，应当处置。直隶总督一带头，各地纷纷表态，为和珅定罪。

据说在查抄和珅家时，光宴席的金碗碟就多达 32 套 4288 件，银的餐具 32 套，4288 件。在和珅家的夹墙里，抄出黄金三万二千两；在和珅的地窖里抄出白银二百万两；从他家一个叫刘权的小仆役家里抄出白银 20 万两；和珅出租的房子共 1001 间半。

《梅索围猎图》
清宫廷画家绘，现藏于故宫博物馆。

嘉庆帝宣布和珅二十大罪状，最后让其自尽而亡。

嘉庆帝因何猝死

“癸酉之变”的发生，非常清楚地表明：清王朝自乾隆晚期就显露端倪的败落之象一直都在无可挽回地发展，而嘉庆帝也不是一个能够挽回颓势的人才。他虽然一直想要做大清王朝的“中兴”之主，并且确实勤政，然而他的才干和运气都差了些，就连当一个守成之君都不够格。不过嘉庆帝的身体一直很好，他自己也颇以此为傲。虽然称帝已经二十多年，但想到父亲的高寿，他对自己的未来还满是希望，认为总有峰回路转，真正干出一番事业的时间和机会。

嘉庆二十五年七月十八日，嘉庆皇帝就带着这样满满的自信，再一次离开北京城，踏上了秋狝之路。然而无论是他自己，还是留在宫中的钮祜禄皇后、随行或不随行的官员皇族，谁都没有想到，皇帝踏上的是一条不归路。就在七月二十三日这天，旅途中的嘉庆帝感觉有些轻微中暑，但他并没有在意。第二天早上果然精神大有好转，嘉庆帝一高兴还在旅途的最后一段下了轿，策马驰骋于广仁岭，赢得了近臣亲信们一片叫好声。花甲之年又本不愿服老的嘉庆帝于是兴头更足，到达热河后也未立即休息，而是连着去了城隍庙和永佑寺拈香行礼。一通热闹忙乱之后，嘉庆帝终于在七月二十四日晚入住避暑山庄的烟波致爽殿。

虽然是避暑山庄，但是这几天的承德气候并不凉爽，空气异常沉闷。这对于小病未愈就过度劳累兴奋的嘉庆帝来说，实在不是什么好事。就在当天晚上，嘉庆帝突然全身发冷胸闷，虽经医治调理，二十五日上午他已经无法自己起身了，拖到傍晚更是出现呼吸困难的症状。当晚，嘉庆帝驾崩。

民间有说嘉庆帝是被雷劈死的。传说嘉庆帝长期宠爱一名小太监，经常与之寻欢作乐，为此引起近侍大臣们的非议。来到避暑山庄后更加变本加厉。嘉庆帝的寝宫设在“烟波致爽”殿，殿后有一座小楼，名为“云山胜地”，此楼仅有两层，面阔两间，从楼前东侧的假山石阶即可登楼，因此楼内不设阶梯。据说此楼就是嘉庆皇帝与小太监幽会的场所，有一天他们正在此处寻欢，忽然道道闪电劈开云层而下，一个大火球飞进小楼，在嘉庆帝身上炸开，顿时毙命。于是人们纷纷议论，说嘉庆帝破坏了神圣的纲纪，悖乱了伦理，也违背了封建道德，已经到了上天难以容忍的地步，所以派遣雷神严加惩治。

但后有学者研究过避暑山庄的结构和地形，认为嘉庆帝当时的寝宫在烟波致爽殿内最西边的一间，全是厚砖结构，无窗采光。烟波致爽殿又不是高层建筑，不可能引起电击。况且当时宫中一片混乱，皇子、皇孙和众大臣们都在皇帝寝宫，外间又有太监、侍卫和宫女频繁走动，即使有雷击，也不可能只击中嘉庆帝一人。由此可以看出嘉庆帝在避暑山庄被雷击死的可能性基本不存在。

所以唯一的可能是嘉庆帝死于心肌梗塞或脑中风，时值雷暴，对其猝死可能有加速影响，但决非遭雷劈死。史料载嘉庆帝身体一向健壮，中年以后开始发胖，这一点对血压心脏极为不利。而且他怕暑热，所以大部分时间都是住在圆明园或避暑山庄。尤其是天理教农民起义后，连续发生的许多事让嘉庆帝心烦意乱，本来是坐着轿子去的避暑山庄，后改为骑马，由静止突然变为剧烈运动，心脏负荷增大，对血压和心脏都有影响，由此可以断定嘉庆帝确实是猝死。

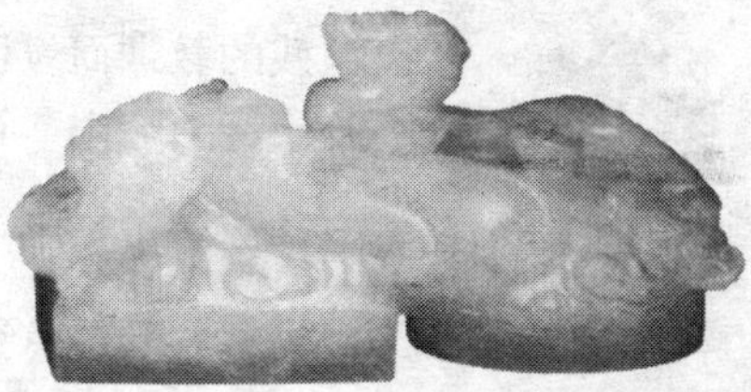

“嘉”“庆”连珠玺

为玉质，螭钮。现藏于故宫博物馆。

皇位传予何人

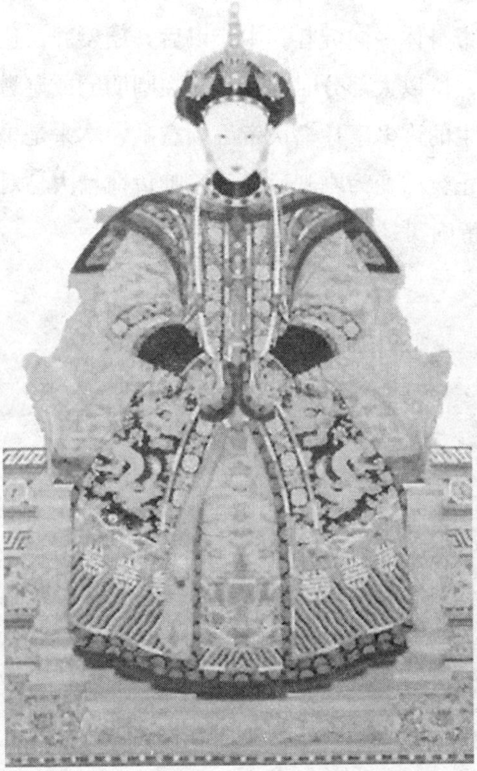
嘉庆帝皇后——钮祜禄氏

夜幕降临了，天气沉闷，一场大雷雨降临承德。七月二十五日夜晚，就在电闪雷鸣和众人惊恐之中，61岁的嘉庆帝离开了人世。医案说他是中暑而死，野史说他是被雷电击死。正当众人为皇帝猝然弃世惊慌失措之际，他们又发现了一个更大的惊慌——皇位继承人到底是谁，皇帝没有任何交代。

于是，众人唯一的指望全落在了“镢匣”里的传位诏书上。镢匣传位诏，是雍正皇帝吸取自己兄弟为储位相争相残的教训而发明的，此后乾隆帝也遵循了这一原则。按照雍正帝和乾隆帝的做法，传位诏书放在一个密封的匣内，此匣藏在乾清宫正大光明匾额的后头。

军机大臣们都知道，嘉庆皇帝早就照着父祖的方式写下了传位诏书，只是他没有把镢匣放置在正大光明匾额后。这倒不是说他不想放在那里，而是由于宫中二十几年来小偷刺客造反火灾风波不断，他压根就对挂那块匾额的院子的安全性不放心，宁可把匣子走到哪儿带到哪儿。

然而问题是皇帝带来山庄的行李千件万件，谁也不知道嘉庆帝把那个匣子、那份传位诏书放在了哪里。惊慌之下，皇子皇孙和王公重臣们就在嘉庆帝的尸身旁边忙了起来。内务府大臣禧恩首先站了出来，认为国不可一日无主，当此非常时期，应该尽快立定新君。他随后提议，皇次子旻宁不但年长，还是嘉庆帝的原配皇后所生，在几个皇子中更是最出色的，理应由他继承皇位。此言一出，有人赞成也有人反对。而反对者不是别人，正是军机大臣戴均元、托津。他们认为这做法有违祖制，只怕会惹出乱子。

僵持不下一段时间之后，终于有人又想出了一个圆滑的法子：一面在山庄中寻找，一面派人向远在北京城的嘉庆帝皇后钮祜禄氏报信，以求她的主张。主意一出，立即得到了响应。就在当天深夜，钮祜禄皇后的亲哥哥、内务府大臣和士泰带着两名首领太监启程，连夜赶回北京皇宫。

嘉庆帝死时，他的儿子还有四个，最大的是元配喜塔腊皇后所生的皇次子旻宁，最小的是如皇贵妃所生的皇五子绵愉，除此之外就是钮祜禄皇后所生的两个儿子，一个是二十五岁的皇三子惇郡王绵恺，一个是十五岁的皇四子瑞亲王绵忻。现在，皇位究竟传给谁，选择权摆在了钮祜禄皇后的面前。钮祜禄皇后怎么也不会想到，哥哥给自己带来的竟是丈夫的噩耗，更没有想到皇宫多年来安全屡出意外，竟使得传位诏书不知去向，使这样一个关系大清王朝传承的微妙选择摆在了自己面前。

当然，对于钮祜禄氏来说这也是她的一次机遇，皇位传给谁由她定夺。决定很快就做了出来。钮祜禄皇后的选择不是自己的儿子，而是丈夫与原配妻子所生的旻宁。随后，钮祜禄氏第一次以皇太后身份发布了一道懿旨，这道懿旨迅速于七月二十七日送至承德，到了皇次子旻宁的手里："大行皇帝龙驭上宾，皇次子智亲王仁孝聪睿，英武端醇，见随行在，自当上膺付托，抚驭黎元。但恐仓卒之中，大行皇帝未及明谕，而皇次子秉性谦冲，予所深知。为降谕旨，传谕留京王大臣，驰寄皇次子，即正尊位。"

事实证明，钮祜禄太后的这一项选择不但理智而且明智，因为正当她在北京城里写下这道懿旨之时，避暑山庄中的人们也终于找到了镼匣。准确地说，那不是人们早已经熟悉的镼匣，而是另外一个盒子，然而里面装的确实是货真价实的传位诏书。这份诏书写于嘉庆四年（公元 1799 年）四月初十清晨卯时，嘉庆帝在那一刻选定的继承人正是皇次子旻宁并且一直没有再更改过，算起来那时旻宁才只有十六七岁。

当然，假如传位诏真的找不到，那么皇太后的决定就是不可违背的了。而钮祜禄太后指定的皇位继承人与嘉庆帝传位诏书上的继承人完全一致，不得不使人佩服她的见识眼光远非一般女子可比。她没有在这个时候抱着侥幸心理册立自己的儿子以至搅浑水，而是循公办事，不但使皇室避免了一场政治危机，也使自己的家族和儿女们逃过了一劫，更重要的是她以此真正在新皇帝旻宁的心目中树立了她作为母亲的形象和地位。可以说，在亡父和继母双重的支持下，喜塔腊皇后的独子旻宁登上了清王朝皇帝的宝座。从此以后，旻宁对这位仅比自己大六岁的继母由衷尊敬，对与她有关的一切都千方百计地周全，无论她有什么样的要求和愿望，都竭尽全力地满足。

相比之下，在传位诏没有找到、在皇太后态度明确之前，对旻宁继承帝位的权力不表态甚至质疑的朝臣们，可就没有这么好的命了。道光帝正式登基并将众事理出头绪之后，就立刻开始和他们算账。九月初七，道光帝就以“拟遗诏错误”为由，令托津和戴均元退出军机处，文孚、卢荫溥留用，四人一起交刑部严议。后来又经过一系列调整，最终只有文孚一人平平安安地在军机处干到了自愿退休为止。

清宣宗道光帝

清宣宗旻宁（1782~1850），清朝第八代皇帝，清仁宗次子，母为孝淑睿皇后。公元 1820~1850 年在位，谥号“成皇帝”，庙号“宣宗”。因其年号为道光，历史上又称为“道光（帝）”。道光帝本人十分节俭，即位时国库已近空虚，各地民众反清斗争频发，加之西方列强势力东侵，虽然道光帝很想有一番作为，但终归失败。

道光帝怎样赢得皇位

嘉庆皇帝掌握实权以后，按照雍正朝确立的秘密建储制度，于四年（公元1799年）将旻宁继承皇位的密诏，藏于随身携带的金盒内。嘉庆二十五年（公元1820年）七月二十五日，嘉庆帝死于承德避暑山庄烟波致爽殿以后，旻宁根据这一遗诏，继承了皇位。嘉庆帝立旻宁为储君，首先是因为旻宁得到乾隆帝的喜爱；其次，天理教之变时，旻宁的立功表现，使他的皇位继承权得到了巩固。

旻宁幼年时和清代其他皇子一样，6岁就开始学习国语、骑射。《清宣宗实录》中记载他"经史融通"、"圣业益精"，骑射武功更是很有成绩。乾隆五十六年（公元1791年）旻宁10岁时，随乾隆帝行围威逊格尔。那一天，围场上龙旗翻飞，人喊马嘶，旻宁在众人的簇拥下，佩弓搭箭，驰骋于狩猎场上。突然，一头惊慌失措的鹿被轰出了丛林，它狂奔乱窜，不知所措。旻宁眼捷手快，弯弓搭箭，运足气，拉满弓，"嗖"的一声，离弦之箭直射奔鹿。鹿中箭应声倒地，围场上立时欢声雷动。旻宁精彩的骑射之功，使得80岁高龄的老祖父乾隆帝笑逐颜开、心花怒放，当即赐黄马褂一袭，翠翎一支。乾隆帝不由得回想起自己12岁时木兰行围获熊的往事，对幼孙的"神武智勇"十分赞赏，内心深处对他寄予无限的希望。少年时期的旻宁即得祖父乾隆帝如此恩眷，作为旻宁父亲的嘉庆帝对他另眼相看自不待言。

嘉庆帝对旻宁格外关怀、悉心教导，要他静心读书，修身养性。旻宁受到儒家教育，学而有成，他"日与诗书相砥砺"，写成《养正书屋诗文》40卷。旻宁亲笔书写"至敬"、"存诚"、"勤学"、"改过"四个条幅，挂在屋中以提示自己要修身养性，也是向嘉庆帝表露心迹，他曾写道："事愈大，心愈小；情愈急，气愈和。"可见旻宁在当皇子时，注意磨炼自己的性格。

嘉庆十八年（公元1803年）九月十五日，天理教百余人在首领林清的策动组织下、在宫内太监的接应下，攻进了皇宫紫禁城的东华门和西华门。攻入东华门的教徒很快被发现，护军迅速擒获了他们；而攻入西路的教徒，先进入文颖馆，然后又攻隆宗门。当教徒攻打隆宗门并进入内廷之时，旻宁及诸皇子正在上书房，旻宁闻变，急派人取内撒袋、鸟枪、腰刀，披挂停当后，急速跨出门外。这时，只见五六个教徒正在养心殿对面南墙外膳房上从西大墙向北攻击。旻宁立即举枪射击，一名教徒坠墙而亡。另一名教徒手执白色信号旗，向同伴指示进攻方向，旻宁举枪又将此人击中，见此情况另几名教徒被迫撤离西大墙。午后时分，留京诸王及内务府大臣引兵进入神武门增援，原准备派往滑县镇压天理教徒起义的火器营1000多人也被调回宫中加入战斗，共同将教徒们镇压了。

当天理教徒在京城起义之时，嘉庆帝正在从外返回京城途中。宫内变乱之事平定后，旻宁与绵恺迅速奏报嘉庆帝。嘉庆帝对这次“汉唐宋明未有之事”竟发生在大清朝十分震惊，垂泪看完奏报后，唯一能使他感到安慰的是已被立为储君的旻宁的表现。他在上谕中赞美旻宁“有胆有识，忠孝兼备”，封旻宁为“智亲王”，封其所用的枪为“威烈”。

旻宁自幼武功高强娴熟，长大后在重大变故面前临危不乱，保住了清廷重地。这对清王朝来说，确实是“功在社稷”，由他继承皇位，自然是顺理成章之事。

道光帝为何宠幸曹振镛

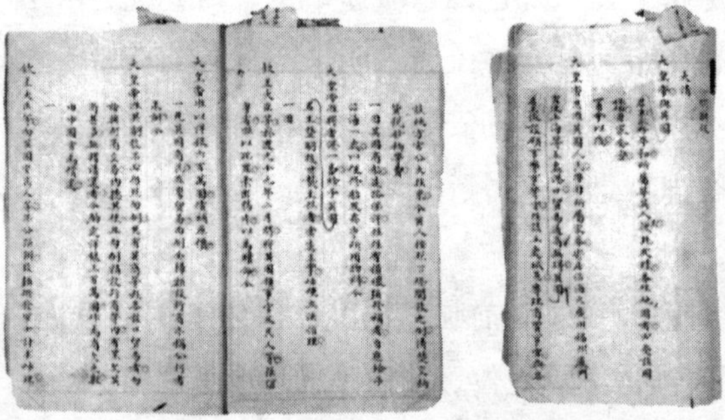

《南京条约》抄本（局部）

宣宗道光皇帝的即位，在清朝乃至整个二十五史中都要算是件大事。道光十六年，西方列强（英国）第一次因商业利益而对华宣战；二十一年，随着经他手签出的有史以来第一份不平等条约——《南京条约》的诞生，揭示了道光帝的“丑”。另外道光帝在执政30年里在惩治贪污、整顿吏治、治河通漕、厘清盐政、开通海运等方面，也有或多或少的成绩。道光帝一生中最大的政绩，是平息回部张格尔的骚乱，巩固了新疆。而道光帝30年的皇帝生涯，算是勤政，也算是节俭。他自诩道：“自御极至今，凡批览章奏，引对臣工，旰食宵衣，三十年如一日，不敢自暇自逸。”野史说道光帝穿带补丁的裤子，于是大臣们仿效，也“缀一圆绸膝间”。节俭，对于一位皇帝来说，是难能可贵的。但是，评价一位君主、一位政治家，主要看他在历史潮流中，是站在前面，还是落在后面，看他在国家与民族利益上是维护国家主权与民族尊严，还是丧失国家主权与民族尊严。道光皇帝禁烟运动失败，鸦片战争失败，签订丧权辱国的《南京条约》，他要承担相应的历史责任。而造成这些问题的一个重要原因是道光帝用人不善。

道光帝掌朝期间用过很多重臣，曹振镛就是其中之一。曹振镛的庸碌，早在嘉庆朝就已闻名朝野，当时有人作对联嘲讽他说：“庸庸碌碌曹丞相，哭哭啼啼董太师”。据说两人听了并不生气，反而相视一笑，曹对曰“此时之庸碌、哭啼，颇不容易”，但道光皇帝却非常器重这位知己。

据说曹振镛得以进入军机处，是因为有一个微不足道的贡献。嘉庆二十五年（公元1820年）七月二十五日，嘉庆帝临终时，托津、戴均元、卢荫溥、文孚四位军机大臣拟缮遗诏，其中说高宗乾隆帝出生地为热河承德避暑山庄。这份遗诏拟成后，道光帝作了审阅，“未经看出错误之处”。遗诏顺利出笼，颁告天下，满汉文武百官都没挑出什么毛病，一切顺顺溜溜。偏偏被一七品芝麻官、翰林院编修刘凤诰挑出了遗诏中的一个毛病：乾隆帝出生地应是北京雍和宫，而不是热河承德避暑山庄。刘凤诰便将这一发现禀告曹振镛，曹振镛听了，很快将这一情况奏报道光帝。乾隆帝是道光帝祖父、嘉庆帝生父，把祖父的出生地都搞错了，这还了得。道光帝龙颜大怒，迅速传旨诘问，军机大臣托津、戴均元、卢荫溥、文孚回奏，乾隆帝生于避暑山庄的说法绝对是有根据的，出处就是嘉庆帝御制诗初集第十四卷和第六卷的诗注。然而经过认真考证，乾隆帝出生地的确是雍和宫，而非避暑山庄，遗诏有关说法确实错了。道光帝大光其火，九月初七日降旨，令托津、戴均元退出军机处，旋即各降四级，只留大学士虚衔。卢荫溥、文孚各降五级，仍留军机处行走，但没过多久他们也被逐出军机处。在令托津、戴均元退出军机处之时，道光帝命太子太保、体仁阁大学士曹振镛在军机处行走。同时进入军机处的还有吏部尚书英和、礼部尚书黄钺。三个月后，进入道光元年，曹振镛平步青云，荣任军机处领班，一人之下、万人之上，成为名副其实的首辅。

随后的那些岁月里，也未见曹振镛他有什么超乎寻常的作为，却见他在官场上一个劲地往上蹿，闪着七彩光环的巨大荣耀接连不断落在他头上。道光三年（公元1823年）万寿节，道光帝在万寿山玉澜堂赐宴十五老臣，曹振镛在这班老臣中年龄最小，但也分享了与宴绘像之荣。第二年，他荣任上书房总师傅，成为皇子包括未来皇帝的师傅头领。道光六年（公元1826年），他入值南书房，担起“拟御纂笔札”之任，成为须臾不离的股肱大臣。削平张格尔叛乱、再定回疆之际，他荣晋太子太师。第二年，张格尔被擒消息传来，道光帝封赏群臣，将71岁的曹振镛晋为太傅，赐予紫缰，获得在紫光阁陈列画像的殊荣，进入显赫功臣之列。清代沿袭历代制度，以太师、太傅、太保为“三公”，曹振镛位列“三公”，可谓宠荣备至。曹振镛觉得自己担不起这份荣耀，上疏坚决辞谢。道光帝对此大为欣赏，颁诏说，凡是军机大臣每人另绘一幅画

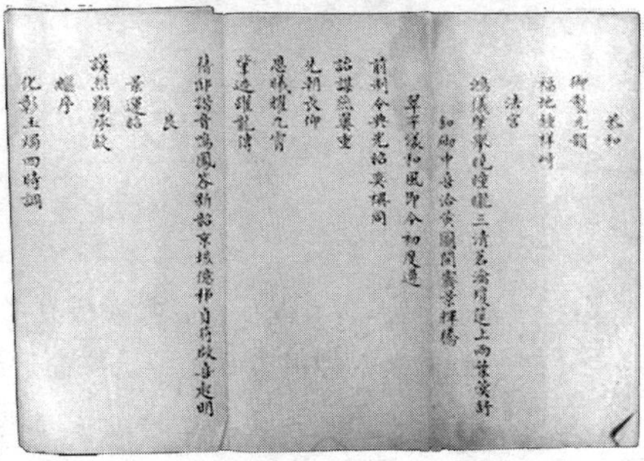

曹振镛奏折

像，“以遂让功之心，而彰辅弼之效”。道光帝还亲笔题词，对首辅曹振镛这些年为人、做事、学问给予高度评价：“亲政之始，先进正人。密勿之地，心腹之臣。学问渊博，献替精醇。克勤克慎，首掌丝纶。”道光十一年（公元 1831 年）万寿庆典，赐予曹振镛双眼花翎。大清开国以来，获戴三眼花翎的大臣只有三四位，而且都是满洲大员，因此汉族官员能获戴双眼花翎，已经是祖坟冒青烟了。道光十五年，80 周岁的曹振镛死去，留下生前自缮的一份遗疏，附折上陈述了十余件事。道光帝为之震悼，颁诏对曹爱卿盖棺论定：“大学士曹振镛，人品端方。自授军机大臣以来，靖恭正直，历久不渝。凡所陈奏，务得大体。前大学士刘统勋、朱珪，于乾隆、嘉庆帝中蒙皇祖、皇考鉴其品节，赐谥‘文正’。曹振镛实心任事，外貌讷然，而献替不避嫌怨，朕深倚赖而人不知。揆诸谥法，足以当‘正’字而无愧。其予谥‘文正’。”

道光帝虽以高八度的调子评价曹振镛，但认真搜求，无论立德、立业，曹振镛均无过人之处。平平庸庸，不求有功但求无过，是此人一贯作风。嘉庆十八年（公元 1813 年），天理教首领林清发动“禁门之变”，嘉庆帝正在热河，随行诸臣闻变失措，劝谏皇上不要立即返京，先调兵前往镇压再说，当时只有太保、领班军机大臣、上书房总师傅董诰力谏皇上回銮，以亲自控制朝局，情真意切以致涕泪纵横。当时留京办事的曹振镛，只是在镇压天理教徒起义后，把功夫下在当好维持会长上，设法保持城内平静。

道光御览之宝

为道光帝御用印章之一，钤盖于古书、绘画、诗文之上。

祁贡挡驾之谜

祁贡字竹轩，又字宗庵、寄庵。嘉庆元年（公元1798年）20岁时成进士，历任刑部主事、河南粮盐道、浙江按察使、贵州布政使、刑部右侍郎、广西巡抚。道光十三年（公元1833年）任广东巡抚，道光十五年兼两广总督，道光十八年调任刑部尚书。鸦片战争爆发后，道光二十一年（公元1841年）英军进犯广州，祁贡被派往广东督办粮饷，协助奕山。祈贡是山西高平人，为了家乡百姓不受朝廷搅扰，曾冒死挡驾，因此在高平当地口碑极好。

故事发生在道光年间。一日，朝事已毕，道光皇帝问在旁的军机大臣穆彰阿："朕近来心情烦闷，欲出浏览，你说哪里可去一游？"穆彰阿是个奸滑之人，为取悦皇帝，即奏道："天下名山大川，江南美景，皇上已经看够，臣听说冀宁道泽州府米山一带佳景四处，皇上可去一游。"道光皇帝问："哪四景？"穆彰阿忙答："一谓两县一庙，二谓孤松盘石，三谓庙中有树，树上有庙；四谓十（石）人一桥，一掰（柏）两路。此四景世人称奇。"道光皇帝听了心中大悦，随即降旨，选良辰吉日去米山浏览。

祁贡当时正好外出审理要案，事毕回来，听说道光皇帝要游米山，心里极为不乐。其妻见状问："老爷刚从外地回府，何事搅得你烦恼？"祁贡叹道："不知朝中何人出的主意，要让皇上游米山，该家乡百姓倒霉。你可知道皇上出游一次，耗资数万，各种摊派都在百姓头上，再有贪官从中渔利，家乡百姓如何受得了。"其妻听了笑道："原来老爷为此事犯愁，现在事还不迟，你身为朝廷重臣，明日上朝向皇上进谏，讲明缘由，或许皇上会听你的，就不去米山浏览了。"

第二天，早朝山呼已毕，祁贡出班奏道："臣听说皇上要出游米山，此事断不可行。"道光皇帝惊问："何故？"祁贡奏说："臣去年回原籍，目睹米山四景，皆平常景致，不值得皇上御驾亲游。"道光皇帝追问："你具实奏来！"祁贡侃侃而谈："米山四景可听而不可看，所谓'两县一庙'，指的是米山以南高平县与凤台县两县交界处的修有一庙，庙的北半部属高平县境，庙的南半部属凤台县境；所

《道光帝行乐图》卷

清代宫廷画家绘，现藏于故宫博物馆。

谓‘孤松盘石’，指的是米山以东的龙顶山上有一棵松树，其根从石头缝里长出，三根将一块石头抱住；所谓‘庙中有树，树上有庙’是指在米山的北社村有一小庙，庙中有一棵千年古槐，主干老朽，上面用几十块青砖砌了个小魁星楼；所谓‘十（石）人一桥，一掰（柏）两路’，指的是米山东门处修有一桥，桥两边各立石人五个，共立石人十个，桥的东头长柏树一株，把路岔为东西两条。如此景致有什么看的，况今一则国事繁多，再则京城往米山，尽是旱路，山道崎岖，旅途艰辛，皇上出游米山一事，不去也罢！”道光皇帝听了思忖半日，大为扫兴，遂下旨，取消出游米山的事。

祁贡挡驾的事，后来从京城传到高平，老百姓无不称颂祁贡为乡民办了一件好事。

追封的发妻

道光帝生于乾隆四十七年八月初十（公元1782年9月16日），等到继承帝位的时候他已经38岁，在那时已经算是个中年人了。也就是说道光帝在即帝位之时早已经娶妻生子了。

道光帝旻宁（绵宁）的原配妻子姓钮祜禄氏。由于从前的女子只称姓氏而不留闺名，而清皇族多数又与这些大族联姻，因此后宫中这些雷同的姓氏更使人难以应付。这些女人们若是结结实实地攀上了龙，有了封号，死后又有谥号的话，倒也还可以各归各，否则的话就只能在姓氏后面编号，也未见得真能分清楚。与宫廷其他的钮祜禄氏一样，道光帝的妻子钮钴禄氏也有显赫的出身，她是户部尚书、一等子爵布颜达赉的女儿。这段姻缘缔结于嘉庆元年（公元1792）十一月，当时旻宁才刚刚十五岁。由于乾隆帝禅位于嘉庆帝，所以当时旻宁提前当上了嫡长皇孙兼皇子，因为在嘉庆帝的儿子中，乾隆帝最看重旻宁，并且亲自为他指婚，于是他的婚礼选定在皇宫内撷芳殿举行，而且办得很隆重。一般认为，乾隆帝、嘉庆帝父子俩为旻宁选择皇宫内的撷芳殿举行婚礼，并让他婚后在此定居，是别有深意的。也就是说，在那个时候旻宁其实就已经被选定做皇位继承人了。

不过，未来的灿烂前途，似乎对新婚的钮祜禄氏没有什么立等可见的正面影响，至少在生活水平和条件上是如此。钮祜禄氏的婚姻生活就这样日复一日地过去了，从生活节俭这方面说起来，她与旻宁也算是夫唱妇随，应该还是情投意合的。然而不知何因两个人的婚姻前后长达12年之久，钮祜禄氏竟从来没有身孕。

嘉庆十三年（公元1808）正月，年方二十七岁的钮祜禄氏病逝，结束了她显贵却拮据的皇家生涯，没有留下儿女。由于她死的时候旻宁还只是一个皇子，钮祜禄氏被安葬于王佐村，她在这里一躺就是12年。12年后，旻宁成了道光帝，于是本已经被人淡忘的钮祜禄氏忽然身后热闹起来。

道光元年（公元1821）六月，道光帝派郑亲王乌尔恭阿、顺承郡王伦柱为正副册使，带着皇后册宝来到了王佐村，为自己的原配妻子追册追谥，使她在去世12

年后当上了“孝穆皇后”——这个谥号在往后的若干年间又被咸丰帝和光绪帝陆续加码，最终全称为：“孝穆温厚庄肃端诚恪惠宽钦孚天裕圣成皇后”。追册皇后的礼仪完成之后，两位册使又将孝穆皇后钮祜禄氏的牌位接回了紫禁城，入祀太庙及奉先殿。钮祜禄氏既成了孝穆皇后，她父亲布颜达赉的地位也自然水涨船高，晋升为“三等承恩公”。

后妃用盆花形发簪

道光年制。银镀金嵌珠宝。

长 10.7 厘米，宽 12.7 厘米。故宫博物院藏。

皇后两度改葬之谜

按照历代封建皇朝的惯例，道光帝在即位以后就着手修建自己的陵墓，他委派庄亲王绵课为首，领着大学士戴均元、尚书英和，还有风水师宋泗、穆克登额、牛坤等人，浩浩荡荡地奔赴东陵，在宝华峪选中了一块“吉壤”，决定兴建帝陵。工程于公元1821年十月初十卯时正式开工。据说在开工后，风水师宋泗认为地宫穴位应做变更。然而经办大臣们深知道光帝力求节俭，为选穴已经费了不少银子，若是重移改图又是一笔不小的开销，定会惹得皇帝不快。由于皇帝几乎将大臣们是否节俭视为最主要的才干度量衡，因此没有谁愿意去触这个霉头请皇帝重选，最后众人只是将穴位往前移了五丈而已。在修建时果然发生渗水现象，英和仍然不予上报，而是为求省俭，又命工匠筑土拦水，只图表面光鲜，能蒙过皇帝验收就成。

帝陵的修建花了六年时光，终于在道光七年（公元1827）九月二十二日告峻。道光帝非常高兴，专程前往宝华峪查勘。对于风水土质及建筑质量这些个东西，皇帝纯粹是个看热闹的门外汉，监工大臣很容易蒙混过关。可想而知，他对于这项花费俭省的工程非常满意，对建陵众臣一一论功行赏，就连戴均元在继位问题上立场不坚定的表现都既往不咎了。

陵墓建成的当月，道光帝便下令将“孝穆皇后”钮祜禄氏的棺木由原葬处迁往自己的帝陵地宫。迁葬仪式也十分隆重，主祭的是道光帝的庶长子、也是当时道光帝唯一的儿子奕纬。虽然奕纬出生时钮祜禄氏早已去世，但在名份上她仍然是奕纬的嫡母。

隆重的仪式后，钮祜禄氏原本栖身的棺材变成了皇后规格的“梓宫”并被运往宝华峪帝陵。正式下葬前，道光帝念及12载夫妻之情，还专程亲至棺前奠酒，给“孝穆皇后”的葬礼更添了几分风光。

不曾想，孝穆皇后入葬帝陵才刚一年，意外就发生了。道光八年（公元1828）九月，道光帝出京谒陵，顺路到自己的陵墓去“观光”，一观之后，道光帝大惊失色，本应该干爽的地宫一直都在渗水，短短一年功夫竟积成了一个水潭，深度将近两尺，已经漫过了“宝床”（放置棺木的石台）。一眼望去，“孝穆皇后”的棺木竟恍如水中孤舟，再一细瞧，棺材足有两寸浸在水里，霉湿得不成样子。

看见这个场面，道光帝怒不可遏，一面下令将孝穆皇后的棺木从地宫起出，移到陵寝的地面殿宇里安放，自己又亲至棺前奠酒致歉；一面斥骂筑陵大臣“丧尽天良”，下旨严办。是时，庄亲王绵课已病故，父债子还，四个儿子一律革职；戴均元撤职下狱，其子降职；英和也撤职下狱。本来按道光帝的怒火，英和是要被处斩的，总算皇太后看不过意，劝道光帝不要下手太重，英和才逃得一条性命，改判为和儿子一起发配黑龙江服苦役。

处分之后，道光帝又想起了自己修陵的花销，不禁心痛起来，于是他又下令相关责任人等必须赔付，又抄家封产地办了一通，最后共收回了约三十万两银子，这才觉得心气稍顺。道光帝经此刺激之后，也没了在清东陵继续选址的想法，随后改弦易辙到易县的清西陵重新选择葬地。陵址最后选定在龙泉峪，道光帝还亲自为自己的陵墓起名为“慕陵”。慕陵建成后，旻宁于道光十五年（公元1836）十二月将结发妻子的棺木再次安葬其中。

经过如是折腾之后，孝穆皇后钮祜禄氏才算是真正入土为安了，算起来这时距她辞世已将近三十年。

道光帝勤俭之谜

道光皇帝旻宁在位期间，清朝已经传承了200余年，经济繁荣，人口众多。他统治着一个面积超过1300万平方公里的世界第一大帝国，治下的民众超过4亿，占全世界总人口近1/3，据说此时中国的GDP也占全世界的1/3。虽然是世界第一大国拥有绝对权威的最高统治者，真正的富有四海，但道光皇帝是一位非常节俭的人。旻宁的俭省作风，早在做皇子时期就已经形成了。

旻宁称帝后回忆往事时说，他在做皇子时不但极少吃肉，甚至还经常派太监出宫去买烧饼，与妻钮祜禄氏就着茶水啃嚼就算是一餐。他还奉行“七分饱”的原则，即使摆出菜吃饭，也严格要求每餐每人盛饭最多不得超过三碗。据史书说，钮祜禄氏与道光帝感情甚好，老公克勤克俭，她也有样学样，从来不在屋中放置什么精美的装饰摆设，有床有桌椅可用就足够了。只不过任何人在想象皇家生活的时候，都会认为那是奢侈富丽上不封顶的日子。钮祜禄氏作为尚书小姐，又是生在“重女”的满族人家，她在娘家的日子就算不奢华，恐怕也没与烧饼打过交道，更别说把它当家常茶饭日日吃将起来。她当初是怎样从极度的落差中回过神并适应这样的婚后生活的，史书没有记载，只能让后人臆测猜想了。

除此之外，道光帝还规定“宫中岁入不得超过二十万”，节约从宫廷开始，以身作则，规定“宫中用膳，每日不得超过四碗”，连现在的“四菜一汤”标准都不到。皇后过生日，道光皇帝用猪肉打卤面在宫中招待大臣和太监，可能是创造了中国两千年帝制时代的一个罕有的奇迹。即使除夕的膳食也非常简单，道光七年除夕（公元1828年2月14日）的早膳是：“鸭子白菜锅子一品，海参溜脊髓一品，溜野鸡丸子一品，小炒肉一品，羊肉炖菠菜一品”。这些饭食是非常普通的，只相当于当时小康之家的水平。他不铺张浪费，裁减仪仗。道光元年正月初一（公元1821年2月3日），他即位后首次登临太和殿，就下令乐设而不作，不读贺表，还停止他从圆明园返宫时王公大臣恭迎接驾、大排仪仗的繁文缛节。道光帝最宠爱的皇六子奕䜣举行结婚典礼，按制在接新娘进宫后，要在宫内大摆宴席，但他特地传旨，停止奏乐，取消宴席。女儿出嫁，置办嫁妆及所有仪注开销不得超过两千两银子，不然由内务府大臣赔垫。各地向皇帝纳贡，这是历代的定例，而道光帝即位后，严令停止一切供献，包括食品也不准进呈。清代的皇帝陵寝建造有一定的规制，但道光皇帝的陵寝却简约了很多。

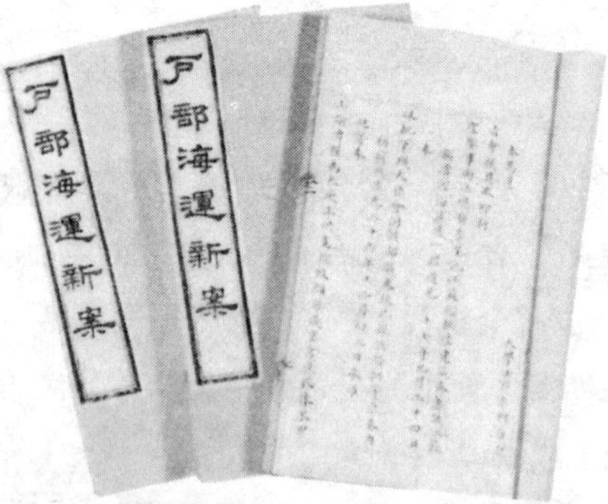

《户部海运新案》

道光二十七年（1857 年）在《海运章程》基础上制定，使之更加完善。

对道光帝节俭起推波助浪作用的，是武英殿大学士曹振镛。曹学士平时花一个钱，都要打算盘，他家中有一辆破旧的驴车，家里的厨子又兼着赶车的差使。曹学士每天坐车，早朝出来，赶到菜市，便脱去袍褂，从车厢里拿出菜筐秤杆，亲自买菜。和菜贩子争多论少，常为了一个钱，两边破口大骂。这时曹学士就拿出学士牌子来，要送菜贩子到步军衙门法办，菜贩子听说是大学士，吓得屁滚尿流，磕头求饶都来不及，菜价哪敢不依他。曹学士占了一文钱的便宜，便洋洋得意而去。这样天性爱节俭的主儿，和道光帝正好算得一对儿，皇帝自然和他谈得十分投机，每天总要把这位曹学士召进宫去长谈。太监们还以为皇帝和大学士商量国家大事，谁知留心听时，每天谈的都是家庭琐事。一天曹学士穿一破套裤进宫，两只膝盖上补着两个崭新的掌，皇帝见了，便问补这两个掌要花多少钱，曹学士奏称须三钱银子。皇帝听了十分诧异，说朕照样打了两个掌，怎么内务府要报销五两银子呢，说着揭起龙袍给曹学士看。曹学士没得说了，忙推说皇上打的掌，比臣的考究，所以价格贵。道光帝叹了一口气，从此逼着宫里的皇后妃嫔，都学着做针线，皇帝身上衣服有破绽，都交给后妃们修补，内务府连一个钱也不得沾光，弄得那堂司各官穷极了。

据说道光帝有一回裤腿上破了一块，他不肯再做新裤子，便命内务府拿去补上破处再穿，可见其节俭成性。其实道光皇帝本身就是一个巨大矛盾，他是一位非常想励精图治的皇帝，一上台就觉得事情不妙，朝风颓败，民风颓败，因而力图重整朝纲，于是便从节俭开始，穷毕生精力想从节俭之风的倡行中稳住风雨飘摇的江山，但不成想江山不是靠节省就能稳住的，清朝从道光帝开始逐渐呈现出老态龙钟之势。

道光年间为何物价猛涨

道光皇帝某日宣一大学士上朝，公事完了后，两人就开始闲谈，道光帝嘘寒问暖，无意间问及大学士早餐吃什么，大学士答道："吃三个氽果。"道光帝大吃一惊："你好阔气！"氽果就是荷包蛋。一个大学士，不大不小算得上一个省部级官员，早餐吃三个荷包蛋怎么就把道光皇帝吓得不轻呢？这与当时清朝的物价有关。

原来在道光年间的内务府里，账目上每个鸡蛋的价格是三十两银子。氽果是加了工的鸡蛋，加工费及服务费也肯定所费不菲吧，一个早餐就要吃掉一百多两银子，那中晚餐吃多少啊，"珍珠如土金如铁"，这当然就让皇帝老儿不免惊叹，怪怨大学士生活奢侈了。

那么，道光帝之时，鸡蛋到底是什么价呢？它有两种价，一是官价，一是民价。官价是三十两一个，民价市价是三钱可买十几个。什么东西一入内务府，价格就不是翻番的事，百倍都是低的，千倍是正价，上万倍者也不稀奇。曾有宫廷人写过一文，称故宫有个宫门坏了一对铜环，换了新的，内务府的账目上这对铜环的价格是二万两银子。有好事者换算过，按当时的物价水准，这价格可盖十栋楼房。

难道是道光年间物价居高不下？还是内务府货物的进价高？其实都不对。宫里所用物什价格应该是很低的，皇上要的，谁敢高价吆喝？内务府的人到民间采购，"手把文书口称敕"，什么都是很便宜的。"一车炭，千余斤，宫使驱将惜不得，半匹红绡一丈绫，系向牛头充炭值"，进价是这么低，到了宫里却贵得吓死人。

还有一故事也可证明当时宫里物价奇高。据说道光皇帝的裤子破了，他舍不得扔掉，便差人去补。裤子补好送回来了，做工精细，天衣无缝，道光帝甚为欣悦，顺便问到费银几何，答曰：三千两。道光皇帝听了大怒，严责穷究。湖绉御裤非同一般，每条新裤的成本值三十两银子，而这补裤费却相当于一百条新裤价格。但内务府官员却不慌不忙地解释道："皇上所穿裤腿，系属有花湖绉，剪过几百匹，鲜有花头恰合者，是以如是其贵。”道光皇帝听了无可奈何。又有故事说道光的裤子破了，叫内务府去补，补完后报价白银五十两。当时满朝大臣为讨好他都穿补丁裤子，道光帝很高兴，顺口问一个大臣补裤子花了多少钱。那大臣略知内务府的弊政，怕得罪人，便撑死了说是白银三十两。道光帝一听气得直嚷嚷：“你打两个补丁才三十两，怎么朕这一个就要五十两！”那大臣又急中生智，举了另一条裤脚上的补丁不慌不忙地说：“此亦三十两！”

《喜溢秋庭图》横轴

清宫廷画家绘。故宫博物院藏。

揭秘道光帝禁烟失败

在清宫档案里，道光帝在鸦片战争期间颁布的抗击英国侵略的谕旨专档被称为“剿捕档”。也就是说道光帝把对外侵略战争和对内镇压人民起义看成是一回事。林则徐“虎门销烟”震动天下，但是林则徐严禁鸦片的运动，触犯了国内一些人的不法利益，也触犯了英国殖民者的不法利益，他们必然要内外勾结，进行反抗。道光皇帝作为一个政治家、大清的君主，本来应该预料到，严禁鸦片之后可能有什么样的后果、采取什么样的防范措施，但是这些道光帝都没有做。英国殖民者用坚船利炮打开中国的大门，作为对中国严禁鸦片的报复，这样鸦片战争就打响了。英国舰队先打广州，由于军民抵抗不成，又打厦门，虽然闽浙总督邓廷桢率领军民抵抗，但又失败了。英国的舰船北上打到舟山，总兵葛云飞壮烈牺牲，定海失守。英国的舰船又继续北上，到了天津海面，直隶总督琦善妥协，后来鸦片战争失败，清政府签订《南京条约》。从开始到最后以失败告终，鸦片战争失败的原因是什么呢?

在双方兵力对比方面，义律开始进攻广州的时候，军队只有 4000 人，舰船 40 艘，所以在这方面清朝军队明显占优，再怎么着清朝的军士肯定是超过 4000 人的。武器方面，清朝武器当时是火炮、火枪，英国的武器比清军的武器先进一些，海军已经有蒸汽机做动力，但是还没有普及，好多船还是帆船。在后方对比上，英国军队的后方在英格兰，清军的后方就在广州和厦门，整个大清帝国的领土都是清军的后方，后方对清军有利，对英军不利，所以这场战争有可能打胜。

从另一角度来看，即使清朝不打此仗，也有获胜的可能，即用“抚”的政策和英国人谈判，而非用大炮去“剿”。如果道光帝足够聪明，这两种方法更可以交替使用、相辅相成，即所谓恩威并济。但当时的清朝政府碰到的是西方资本主义强国，而不是中国历史上匈奴、契丹、女真等边陲少数民族，传统的剿抚政策显然不适应变化了的国际形势。而且，清代到道光朝已经是国势衰微，其国力远不能与康乾盛世可比。因此，道光帝在实行传统剿抚政策时，其实主要是倾向于“抚”的方面，即尽可能地避免战争，但“抚”的前提是无损天朝上国在蛮夷面前的体面与尊

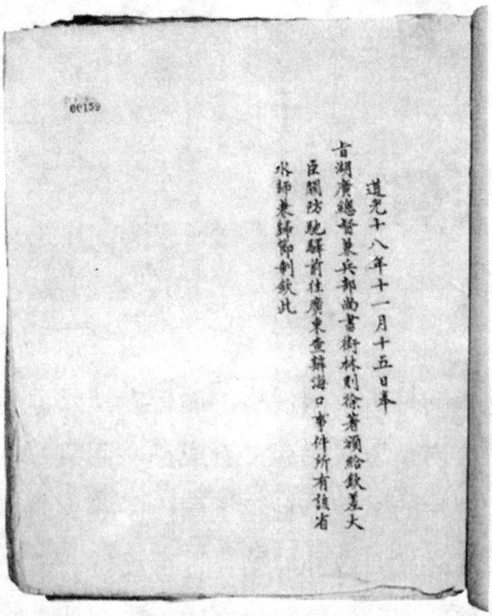

道光十八年十一月十五日奉
旨湖廣總督兼兵部尚書銜林則徐著頒給欽差大
臣關防馳驛前往廣東查辦海口事件所有該省
水師兼歸節制欽此

《任命林则徐为钦差大臣谕旨》
道光十八年（1838年）十一月十五日发。

严。所以，道光帝在给臣下的谕令总是强调“上不可以失国体，下不可以开边衅”。这在当时的情况下是难以实现的。因为英国不仅是一个资本主义强国，而且它的目的就是要使用武力迫使清政府屈服。道光帝想用传统的“抚”的办法去让这样一个殖民主义者向“天朝”表示臣服是根本不可能的。道光帝在鸦片战争过程中曾经两次宣布撤兵，第一次是英军北上天津，在递词中有“乞恩诉冤”。第二次是英人攻打广州，奕山谎报军情，奏称英夷“免冠作礼，吁求转奏乞恩”，道光帝把这些都看成是英人“臣服”的表示，以为“抚夷”成功。可是，事实并非如此，当他发现英人桀骜不驯和自己受骗之后，又宣布进剿。这正是“玩则惩之，服则舍之”的具体体现。由此可见，道光帝和战不定，鸦片战争出现谈谈打打的局面，根本原因是他推行的是儒家传统的剿抚政策。

当然，道光皇帝远没有清太祖努尔哈赤当年“萨尔浒之战”的勇气，也没有清太宗皇太极当年“松锦之战”的谋略，更没有康熙皇帝亲征噶尔丹的那种胸怀，所以鸦片战争失败、丧权辱国《南京条约》的签订，历史责任应由道光皇帝承担。另外从外交政策的角度考察，第一次鸦片战争的失败，标志着儒家传统对外政策的破产。中国进入近代以后，不仅在经济上、政治上要实行近代化，而且在外交观念和外交政策上也有一个从传统向近代的转换，这应该是我们总结第一次鸦片战争应得的历史教训。

清文宗咸丰帝

清文宗奕詝（1831~1861），清朝第九代皇帝，清宣宗第四子，母钮祜禄氏。公元 1850~1861 年在位，谥号“显皇帝”，庙号“文宗”。因年号为咸丰，历史上又称为“咸丰（帝）”。咸丰帝终其一生都是在坎坷中度过，留给他的大清江山是一片颓废，他有心重整朝纲，却已力不从心，清代靡败由此迅速跌入谷底。

咸丰帝继位之谜

奕䜣

道光帝日益感到自己身体不适，就想在众多皇子中找一个接班人，可除了奕䜣与后来的咸丰帝外，其余者年龄都还很小。奕䜣文武双全，善于射箭；奕詝是个不学无术且脚有残疾的人。二人在道光帝心里自然有了倾斜，道光帝为了让奕䜣能在众皇子“大显身手，能让人心服口服”，就来了个公开选拔皇储。道光帝带领皇子们来到猎场射猎，奕䜣满载而归，带来了好多猎物，深受道光帝赏识。可奕詝一只也没猎到，还跪在道光帝面前痛哭不已。道光帝很奇怪，问出了什么事？奕詝说“儿臣不敢射这些活生生的动物，它们也是有生命的，春天过后它们就要生了。望父皇能放过它们”。道光帝不禁对眼前的孩子刮目相看。“藏拙示仁”使奕詝得到了道光皇帝的喜爱，此时的道光皇帝一心想为天下百姓选择一位仁厚的皇帝，奕詝自然比盛气凌人的奕䜣更合他的胃口。不过奕詝的这些表现得归功于他的老师。

奕詝的老师、侍读学士杜受田一心希望奕詝继位。杜受田清楚地分析了两位皇子的长处，认为奕詝的优势在于仁厚孝顺，奕䜣的优势则是聪明伶俐。而此时步入晚年的道光皇帝更需要的是一位孝顺的儿子，要牢牢地抓住这一点。但帝位人选事关国家兴亡，非同儿戏，随着道光帝病情日益加重，立储之事已不容再拖。六子奕䜣虽不失为帝位的较好人选，但四子奕詝仁厚孝顺的形象又经常浮现于道光帝脑海。经过深思熟虑，道光帝命二人就治国之道分别发表见解，以便最后定夺。

奕詝、奕䜣深知立储成败在此一举，分别召来了自己的老师商议。奕䜣老师卓秉恬对自己学生的才智深信不疑，告之曰：“皇上若询问治国之道，要知无不言，言无不尽。”奕㐬的老师杜受田城府很深，比其弟子奕䜣有过之而无不及，权衡利弊后，对奕㐬言道：“阿哥才智见识不如六爷，如想获胜，只有一策，适时皇上若自言病重，将不久于世时，阿哥唯伏地流涕，以示子臣仁孝之心，大事可成。”

果然，二人在答对中如法炮制。奕䜣为先发制人，就国家治政之道高谈阔论，极有条理，道光帝很是赞赏。但奕䜣对父亲的病情一字未提，似有漠不关心之感。轮到奕㐬对答时，奕㐬避重就轻，在其父亲的病情上大做文章，表现出无微不至的关怀，动情之处乃至涕泪交流，长跪不起，表现出极大的表演天赋。道光帝深为感动，最终选定了貌似仁厚，实乃诡计多端的奕㐬为皇位继承人。

但关于咸丰继位的说法不仅此一种。另有说法是奕㐬的母亲很受道光皇帝的宠爱，但是她死得比较早。奕㐬 10 岁时母亲去世，后来由静贵妃，也就是奕䜣的母亲来照顾他。奕㐬视静贵妃如同生母，视奕䜣如同胞弟，奕㐬和奕䜣关系都很好，这就更增加了道光帝选择皇储的困难。野史有三种说法，一种说法是道光帝怀念皇后，欲立奕㐬，因为奕㐬的母亲死得比较早，《清宫词》中记载说皇后是暴死，可能道光帝有对不住奕㐬母亲的地方，所以他怀念奕㐬的母亲，为施恩妻子就想要立奕㐬。另一种说法初定奕䜣后定奕㐬，就在道光帝写秘密立储的时候，奕䜣的“䜣”字最后一笔是一长竖，奕㐬那个“㐬”字，最后一笔是一短竖一勾，传说在写字的时候，太监就远远窥视看到底下那笔很长，就传出去要立奕䜣为帝，道光帝听说之后就很不高兴，就改了，改成立奕㐬。还有一种说法是“帝，天定奕㐬”。道光帝病重临危时招六阿哥奕䜣，临终交代一些事情，恰好奕䜣这时候没在，奕㐬就去了，道光帝就说我要立皇太子，说了一半就昏过去了。于是奕㐬就说我父亲说要立我做皇太子，他就登位成皇帝了。

但这些也都是野史，真正有据可查的是道光帝三十年正月十四日（公元1850年），道光帝病危，急召十多位大臣于御榻前，密议传位大事。遂从乾清宫正大光明匾后取下鐍匣，当众开启，内藏传位诏书：“皇四子奕㐬立为皇太子”，同时宣读皇帝朱谕：“皇四子奕㐬着立为皇太子，尔王大臣等何待朕言，其同心赞辅总以国计民生为重，无恤其它。”奕㐬梦寐以求的皇权终于到手了。

值得一提的是鐍匣中除了传位诏书外，还有另一道谕旨，上书：“皇六子奕䜣封为亲王”。这种一纸两谕的情况，在清代历史上是绝无仅有的。道光帝在皇位人选上矛盾重重的心态跃然纸上。

咸丰帝的三大罪

奕詝刚刚即位，就爆发了太平天国农民起义。洪秀全以“拜上帝会”为名，在广西桂平县金田村起事，两年时间里先后攻取了汉阳、岳州、汉口、南京等南方重镇，于公元 1853 年定都南京，颁布《天朝田亩制度》，制订官制，建立了太平天国。由于太平军没有集中力量进行北伐以及咸丰六年（公元 1856 年）太平天国内部的“天京事变”，因而使得清王朝获得了喘息的机会。咸丰帝依靠汉族地主曾国藩、左宗棠等人和外国侵略者的援助，镇压太平天国运动。正在镇压太平天国之时，英、法两国于咸丰六年（公元 1856 年）再次对华宣战，史称“第二次鸦片战争”。俄国也趁火打劫，蚕食中国领土。对于英法俄等国的侵略军，咸丰帝又妥协求和，被迫同各侵略国签订了《天津条约》、《北京条约》、《瑷珲条约》等不平等条约，使得清政府进一步对外开放国门，并割让了大片土地，中国进一步沦为半殖民地社会。咸丰帝面对国库空虚、军备废弛、吏治腐败、民众起义此起彼伏、西方列强虎视眈眈这样的情势一筹莫展，于是沉湎于声色，纵欲自戕。有后世学者为咸丰帝总结了其一生犯下的三大罪。

第一大罪是登上皇帝宝座。也就是说当初道光帝在选择奕詝和奕訢两人谁登皇位时，不应立奕詝，但因为奕詝在“仁”和“孝”这两个字上表现得比较突出，所以道光帝就选择了奕詝做皇太子。道光帝在选皇太子的时候，德才两个条件，没有考虑德才兼备，只考虑到了德而没考虑才。后来也证明咸丰帝无远见、无胆识、无才能、无作为，是一位很不称职的皇帝。

咸丰帝的第二大罪是英法联军侵入北京时，他逃离皇都北京。咸丰帝在位时英法联军侵入北京。咸丰七年（公元 1857 年），英国军队攻占了广州；咸丰八年，英法联军北上天津，攻陷了大沽口，同清朝签订了《天津条约》。到咸丰九年时英法联军又到天津要求换员，但是清朝军队取得了小胜，咸丰帝很高兴，撕毁《天津条约》。此后，英法联军重整旗鼓，又来到天津，在北塘登陆，攻占天津，这时清朝派大臣去谈判。咸丰帝对是战是和，一直犹犹豫豫。咸丰十年，英法联军从天津沿着运河打到通州，咸丰帝派大臣去谈判，结果谈判破裂，载垣、穆荫几个大臣又擒了英使巴夏礼，将事态扩大化。结果此时的咸丰帝却暗示大臣上奏章，请其去木兰打猎，于是他就带着慈禧到了承德避暑山庄，留下恭亲王奕䜣在北京主持这些事情。最后的结局是又割地又赔款。

第三大罪，咸丰帝的无能导致侵略者火烧圆明园。咸丰十年九月初三，英法联军一把火把圆明园毁了，大火数日不熄。圆明园被焚毁、被抢掠，是中华五千年文明史上最沉痛的浩劫。不仅如此，随着英法联军侵略者攻进北京皇宫，中国人民屡遭涂炭，这是中华五千年的奇耻大辱，是中华民族五千年来的空前浩劫。

而此时的咸丰帝在做什么？他既没有下诏号召军民进行抵抗，也没有制订反对侵略的计划，更没有亲自把守国门，却带着老婆孩子逃到了热河，美其名曰“巡狩”。这三大罪铸就了历史性的悲剧，而中国之后遭受的历史性屈辱也由此拉开了帷幕。

道光帝赏赐奕䜣之白虹刀

故宫博物院藏。

火烧三山五园

火烧圆明园的真正含义是，不仅火烧了圆明园，也火烧了京西皇家三山五园。三山五园分别是万寿山、玉泉山、香山三山，清漪园、圆明园、畅春园、静明园、静宜园五园。

这是中华民族历史上的一次奇耻大辱。

咸丰十年（公元1860年）英法联军攻占北京后，于10月6日占据圆明园。中国守军寡不敌众，圆明园总管大臣文丰投福海自尽，住在园内的常嫔受惊身亡。英法军队洗劫两日后，向城内开进。10月11日英军派出1200余名骑兵和一个步兵团，再次洗劫圆明园，英国全权代表詹姆士·布鲁斯以清政府曾将巴夏礼等囚于圆明园为借口，将焚毁圆明园列入议和先决条件。10月18日，3500名英军冲入圆明园，纵火焚烧圆明园，大火三日不灭，圆明园及附近的清漪园、静明园、静宜园、畅春园及海淀镇均被烧成一片废墟，安佑宫中，近300名太监、宫女、工匠葬身火海，这是世界文明史上罕见的暴行。

10月7日上午，英法联军的头目就在正大光明殿商量怎么样抢掠和瓜分圆明园的财物，随后圆明园的珍宝惨遭劫掠。10月8日，有一个随军记者记述道："联军司令部正式下令可以自由劫掠，于是英法军官与士兵疯狂抢夺，每个人都是腰囊累累，满载而归，这时全军秩序大乱，法国兵驻扎园前，法人手持木棒，遇珍贵可携者则争夺，遇珍贵不可携者如铜器、瓷器等物则以棒击毁，必至粉碎而后快"。他们为了掩盖罪名，想出了一个毒谋，就是放火焚烧。英国公使额尔金说："只有焚毁圆明园一法，最为可行。"一烧了之，分不清谁抢了谁。于是在10月8日这一天，英法侵略军大规模地焚毁圆明园。英国公使额尔金、英军司令格兰特派马队三四千人，闯入圆明园。以正大光明殿为指挥部，派兵四处纵火，全园一片火海。第二天下午，正大光明殿和大宫门焚毁，大火燃烧、浓烟冲天，三昼夜不绝。据目击者记载："当时黑烟迷漫，掩蔽天日，万千火舌，往外喷发，火声若吼，草木萧瑟，悲戚之状，惨不可言"。有个叫格赫的人在《我们是怎样占领北京的》一书里记载："所有庙宇、宫殿建筑被视为举国神圣庄严之物，其中收藏着历代富有皇家风味和精华的物品，都付之一炬”。园内的建筑大约有17万平方米，完全化为一片焦烟。法国有个翻译官叫德里松，在《翻译官手记》里记述了英法侵略军抢掠圆明园的情景：“他们全都闹哄哄地蜂拥而上，扑向这一堆无价之宝。他们用各种语言呼唤着，争先恐后，相互扭打，跌跌撞撞，摔倒又爬起来。诅咒着，辱骂着，叫喊着，各自都带走了自己的战利品，向四面八方跑去”。英法侵略军到德胜门的时候，只有一辆车，装着他们将军的一些东西，到他们撤退的时候，车队接起来有几里路程，里面装的都是中华民族的珍贵国宝。英法侵略军的暴行引起了各国监督舆论的谴责，公元1861年11月25日，法国大文学家雨果在谈到圆明园的时候说：“我们教堂里的所有财富加起来，也无法和这一东方巨大的且又漂亮的博物馆相比较”。他又说：“有一天两个强盗闯进了圆明园，一个强盗大肆劫掠，另一个强盗放火焚烧”。雨果痛斥到：“一个胜利者，装满了他的口袋，另一个看见了就塞满了他的箱子，然后他们手挽着手哈哈大笑地回到了欧洲，这就是两个强盗的历史”。

惨遭焚劫的圆明园，是清朝150年来举全国物力、财力、人力和智慧修建的皇家园林，也是中华民族五千年文明积淀的丰富的宝藏，它的被劫掠和被焚毁，是中国从来没有过的巨大的文化灾难。

圆明园最大的洋楼——海晏堂之遗迹

咸丰帝出逃之谜

咸丰皇帝一生大概从来没有这么狼狈过。一八六〇年九月二十二日，正值秋分。凌晨时分，咸丰皇帝先是来到圆明园的“鸿慈永祜”，向列祖列宗跪拜叩头，然后在勤政殿召见了包括恭亲王奕䜣在内的五位王公大臣，决定由恭亲王奕䜣留在圆明园暂时主政，主持北京的“抚局”。随后，他本人则带领部分皇族成员及亲眷随从护卫，从圆明园大东门出发，逃往热河行宫。其实，咸丰皇帝早在英法联军由天津北犯之初，就萌生了离开京城的想法。咸丰十年九月九日，他在圆明园正大光明殿召见王公大臣，表示将“暂幸木兰”，由于遭到不少大臣的反对，几天后他又为此举换了个说法，美其名曰“统带劲旅，坐镇京北，遥为控制”。不料此言一出，招来了很多大臣更激烈的反对。为了“息浮议，定民心”，他又连夜下谕旨表白说：“朕为天下臣民主，当此时势艰难，岂暇乘时观省？且果有此举，亦必明降谕旨，预行宣示。”而事实却相反，听到八里桥兵败的消息之后，他再也顾不得“预行宣示”，一心只想逃命了。

一八六〇年九月二十二日，咸丰皇帝仓皇离开圆明园，逃往热河行宫。《庚申英夷入寇大变记略》记载了当晚八里桥战斗的情形：“上在海淀闻败信，内外惊惧，彻夜匆忙，立传预备。”也就是说，一听说部队吃了败仗，咸丰皇帝就连夜准备出逃了。

《庚申英夷入寇大变记略》一文记述了咸丰皇帝一行的惨状：“銮舆不备，扈从无多。随行者惟惠王、怡王、端华、肃顺等，并军机穆荫、匡源、杜翰诸人。车马寥寥，宫眷后至，询迫不及待矣。是日，上仅咽鸡子二枚。次日，上与诸宫眷食小米粥数碗，泣数行下。”咸丰皇帝出逃的当天，北京城的九座城门全都关闭，城内和城外交通断绝。尽管恭亲王奕䜣留守在圆明园里主政，但是，六部九卿已经没有一处官署能够正常开展工作。曾经亲历事变的晚清名士李慈铭在《越缦堂日记》里记载：“车驾东出，宫眷惧仓皇行，人心大震。”时任吏部郎中的吴可读在《罔极篇》里写道：“是日，所有在京大臣眷口，及有力之家眷口，借移徙远避，车价贵不可言。雇涿州单套轿车，须银二十两，保定则三十两。”

因深得咸丰皇帝宠幸，被进封为懿嫔。咸丰七年，22岁的懿嫔生下了咸丰帝的第一个皇子，取名载淳，虽然当时宫外的南方烽火连天，昏庸无道的咸丰帝还是在大肆庆祝，整个宫内张灯结彩。母以子贵，等到皇子周岁时，慈禧也由懿嫔升为懿妃，第二年又升为懿贵妃，成了宫中的第三号人物。

咸丰十一年七月，咸丰帝病情日渐加重，皇位继承人载淳年方六岁，无法掌权理政。因此，用何人、以何种方式辅佐幼帝，一时成为头等大事。咸丰帝再三权衡，于临终的前一天，宣布由载垣、端华、肃顺等八大臣辅佐太子执掌朝政。两宫太后，尤其是慈禧太后对肃顺等人辅政极不甘心。于是，她凭借其特殊地位，利用官僚亲贵们对肃顺等人的夙怨和种种不满，内联慈安皇太后，外联恭亲王奕䜣，积极采取反肃顺行动。于是，两股反肃顺的势力联合在一起，展开了争夺统治权的斗争，一场影响中国近代历史的宫廷政变随之爆发了。

同治帝亲政，太后就退帘，就不能垂帘听政了。这一年慈禧才39岁，还很年轻，她不想再过当年她在圆明园的那种生活。而实际上此时的同治帝包括之后的光绪帝一直生活在慈禧的阴影之下，慈禧统治清朝的过程也才刚刚开始。

咸丰帝短命之谜

道光十一年（公元 1831）奕詝生于圆明园湛静斋，道光帝三十年登基，年号咸丰。咸丰十一年（公元 1861）病故于战乱年代的热河，庙号文宗，死时年仅 30 岁。咸丰帝短命以及他的死因一直是个谜，他是因何英年早逝呢？

有资料表明，他是其母后孝全皇后当年服药催生的早产儿，所以日后多病，寿命不长。奕詝出生之前，道光帝原有三位皇子，但次子和三子早亡，长子奕纬长至 23 岁时，被道光帝踢了一脚，不料正中下身，误伤而死。三位皇子的相继死去，使年近半百的道光帝悲痛万分，对于关系皇朝未来的继统大事隐有不祥预感。唯一令道光帝稍感欣慰的是，皇长子奕纬过世时，全贵妃钮钴禄氏和祥贵人均已身怀六甲，如能生得男婴，则不致绝后。

在道光帝的众妃嫔中，全贵妃钮钴禄氏最受宠爱。其父是承恩公颐龄，曾仕宦苏州。钮钴禄氏随父同行，多受江南水土浸染熏陶，聪慧绝伦。她在道光帝初年入宫，道光帝三年册封为全妃，五年晋全贵妃，成为后宫中红极一时的人物。但聪明的全贵妃清楚地意识到，仅凭自己的姿色取得道光帝的宠爱只是暂时的，要想永久确立自己的地位，非走“母以子贵”之路不可。道光十年五月（公元 1830 年 6 月），道光帝召幸全贵妃，不久，她便怀上了皇子。但当她从小太监口中得知，祥贵人几乎与她同时怀上胎妊时，便密命小太监偷偷查看宫中召幸皇妃的密档。小太监偷查密档后，旋即密报全贵妃，祥贵人的怀胎比她早有月余。全贵妃大失所望，她知道，年过半百的皇帝连丧三子，急盼得子以继承皇位，谁能尽快填补皇帝这一空虚的心理空间，谁就有可能在未来的皇位继承竞争中获胜。想到这里，全贵妃早生皇子的念头愈发强烈。

一天，宫中御医又来给全贵妃诊察胎儿，全贵妃见左右无人，便小声问道：“不知这腹中是女是男？”御医顺口答道：“当然是真龙天子了。”全贵妃听罢大喜，急忙又问：“此胎儿可否早降生月余？”御医听罢大惊失色，跪地叩头，连说：“使不得！使不得！皇子虽可早生，但不足月，定会早亡，奴才要杀头的呀。”谁知贵妃却早已胸有成竹。次日，全贵妃又特召御医入密室，对御医说道：“我想让皇子早点降生，来日如能得继大统，我必重赏，你可有法？”御医答道：“奴才并无妙法，只有从今日起服用奴才祖传的保胎速生药，皇子便可提前降生，只是……”全贵妃明白御医的意思，笑着连声说道：“那就不是你的责任了，自然不必多虑。”

于是，从这日起，全贵妃每日遵医嘱服下保胎速生药物，不多时日，到6月初9日便生下了皇四子，道光帝赐名奕詝。因连丧三子，道光帝为皇子起名时，曾颇费心机。前三位皇子的名予均用“纟”字旁，而皇四子则用了“言”字旁，道光帝实际上是把奕詝视为皇长子，倍加喜爱。

《咸丰帝便装行乐图》轴

6天后，祥贵人也生下了一个男婴，是为皇五子奕誴。果然不出全贵妃所料，奕誴降生后，道光帝虽然也很高兴，但其兴奋程度与奕詝降生时已不可同日而语。后来，皇五子奕誴不为道光帝所喜爱，而全贵妃虽然为道光帝生下的是个早产儿，却在皇位继统的大战中赢得了胜利，成为咸丰帝。

此后，体弱多病的咸丰帝之独子载淳继承皇位，是为同治帝。再往后，大清朝的皇帝便没有嫡系子孙了。咸丰帝的七弟奕譞成了载湉即后来的光绪帝的老爸和溥仪即后来宣统帝的爷爷，这一切是否都和咸丰帝是个早产儿有关？

咸丰帝是否留有遗嘱

关于咸丰帝遗嘱这件事情，后人有很多传说。咸丰帝到底是自杀还是他杀一时也无定论。但有一点似乎是可以肯定的，即咸丰帝猝死于避暑山庄。因此，即便有遗嘱也是咸丰于咽气之时匆匆立下的。

民间有传说，当年咸丰帝给了慈安一份诏书，让她在慈禧胆大妄为的时候，拿出这个诏书来降服慈禧。这件事被慈禧知道后，慈禧就假意和慈安搞好关系，慈安深受感动最后把诏书烧了。事实果真如此吗？据慈禧的后人称，慈禧与慈安在年轻的时候关系非常好，没有任何矛盾。慈安这个人心胸很宽阔，也很贤惠，不像慈禧有点男人的个性。慈安的死主要是因为她常年患心脏病，那时叫心疼病，听说她娘家闹了点矛盾，所以非常生气，导致心脏病发作而死。也就是现在说的“猝死”。

还有人说咸丰帝当时想用八大臣的力量牵制慈禧。但根据慈禧后人的回忆，当时咸丰帝给慈禧权力让她辅佐儿子登基。据说当年咸丰帝安排完遗嘱后，马上又召见了慈禧，因为他已经看出八大臣会对将来的政权不利，而慈安的侄子也时刻觊觎着皇位。所以在施了一个障眼法之后，咸丰帝对慈禧说：“你带他（慈禧之子）回北京，要快。回北京就马上让他登基。”慈禧当时听了非常悲痛，但是没有任何办法，时值危机时刻，只有按照咸丰帝的意思办了。慈禧立即找到慈安跟她商量怎么办，但偏偏慈安是一个根本就没有主见的人，没有办法。皇上当时还没有死，回北京也要有个时限，正巧这个时候咸丰帝死了。于是八大臣马上将所有的事情都控制起来，这样一来，慈禧非常着急，因为事情已经到了非办不可的地步了。正好这个时候六阿哥奕䜣要求到承德来为自己的哥哥吊丧。于是慈禧就打定主意，等奕䜣来了再说，可是偏偏八大臣不让奕䜣来，这可急坏了慈禧，似乎也只有听天由命了。但是慈禧没想到，八大臣也没有想到，奕䜣假扮喇嘛来到了承德，这样八大臣再也没有理由了。于是，慈禧和慈安商量，一定要见到奕䜣，而奕䜣也迫切要求见到两位太后，这样，在双方相见的时候，叔嫂三人就商定了里应外合除掉八大臣，辅助载淳登基，两宫太后“垂帘听政”的计划。

咸丰帝死因之谜

对于咸丰帝的死，人们一致认为是因肺痨咳血而亡。但据慈禧的后人推断，其时咸丰帝迫于内忧外患，整日病怏怏的，心绪烦乱，最后无奈自杀身亡。支持此说的人确有不少。那当时究竟是怎么回事呢?

据慈禧的后人称，当年咸丰帝带着慈安和慈禧以及载淳逃到热河的时候又惊又怕。但是一个当朝皇上的这种情绪是不能被外人知道的。因此，咸丰帝非常郁闷。在后人眼里，咸丰帝是一个即便火烧了眉毛，也要醉生梦死的人。但是谁也不知道，咸丰帝在那个时候心理处在崩溃的边缘。据说当年咸丰帝出逃的时候，已经开始病了，加上一路颠簸劳累，所以很快就犯病了。因为当时出逃的时候有太医跟着，所以也靠一些药维持着。后来到了承德，他心里还是放不下北京的情况，非常紧张，因为一旦紫禁城被洋人攻进去了，他这个皇上就不是皇上了，而且当时朝廷里也没可以依仗的大臣。于是，他只好醉生梦死，整天花天酒地，以此来“调整”近乎崩溃的心态。但即便这样，他的紧张情绪还是没有多少改变，经常睡不着觉，一闭眼睛就做噩梦。他也知道这样下去不是办法，但是懦弱无能的他并没有积极寻求解决的办法，只是想着赶紧逃离这个让他烦恼的世界。因此，他并没有按照太医给他的方子吃药，而是寻求其他的一些解决方式。他说吃哪种药，太医就必须为他配什么药。可是咸丰帝根本不懂得什么药性，因此他马上到了奄奄一息的地步。这个时候他突然明白自己已经活不了多久，于是马上召集身边的人，想立遗嘱。但是慌乱之间，一时想不出什么遗嘱来。而这个时候，正好慈禧带着载淳进来，慈禧问他继嗣的情况。他一时也反应不过来，就指着身边的载淳说：“当然是他来继承。”说完后，咸丰帝好像突然清醒了，一个未成年的孩子能做什么啊?而这个时候慈安和慈禧都非常年轻，于是他就对跟随他一起逃到承德的八大臣说，以后请他们作为辅政大臣，辅助载淳渡过难关。

说完这些话，咸丰帝显然不行了。等这些人退下之后，咸丰帝马上让太医煎药。

避暑山庄烟波致爽殿

咸丰帝病死于此殿。

其实，咸丰帝的这个命令很奇怪，因为他平日最不愿意吃药，他的药主要以鹿血为主，这一次离开北京难觅鹿血，他有很长时间没吃药了。此时他竟然让太医一下煎了三碗，等太医退下后，他一口气全部喝光，实在是蹊跷。果然，咸丰帝吃完这三碗药就死了，大臣和太医赶到时他早就没了气息。所以慈禧的后人一直认为咸丰帝是死于自杀。

慈安太后之死

在清朝的历史上，作为两宫皇太后之一的东太后慈安是与西太后慈禧一样举足轻重的人物，然而光绪七年三月初十日（公元 1881 年 4 月 8 日），一向健康的东太后慈安在 12 小时内竟突然发病暴卒，实在出人意料。从此，慈安之死成为清宫的一件疑案。

慈安太后钮祜禄氏，即东太后，原是广西右江道穆扬阿的女儿，咸丰帝在未做皇帝时就与他结成夫妻。咸丰二年（公元 1852 年），钮祜禄氏被封为贞嫔，又进为贞贵妃，不久立为皇后。她为人幽闲静淑，举止端庄，木讷不善言辞，在众妃嫔中从不争宠，很得咸丰帝的尊重。公元 1861 年 11 月咸丰帝死后，她进封为慈安太后，地位在慈禧太后之上。

慈安太后便服像

咸丰帝死后不久，慈禧与恭亲王奕䜣定计，发动祺祥政变，处死了肃顺等人，夺取了清王朝的最高权力。表面上，慈安与慈禧两宫太后以姐妹相称，共同垂帘听政，执掌国家最高权力。可是到了公元 1881 年 4 月 8 日，年仅 45 岁、比慈禧还小 2 岁的慈安太后突然暴毙宫中，垂帘听政由两宫并行一下子变成了慈禧一人独行。

对于东太后的死，史上流传的说法有多种，其中之一是“正常病死说”。在《朝东华录 · 光绪朝》里载有慈安的遗诏，说她在“（公元 1881 年农历三月）初九日偶染微痾，初十日病势陡重，延至戌时，神思渐散，遂至弥留”。但是这种“因病致死”是那样地快速而又突然，连当时的当事者也大为怀疑。据《清稗类钞》载，在慈安初感身体不适时，御医薛速辰为她诊脉，认为“微疾不须服药”，没想到当晚就听说“东后上宾，已传吉祥板（棺木）”，大为诧异，还以外间论传。后来噩耗被证实，他大戚曰：“天地间竟有此事，吾尚可在此？”他不相信慈安是因病致死。另一位当事人左宗棠，时任军机大臣，突然听说慈安得病身亡，顿足大声说：“昨早对时，上边（指慈安）清朗周密，何尝似有病者？即去暴疾，亦何至若是之速耶？”

第二种是因慈禧与慈安交恶，慈安被迫自杀说。据《清稗类钞》另一种记载，慈安与慈禧共同垂帘听政，慈禧权欲极重，慈安却倦怠少闻政事，并不与之争权，因此倒也相安无事。但到了1881年初，慈禧患血崩剧疾，不能视事，慈安有一段时间独视朝政，致使慈禧大为不悦，“诬以贿卖嘱托，干预朝政，语颇激”，以致慈安气愤异常，又木讷不能与之辩，恼恨之下，“吞鼻烟壶自尽”。

第三种是慈禧进药毒死说。据《慈禧外纪》载：当年咸丰帝临终时，曾秘密留下了一个遗诏给慈安，要她监督慈禧，若慈禧“安分守己则已，否则汝可出此诏，命廷臣传遗命除之”。但老实的慈安将此事告诉了慈禧。阴险毒辣的慈禧听了，表面对慈安感泣不已，实际上已起杀机，遂借向慈安献饵之机，暗下毒药，加以谋杀。

另外文廷工《闻尘偶记》却认为慈禧是因与人私通怀孕，事为慈安察觉，准备废掉慈禧太后称号。慈禧闻之，先下手为强，设计毒死了慈安。

但以上资料均出自清朝野史，对东太后的死正史并无确切记载，所以才给后人留下了诸多可猜测的余地。

慈安端裕皇太后之宝

青玉质，交龙钮，附黄绶带。故宫博物院藏。

清穆宗同治帝

清穆宗载淳（1856~1874），清朝第十代皇帝，清文宗长子，其母为孝钦显皇后叶赫那拉氏（即慈禧）。公元 1861~1874 年在位，谥号“毅皇帝”，庙号“穆宗”。因年号“同治”，历史上又称“同治（帝）。同治帝只活了 19 岁，但在位 14 年，其一生都在慈禧的挟制下生活，实际执政时间不过两年，对治国兴邦没什么建树。

辛酉政变之谜

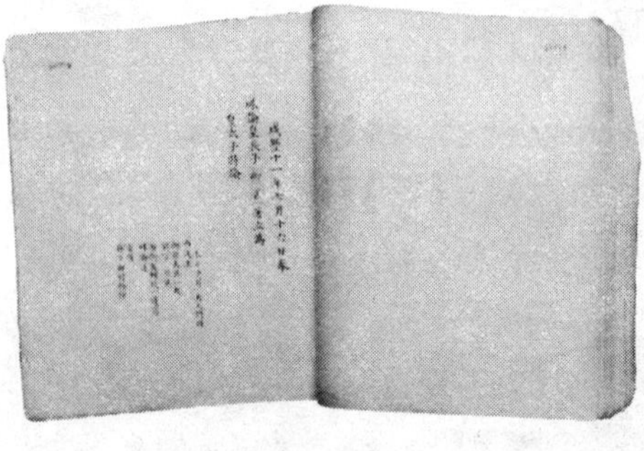

《立皇长子载淳的皇太子上谕》

中国第一历史档案馆藏

咸丰十年（公元1860年），英法联军进逼北京，咸丰皇帝率领众嫔妃、大臣逃亡承德。公元1861年8月21日，咸丰皇帝病死，由他6岁的儿子载淳即位。遗命端华、载垣、肃顺等8人为“赞襄政务王大臣”，辅佐年幼的皇太子载淳。载淳的母亲那拉氏，被尊为慈禧太后。慈禧是个阴险、贪权的女人，她很快就同留在北京的奕䜣勾结起来，并得到了外国侵略者的支持，企图趁儿子年幼，篡夺最高统治权。

慈禧先让人建议，由她“垂帘听政”，实际上是由她掌握实权。但是载垣等一班老臣，以“本朝未有皇太后垂帘”的理由加以反对，使她的阴谋未能得逞。10月，奕䜣和英国侵略者密谋后，借“奔丧”的名义赶到热河，和慈禧商议回北京去发动政变。奕䜣回到北京后，笼络掌握驻扎在京、津一带军队兵权的兵部侍郎胜保，做好了政变的准备。

在从承德回北京时，慈禧让肃顺护送咸丰帝的梓宫走大路，她和载垣、端华由小路提前4天到北京。慈禧11月1日刚到北京，第二天一早就发动了政变，宣布解除了肃顺等人的职务，当场逮捕了载垣、端华，并派人去路上逮捕肃顺。不久（8日），慈禧发布上谕，否认咸丰帝遗诏，下令将肃顺斩首，让载垣、端华自尽，另外五大臣则被革职或充军。八大臣的第一个重要罪状就是“不能尽心和议……以致失信于各国”，也等于向侵略者表示，她是“尽心和议”的卖国贼。接着（11日）慈禧宣布废除八大臣原拟的祺祥年号，改第二年（公元1862年）为“同治”元年，表示东、西二太后共同治理朝政。慈禧之号也是从这时开始使用的。这一年正好是辛酉年，故又称“辛酉政变”。而此事发生的地点又在北京，故又称“北京政变”。

辛酉政变后，慈禧太后的统治地位尚未稳固，需要奕䜣的继续支持，于是给予他许多破格的待遇加以拢络。奕䜣既已掌控大权，于是便开始笼络文祥等大臣作为他的“智囊团”，暗中培植自己的势力。随着奕䜣势力的不断壮大，他与慈禧之间的权力斗争日益矛盾化。另一方慈禧也没有闲着，她也在壮大自己的亲信队伍。醇郡王奕譞是慈禧的妹夫，由于参加政变有功加亲王衔，授为都统、御前大臣、领侍卫内大臣。他不满意奕䜣大权在握，于公元1863年奏称“亲贵不当专政”，实际就是针对奕䜣而发的。在这场新的权力斗争中，慈禧太后和奕譞合作对付奕䜣，伺机而发，但这时清廷正忙于镇压太平天国运动，所以这场属于他们内部的矛盾没有公开化。

实际上从辛酉政变开始，慈禧作为中外反动势力勾结的产物和他们的代表，在半殖民地的中国进行了48年的罪恶统治。她上台的第一桩罪行，就是“借师助剿”，即和外国侵略者共同血腥镇压了著名的太平天国革命。中国历史上许多不平等条约如中英《烟台条约》、《中法新约》、中日《马关条约》、《中俄密约》、《辛丑条约》等都是在她统治时期与外国签订的。她的篡政和统治，使近代中国蒙受了无穷无尽的屈辱。

海晏堂生肖铜像·牛首　清

揭秘同治帝与嘉顺皇后的生死恋

阿鲁特氏虽然只活了22年，但这22年的人生是极其悲惨的，特别是入宫嫁给同治帝，更是几乎没过上一天好日子。据记载，同治帝选皇后的时候，慈禧看中了侍郎凤秀家的闺女，凤女"艳绝侪辈"，但是"举止殊轻佻"；同治帝和东太后慈安却都看中了清朝唯一的"蒙古状元"崇绮之女阿鲁特氏。崇女长得相貌平常，可"雍容端雅"。最后，斗争的结果是同治帝得到了自己喜欢的女人，但同时必须得搭配一个他不喜欢的女人。阿鲁特氏为皇后，凤秀女封为慧妃。

阿鲁特氏"雍容端雅"，"美而有德"，且文采好，她出生在一个世代官宦的家族，隶属于蒙古正蓝旗。她的祖父赛尚阿在嘉庆年间中举，曾为大学士，并曾任道光年间兵部尚书兼刑部尚书，可谓权倾一时。咸丰元年（公元1851年），太平天国运动爆发，赛尚阿以钦差大臣的身份入广西镇压太平军。但太平军攻势凌厉，从广西一直打到湖南，赛尚阿由此被革职。父亲崇绮在道光二十八年即中举，因受祖父株连，亦被免掉工部主事的职位。同治三年崇绮重新参加科举考试，居然夺得一甲一名的状元头衔。此时阿鲁特氏年幼在家，崇绮亲自授课，她读书聪颖，十行俱下。阿鲁特氏后被册为皇后，同治帝很喜爱她，也很敬重她。

但慈禧太后一直耿耿于怀，看见婚后同治帝与皇后"伉俪甚笃"，更加激起了满腔的不快。她本就因儿子择妻不合已意而生闷气，如今发现他对自己竟不似往日之稚朴爱慕，只与新妇缠绵厮守，不由得生出几分嫉妒，故谕示载淳：慧妃贤明淑德，儿宜多加体贴；皇后年少，礼节未娴，儿不应太过耽迷，误了政事。一条冷酷的家规，毫不保留地显露了慈禧对阿鲁特氏的反感。

此时的同治帝恋既不易，离又不能，可谓正处于恋离两难之困境，青葱岁月，却过着尴尬苦难的夫妻生活：想与喜欢的女人相宿，可母后不准；和自己讨厌的女人同床，自己却又不愿意。母子之间的政治斗争被引申到了床上。无可奈何的他干脆卷起铺盖终年独宿乾清宫。

在同治帝死前，皇后阿鲁特氏还冒险去看同治帝，夫妻相怜，其场面令人唏嘘。不料，相见却不能相伴，夫妻匆忙一见，却成了永世的分离。阿鲁特氏虽然一再克制情绪，但看到同治帝的情形，还是忍不住声音哽咽。据溥仪所写《我的前半生》记载，一天同治帝病重，皇后前去养心殿探视，被慈禧皇太后知道。慈禧大怒不已，闯入暖阁，“牵后发以出，且痛挟之”，并叫来太监备大杖伺候。据说皇后情急之下说了句“媳妇是从大清门抬进来的，请太后留媳妇的体面”！慈禧怒不可遏，同治帝被吓昏竟从床上跌落当地。慈禧见状，才未对皇后动刑。

同治十三年（公元 1874 年），同治帝在皇宫养心殿含恨而去。同治皇帝死后，阿鲁特氏大恸大悲，不思饮食。“今古悲欢终了了，为谁合眼想平生”。阿鲁特氏干脆吞金自杀，不料获救得生。残酷的皇太后说：“可随大行皇帝去罢！”摆在皇后面前的只有一死，无论她愿意还是不愿意。阿鲁特氏并不怕死，但在同治帝去世后她才知道自己已怀孕。当她知道怀孕时慈禧太后已经立了载湉，但她还是想把同治帝唯一的骨肉生下来，万一是个阿哥，大行皇帝也就有后嗣了。虽然慈禧已经给她断了御膳，但对于处在呕吐状态的阿鲁特氏来说倒也无所谓，她相信太后一旦知道自己怀上同治帝的骨肉，起码也会让她活着把孩子生下来。但阿鲁特氏想错了，慈禧对于唯一的儿子留下的遗腹子，也同样恨之入骨，唯恐阿鲁特氏生下皇子，名正言顺地当上太后。在阿鲁特氏已经能进食之后，慈禧依然不许给皇后进御膳。阿鲁特氏彻底绝望了，被阎王拒绝的她又无奈地把人生的惨剧推到了眼前，选择了自尽。

光绪元年（公元 1875 年）二月，同治帝死后的 75 天，年仅 22 岁的皇后阿鲁特氏“遽尔崩逝”，吐出胸中的最后一口怨恨之气，带着未出世的孩子离开了人世。

阿鲁特氏死后被封为“嘉顺皇后”。既然她已经不能对慈禧的垂帘听政构成任何威胁，慈禧也以赏赐一点点哀荣来显示自己的宽宏大量和不计前嫌。慈禧专门为已故的同治帝皇后下了两道懿旨，表彰她的嘉德懿行。懿旨当中措辞恳切，似乎真为自己的儿媳选择殉葬而伤怀。也许只有地下的“嘉顺皇后”最清楚，她的婆婆是一个怎样的女人。

嘉顺皇后朝服像

同治帝诛杀安德海之谜

同治帝八年七月，在泰山脚下的洼子街发生了一件轰动全国的大案：受慈禧太后宠信多年、在北京专横跋扈、干预国政的太监安德海就擒了。

安德海，又名安得海，出生于清代盛产太监的直隶省南皮县。年少时他就羡慕那些因在宫中当太监而发迹的乡人，于是自残入宫当了太监。他“艺术精巧，知书能文”，能读《论语》、《孟子》，且很善于察言观色、阿谀逢迎，“以柔媚得太后欢”。他凭借种种伎俩赢得慈禧太后的器重，当上了总管太监。从此，他的意见慈禧无不采纳，无论是诛杀肃顺王还是削夺奕䜣“议政王”的封号，都有他参与其中。朝廷官员、士人也纷纷贿赂他，安德海门前一时来往人员络绎不绝，安德海本人更是肆无忌惮地笼络朝士，纳贿招权。奕䜣异常痛恨安德海是因为有一年春节前夕，奕䜣向慈禧进献了二十多株含苞未放的腊梅以供赏玩，慈禧十分高兴，下令安德海将这二十多盆梅花摆放于宫中欣赏。可安德海不知作了什么手脚，二十株腊梅一夜之间全都凋谢枯萎。本期望在春节期间这些腊梅花一齐绽放以讨个吉利的慈禧心里犯嘀咕了，安德海又在一旁瞎附会、进谗言，使她认为这是“国之将亡，必有妖孽”的征兆，并将祸端归之于奕䜣，使得慈禧对奕䜣备加怀疑和警惕。

当时咸丰帝已亡，同治尚幼，由慈安、慈禧两太后垂帘听政，慈禧野心勃勃，把持朝政。在同治年少时，安德海就与这位未来的皇帝结下了怨仇。有一天同治帝训斥安德海，安德海心怀不满，立即到慈禧太后那里告状，慈禧因此责骂了同治。十几岁的孩子已经能明白一些事情，同治判断这肯定是安德海搬弄是非、造谣中伤的结果。此后年少的同治时常做一小泥人，边用刀砍泥人的脑袋边喊“杀小安子”。安德海借慈禧之势，干预国政，笼络朝臣，胡作非为。后同治年龄渐长，渐通世故，对小安子甚是厌恶，便私下与奕䜣、慈安等商议，俟机诛杀安德海。

同治八年炎夏的一天，安德海在皇宫遇到同治帝，叩头请安后，拿一白纸扇求皇上题字。同治帝接过扇子，提笔写了一个“女”字。安德海拿着这把扇子向慈禧炫耀，慈禧看后大吃一惊，说道：“皇上要杀你了，快逃命去吧！”安德海还不知其所以然，慈禧忙解释道："你姓安，'安'字去了头，不正是'女'字吗？"安德海听后连忙跪下叩头，求太后救命。慈禧便命安德海以到江南办龙衣为名离京出逃，随后她又下了一道懿旨，令沿途各府、县放行。同治帝得知后，按清廷"太监私出都城杀无赦"的规定，也下了一道圣旨，责令沿途各府县，若发现安德海，立即捉拿归案，就地正法。

安德海自恃有慈禧太后这个护身符，并没把皇家的法律放在眼里，他带着金银细软，一路游山玩水、寻欢作乐来到泰安，住进洼子街三合店，想休息几天后再游览一下天下闻名的泰山。第二天，山东巡抚丁宝桢接到传令："懿旨到！"丁宝桢立刻前往接旨，谁知刚到接官厅，轿还没下，又传来圣旨。丁宝桢早知宫里的丑闻，对安德海的专横也很愤恨，小安子来泰安他也早已知晓，自然也就意识到其中的奥秘，便立刻做出决定：先接圣旨，再接懿旨。他按仪式接了圣旨，一本正经地对官员们说："圣旨事关紧要，应先遵旨办理后再接懿旨。"之后他立刻乘轿回府，集合兵卒包围了三合店，这时的安德海还大喊大叫："我是奉皇太后之命出京办事的，你这小小的巡抚想要找死呀！"丁宝桢哪里听他这一套，立即将安德海打入囚牢，并按圣旨旨意立即将安德海正法于济南。

丁宝桢等到押走安德海后，才去接懿旨，也不过是虚作周旋。接旨后，他写了一份奏折，报知慈禧，安德海已按圣旨处理。

同治御笔之宝及玺文

宝为青玉质，交龙钮。现藏于故宫博物院。

同治帝是否死于性病

同治皇帝出生在帝王之家，享受着“普天之下莫非王土，率土之滨莫非王臣”的独尊荣光，过着“钟鸣鼎食”的生活，没有兄弟竞争便顺利地登上皇帝宝座，这是他人生的喜剧。但是，同治帝也有人生的悲剧——他短暂的 19 年就有六大不幸：幼年丧父是为第一大不幸；童年担当社稷重任而不能享受正常童真快乐是为第二大不幸；同圣母皇太后关系不好是为第三大不幸；婚姻不如意是为第四大不幸；无子无女是为第五大不幸；19 岁便早亡是为第六大不幸。这六大不幸中数少年早亡最为不幸。

同治帝便装像

同治帝实际执政的日子不超过两年，同治十二年(公元1873年)亲政，同治十三年即病逝。对于同治帝的死因众说纷纭，有的说是死于天花，有的说是死于梅毒。近来，在清代档案中发现了属于清代皇帝脉案档簿的《万岁爷进药用药底簿》，据记载说同治帝于同治十三年十月三十日得病卧床。当天下午，太医院判李德立和御医庄守和诊断，结果是“脉息浮数而细。系风瘟闭来，阴气不足，不能外透之症，以致发热头眩，胸满烦闷，身酸腿软，皮肤发出疹形未透，有时气堵作厥。”御医对此开出了用生地、元参、牛蒡子、芦根等十二味药配制的“益阴清解饮”，进行避风调理。同治帝仅服了一次药，效果便显现出来了，第二天早上，夹杂着瘟痘的疹形即透出，也不似昨日那样烦闷堵厥了。但是，疹痘初发，未至出透，“瘟热熏蒸肺胃，以致咽喉干痛，胸满作呕，头眩身热，气颤谵言”，御医议用“清解利咽汤”对其进行调理，巳初三刻服药后，效果明显。这样，经御医们精心医治护理不足两天，痘颗虽然开始表发了，有些症状也有减退的迹象，但是瘟热毒滞过盛，以致头面、颈项发出的痘粒很稠密，而且痘颗颜色紫滞，又有咽痛作呕、身颤口干、便秘溺赤之内症。很明显，痘料透出后过盛的毒滞并没完全随之表发出来，最后用药无效，以致身亡。

于是，根据这些记载有人便认为同治帝是死于天花，但这些记载只是宫廷里的片面记载，而民间的大多传闻却是同治帝是死于梅毒。

在一些学术著作里都记载着同治帝微服出宫，嬉戏游乐，甚至出入烟馆妓院的故事。如《清代通史》中就有同治帝因出游而患梅毒终致死亡的记载，说同治帝与皇后阿鲁特氏相亲相爱，但慈禧太后不喜欢阿鲁特氏，慈禧开始常命皇后等人陪她看戏。但皇后文静、不爱热闹，每次看到男女私情，则面壁而坐。慈禧本来对皇后就不满意，这样就更加不喜欢她了。皇后多次受责怪，依旧我行我素，慈禧便觉皇后故意不给她面子。而皇后对同治帝则是笑脸相迎，慈禧更认为她狐媚惑主，于是限制同治帝宠爱皇后，强令其移爱慧妃，而同治帝偏偏讨厌慈禧所喜欢的慧妃。于是，同治帝与太监、佞臣常常微服外出寻花问柳。但同治帝怕臣下看见，不敢去京中较大的妓院名楼，专门找隐蔽的小妓院等处。起初，人们对他的身份毫无所知，后来知道了也佯装不知。一些王公大臣注意到同治帝微行纷传于内外，屡次劝谏而毫无成效。一次，同治帝对醇亲王的当面劝谏一再抵赖，醇亲王只好把时间、地点一一指明，同治帝却一再追问他消息的来源。

从留下的脉案和宫中应对天花的措施（如供痘疹娘娘等）看，同治帝确实患了天花。而同治帝微服冶游，也是不争的史实——醇亲王所掌神机营精确指明了皇上私出的时间地点，这就使其感染梅毒之说具有可能性。从同治帝病势原已好转又转危殆以及临终前的病状看，最大的可能应该是痘症、梅毒两症并发致其死亡。

清德宗光绪帝

清德宗载湉（1871~1908），清朝第十一代皇帝，醇亲王奕譞之子，其母亲为西太后的胞妹叶赫那拉氏。公元 1874~1908 年在位，谥号“景皇帝”，庙号“德宗”。因年号为光绪，历史上又称“光绪（帝）”。光绪帝的一生是痛苦的一生，童年就失去了母爱，青年时期经历了一场没有爱情的婚姻，终年过着苦闷的皇帝生活……虽然他聪明过人，立志成就一番事业，但无奈有西太后在背后挟制，他所有的政治抱负都被扼杀，直到最后郁郁而终。

光绪帝继位之谜

光绪帝

同治十三年，同治帝载淳病逝，年仅19岁的他没有一个皇子，于是谁来继承皇位便成了大清王朝迫在眉睫的头等大事。

虽然此时皇后阿鲁特氏已身怀六甲，不久就要生产了，但慈禧太后认为同治帝青年时就染病死了，所以生下的皇子也不可能是健康的，于是又借口国不可一日无君，急于马上选定新皇帝人选。

按清代立嗣规定，同治帝是“载”字辈，他死之后就应在下辈即“溥”字辈中选拔继承人，但如果按照这个规矩的话，慈禧就成了太皇太后，没有理由辅佐幼帝和垂帘听政了，权力应转交阿鲁特氏，这是慈禧不能容忍的。于是她采取坚决的态度力主“载”字辈宗室子弟为新皇帝。

光绪五年三月是同治帝后于惠陵安葬的日子，对于西太后来说，这毕竟是儿子奉安万年的大事，因而心绪不佳；偏偏又来了个吴可读趁着葬礼上疏指责西太后不为同治皇帝立嗣，新皇帝的继位是奉太后之命，而并非是穆宗的遗命，未来的皇位继统将仍存争议。这份上疏措辞甚激烈，吴可读预料了后果，上折子的时候已经抱有死志，未等朝野反应便饮药自尽了。

面对这一份“尸谏”，慈禧气得将其往地上一扔，闭目靠坐在椅背上。这时李莲英俯身拾回，小心翼翼地把奏折放回案条上，劝道：“太后何必动气，气坏了凤体倒不值得啦。”

这一句“空话”倒唤醒了慈禧太后的理智，这是自儿子载淳死后，对她再度垂帘把持朝政的最大反对浪潮。以前的风波都能被她用杀鸡儆猴的手段镇慑下去，而这个吴可读却以命相抗，她再气愤也只能小心应对，因为与一死人争高低反而会惹来更多让人攻击的把柄，如今唯有表示宽容才是对策。于是她召来礼王爷和徐桐等廷臣们拟议。如西太后所预料的，以礼亲王为首的廷臣当然不敢让她难堪，于是主动找了个好说法：以自雍正皇帝开始大清就不再事先公开择定皇位继承人为依据，解释慈禧以前所以只说光绪皇帝如有皇子即继承同治皇帝为嗣，而没有说是继统，是符合祖宗家法的，慈禧也就言明自己就是这个意思，最后还装模作样地褒奖了吴可读一番。

光绪之宝

檀香木质，柱钮方形玺。

故宫博物院藏。

甲午海战失败的原因

中日第一次大海战发生在公元 1894 年 9 月 17 日。就在此前一年，慈禧太后将钓鱼岛赏给买办官僚盛宣怀作采药用地。这次战争也是世界海战史上爆发的第一场大规模铁甲海战，发生地点在中国的黄海大东沟海域。这一年是清光绪二十年，当时采用干支纪年，为甲午年，史上亦称“甲午海战”。

这场战争是以中国完败、日本完胜而告终的。中国割地赔款，台湾全岛及所有附属岛屿就是这次战争后“让与日本”的，可谓“丧权辱国”。这场战争中，最让人不可思议是“甲午海战”中黄海一役的失利。对于失利的主要原因，传统的历史教科书上早有定论，首先是“清政府腐败无能”；其次是日本蓄谋已久，突然袭击；再是中国军事经费不足、装备落后、指挥不当。其实背后的原因绝非这么简单，北洋水师在装备上并不输给对手，日军虽蓄谋已久，但中方也一直有所防备，清政府再腐败无能，也不想把大片江山拱手让人。于是，甲午海战因何失败也便成了一个谜。

长期以来，一直传说颐和园是挪用海军经费修造的，清末维新党人梁启超首次将建园工程同甲午海战失败相联系。挪用的确切数额则说法不一，多则 8000 万两，少则仅 300 万两，一般的看法认为在 2000 ~ 3000 万两。根据目前能够找到的清宫档案，海军衙门在公元 1888 年把 45.3 万两银挪至工程。次年，奕劻又决定每年从海军经费中腾挪 30 万两交颐和园工程处，至公元 1894 年共挪用 180 万两。公元 1891 年 3 月 25 日，奕劻奏称“查颐和园自开工以来，每岁暂由海军衙门内腾挪三十万两拨给工程处应用，复将各省督抚认筹海军巨款 260 万两陆续解津发存生息，所得息银专归工用……”从这些数字统计，海军衙门经费有案可稽的腾挪共达 325.75 万两。公元 1889 年 1 月 6 日，海军衙门还在奏折中提到“余平、捐输二款，拟另款存储，专备工作之需。”根据海军衙门的规定，北洋海防经费的平余，划抵下一年度“定远”等八舰的粮饷油修经费，而海军衙门发放的八舰经费及东三省练兵饷，则由海军衙门拨付时扣除。有人统计，从公元 1887 年到公元 1894 年，海军衙门克扣南北洋将士员弁及东三省练兵饷的平余银，总数约达 86 万两。按照余平专备“工作”之需的说法，这笔款子也被挪用于建园工程。

此外，海防捐和新海防捐被挪至建园工程约在 250 ~ 350 万两之间。所有数字相加，海军衙门经费用于颐和园工程的总额，当不超过 750 万两。

在三海和颐和园大兴土木的时候，朝廷财政正十分窘迫。以公元 1888 年为例，这年户部在正常的年度开支之外，又筹拨皇帝大婚典礼费 500 万两，郑州河工 600 万两，山东河工 289 万两，制钱工本 90 余万两，铜本 50 万两等等。大工未尽，大礼方兴。将历年铢积寸累之余罄于数月，只能大量腾挪海军衙门的经费了。庆郡王私下坦承“以昆明湖替代海防建设是其无可奈何的苦衷”。庆郡王奕劻是乾隆帝第十七子庆禧亲王永璘之孙，他在政务上比醇亲王更无建树，但在谄媚慈禧和接受贿赂方面却有过之而无不及。

此外，《清末海军见闻录》一书中对甲午海战失败的原因有另一证实，北洋舰队“海军军官生活大都奢侈浮华，嫖赌是平常事。刘公岛上赌馆、烟馆林立，妓院

《中日甲午海战图》

有七十多家”。从各国家海军历史上看，嫖妓现象都比较普遍，这是一个世界性的“难题”，由于官兵长年在外，体内生理能量积蓄过多，除自慰外，只能或明或暗地召妓，如驻日、韩美军都是东方风月场上的老手。由于官兵“性”趣十足，当地出现了专业娼妓，还带动了当地经济的发展。但如北洋官兵这种规模还是少见。

如此好嫖的海军，面对治军有方、军纪甚严、有意侵华、久有蓄谋的东洋海军，“战斗力低下”就很自然了。在甲午海战前，中日两军曾在朝鲜的忠清道牙山县成欢地区交锋，史称“牙山战役”。清军投入3000多人，日军投入4000多人。战役中，双方伤亡相差不多，但牙山还是失守了，系战败。战役指挥叶志超却谎称获胜，可笑的是还受到了清政府的奖赏，“总兵”卫汝贵也因此得到提升，成为清军驻平壤总司令。

由此可见，中日甲午海战的失败原因是多方面的，而谄媚和腐化的升级标志着一个王朝没落的加剧。

光绪帝与戊戌变法

林旭

戊戌变法又名百日维新，是中国清代光绪年间（公元 1898 年）的一项政治改革运动。这次变法由光绪帝亲自领导，进行政治体制的变革，希望中国走上君主立宪的现代化道路。但结果是以失败而告终。而这些变法因何失败，则又迷雾重重。

一说戊戌变法中袁世凯的告密是失败的关键环节。传统的说法是因袁世凯告密而导致慈禧政变，但究竟袁世凯怎样告密，至今众说纷纭，留下重重疑团。变法运动，从戊戌年四月二十三日光绪帝下《明定国是》诏谕开始，接着新政上谕如雪片纷飞，频频颁发，而守旧派推宕拖延，全力阻挠。新政无法实行，诏谕全成空文，两党形同水火势不两立。七月三十日，光绪帝颁密诏给杨锐，嘱维新派妥筹良策，推进变法。密诏中说："朕位且不能保，何况其他？"光绪帝意识到将有变故，自己处在危险地位，流露出焦急心情，要维新派筹商对策。八月初二日又由林旭带出第二次密诏，令康有为"汝可迅速出外，不可迟延。"康有为、梁启超、林旭、谭嗣同、康广仁等维新派的核心人物跪诵密诏，痛哭失声，誓死搭救皇帝，不得已铤而走险，决定实行兵变，包围颐和园，迫使慈禧太后交权。八月初三日谭嗣同夜访法华寺，会见袁世凯，劝袁举兵杀荣禄，围颐和园，对慈禧太后则或囚或杀。此后事情的发展有不同说法，传统说法是：袁世凯是个两面派，一面假意和维新派周旋，骗得光绪帝封他为侍郎，另一面看到慈禧的势力根深蒂固，决定投靠旧党。他用假话哄走了谭嗣同。八月初五日袁世凯向皇帝请训，当天乘火车回天津，向荣禄告密，出卖光绪帝和维新

康有为

梁启超

谭嗣同

康广仁

派。当夜，荣禄赶回北京告变。八月初六日晨，慈禧临朝训政，囚禁光绪帝，捕拿维新派，杀六君子，百日维新宣告失败。

对于光绪皇帝来说，戊戌变法是他倾尽全力的一次政治赌博。刚刚遭遇了巨大挫折的他希望用一次“毕其功于一役”的赌搏来证明自己能“行”。戊戌变法中的光绪帝表现出了前所未有的刚烈、坚强和勇敢，他几乎把前二十几年生命中所积蓄的所有精力都释放了出来。他整夜不睡，白天也只吃很少的东西。他双眼布满血丝，然而精神高度亢奋。他和康有为都天真地相信，只要用圣旨把按照日本和西洋诸国药方抓来的灵丹妙药灌入大清帝国体内，不久之后就会使大清帝国去腐生肌，起死回生。就像康有为屡次乐观地描述的那样，只需要三年，这场变法就可以使大清“自强”、“自立”起来。康有为说，“日本改革三十年而强，而以我中国国土之大，人民之众，变法三年而宏规成，五年而条理备，八年而成效举，十年而霸图定矣。”十年之间，就可以令大清蒸蒸日上，“富强而驾万国”。三十年之内，中国就会化蛹为蝶成为世界上第一强国。

应该说，光绪帝是一位好皇帝，起码心里还想着如何光复祖国大好河山，只不过他所受的教育决定了他主持下的变法不可能不以这种“卤莽灭裂”的方式进行。虽然他们头脑中已经装了“西学”这种新酒，但是瓶子却还是旧瓶。他们推行的是新法，但推行的方式完全是“旧式”的。传统的教育方式，使他们形成了一元、单向、线性的思维方式。在他们心目中，世界是由先天的“道”决定的，这个“道”放诸四海而皆准，诉诸百世而不惑。他们都相信为人行政，最根本的就是高屋建瓴地掌握这个“道”，然后从头到尾地浇灌下去。所以这才是维新变法失败的根本之所在。

光绪帝被囚之因

光绪帝亲政后的第一件大事，就是遭逢日本侵略朝鲜，进而侵略中国。光绪帝力图在政治上有所作为，以挽救他那岌岌可危的政权，整日忙于政务，关注政治改革。另外，他还要随时应付慈禧的训斥。时间一久，他决定违背母后之意援朝抗日。但腐败的体制导致战争失败，清政府被迫签订《马关条约》，失地赔款，这虽使他受到重大打击、加深了“母子”的不和，但也激发了他力图改革、富国强兵的雄心。光绪帝在康有为、梁启超等人的影响下，在珍妃的积极支持下，于光绪二十四年四月二十三日（公元1898年6月11日），颁布“明定国是诏”，宣布变法，强调博采西学，推行新政，授予康有为“专折奏事”特权。那些守旧的亲贵重臣害怕光绪皇帝在改革中触动他们的利益，纷纷投靠慈禧并竭力挑拨他们“母子”的关系。慈禧也深恐光绪帝改革的成功会妨碍她的独裁，这样朝臣内出现了“后党”与“帝党”，双方展开了激烈的斗争。

慈禧太后明确表示要废掉光绪帝，并密谋由北洋总督荣禄在九月初皇帝、太后到天津阅兵时政变，废除光绪帝。光绪二十四年七月二十九日，光绪帝到颐和园见慈禧太后。形势十分危急。光绪帝当天就给帝党人物杨锐发下密谕：“朕惟时局艰难，非变法不足以救中国，非去守旧衰谬之大臣，而用通达英勇之士，不能变法。而皇太后不以为然，朕屡次进谏，太后更怒。今朕位几不保，汝康有为、杨锐、林旭、谭嗣同、刘光第等，可妥速密筹，设法相救。朕十分焦灼，不胜期望之至。特谕。”杨锐胆小，将密谕扣住不传他人，光绪帝等不到回音，便急不择路，于八月初一、初二连续两次召见袁世凯，提升他为侍郎衔，让他专办练兵事宜，想以此使袁世凯感恩报德，效忠皇帝。同时，光绪帝于八月二日还有一道密谕给林旭，让他转告康有为迅速离京。林旭将两道密谕同时转给康有为、谭嗣同等人，大家看了十分感动，但都束手无策，最后也觉得只有拉袁世凯，由谭嗣同出面请袁世凯马上举兵，先杀掉荣禄，回兵包围颐和园。袁世凯表面上满口答应，八月五日回到天津，却在八月六日马上向荣禄告密。

八月初四日，慈禧太后由颐和园回城，住中南海仪鸾殿，因第二天祭蚕神，又回颐和园。回园后接到荣禄密电，她马上乘轻轿返城，重返南海瀛台。返瀛台后她立即传光绪帝来见。见到光绪帝，慈禧太后破口大骂，骂他忘恩负义，恩将仇报。在以慈禧为首的守旧势力的反对和镇压下，变法运动最终失败，康有为、梁启超出逃，谭嗣同等“戊戌六君子”遇害，光绪帝本人亦被软禁在中南海瀛台，他的政治生涯实际上到此已经结束。此后，光绪帝度过了十年没有人身自由的囚徒生活。名义上虽然仍保持着皇帝的名位，但实际已没有皇帝的权力了。戊戌变法失败后，慈禧又将光绪帝挚爱的珍妃囚禁在钟粹宫后北三所，并且给她立下了一条规矩，今后不许觐见皇上。

南海瀛台，与水云榭岛、琼华岛分处太液池三海之中，象征东海三仙岛蓬莱、瀛洲、方丈。瀛台四面环水，只在北端架一板桥，通至岸上，板桥中间有一段是活动的，光绪帝被囚此地之后，慈禧太后便命令人把桥板撤掉了，以免光绪帝走出瀛台岛。

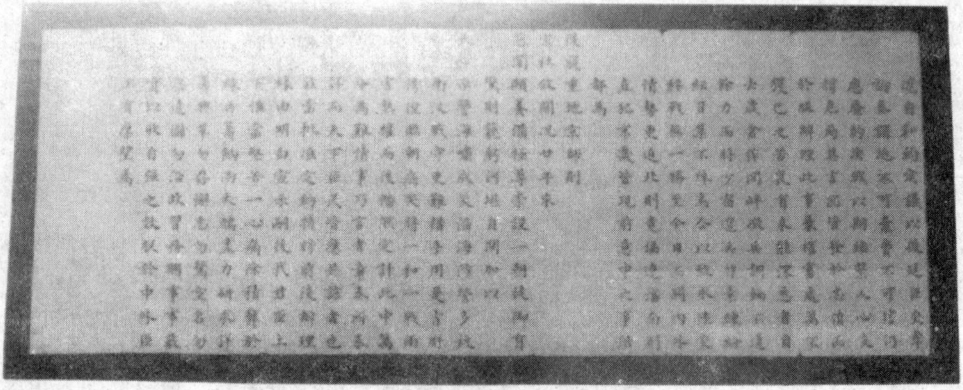

《光绪帝为签订〈马关条约〉之硃谕》（局部）

这是光绪帝十分痛苦的硃谕。

光绪帝与珍妃

珍妃姓他他拉氏，满洲镶红旗人，其祖父乃陕甘总督裕泰，其父长叙曾任户部右侍郎，其伯父长善是广州将军。珍妃自幼随长善在广州长大，10岁那年长善卸任广州将军，珍妃随其北返京师。

珍妃

公元1889年，珍妃入选宫中，被封为珍嫔，为九等宫女序列中的第六等，直至光绪帝二十年甲午春（公元1894年），因慈禧太后七旬寿加恩晋嫔为妃（四等），前面还有皇后、皇贵妃、贵妃三个等级，所以珍妃的等级不是很高。因为皇后隆裕是慈禧的侄女，慈禧当然不愿意自己的侄女受皇帝的冷落。

光绪帝为何喜欢珍妃？据说因大婚之后隆裕皇后失欢于光绪帝，珍妃则因年幼而最活泼，又聪明伶俐，日侍光绪帝左右，想着法子顺应光绪帝的喜爱，如扮出男装宛如少年美差官，加之她本来就工翰墨会下棋，与光绪帝共食饮共玩共乐，对于男女之事毫不在意，所以“德宗尤宠爱珍妃，与皇后不甚亲睦”。

人们往往从一些影视剧或野史中得知光绪帝深爱珍妃，对他们的感情非常同情，但历史上的珍妃真是如此吗？

清宫有制，皇后每年例银不过千两，递减至妃这一级别，每年仅300两，嫔为200两。珍妃用度不足，又不会节省，亏空日甚，于是不能不寻找生财之道。这样，就有了她与太监联合起来受贿卖官的事。珍妃依靠胞兄志琮，串通奏事处太监收人钱财为人跑官。私卖官职所收之贿款，一部分供给珍妃，其余由各层分肥。珍妃的主要“任务”是向光绪帝求请，最后搞定，“功劳”最大，自然分赃亦最肥。然而这种事可一可二不可三，毕竟会有影响，日渐彰显。有一次甚至卖到上海道员，搞出风传一时的鲁伯阳被劾案，引起外界舆论纷纷。胡思敬《国闻备乘》云："鲁伯阳进四万金于珍妃，珍妃言于德宗，遂简放上海道。江督刘坤一知其事，伯阳莅任不一月，即劾罢之。"

《故宫通览》中说珍妃被囚禁的这个小院原是侍从下人居留的地方，珍妃入住后，正门被牢牢关上，打上内务府的十字封条，珍妃住在北房三间最西头的一间，屋门从外面倒锁着，饮食、洗脸水等均由下人从一扇活窗中端进递出。珍妃所食为普通下人的饭，平时不准与人说话。逢年过节或每月初一、十五，这些别人高兴的日子，看守她的一位老太监就代表慈禧对她进行训斥。训斥在午饭时进行，老太监指着珍妃的鼻子列数罪状，珍妃得跪着听训。训斥结束，珍妃还必须叩头谢恩。

册封珍妃册

银镀金。10页。藏于故宫博物院。

珍妃之死

据史书记载，珍妃是除了慈禧以外唯一能谈点政治的女人。不仅如此，她的思想观念也与传统礼教格格不入——她喜欢男子的装束，有时还穿上光绪帝的龙袍戏耍一番。让慈禧更加恼怒的是，珍妃竟然是变法的第一支持者，这似乎为她的悲剧命运埋下了伏笔。那么，珍妃是什么时候死的？怎么死的？

关于珍妃的死因民间有很多版本，以至连后世学者都不知道珍妃到底死于何因。庚子年（公元1900年）7月20日，八国联军即将兵临城下，慈禧决定携带光绪帝等一行人出走西安。此时，大家都换了百姓布衣聚在寿宁宫，"慈禧忽感触前事，出珍妃于牢院。强词珍妃带走不便，留下又恐其年轻惹出是非，因命太监将乐寿堂前的井盖打开，要珍妃自尽，珍妃坚不肯死。众人遂令太监将珍妃推入井中。"执行此命的是慈禧的领班太监崔玉贵。

公元1901年春和议达成，八国联军将退，慈禧命崔玉贵回京探听消息，并查看宫内事宜。崔玉贵见珍妃所投之井依然如故，便命内务府将珍妃从井中捞起，装殓入棺，7月24日葬于阜成门外恩济庄内务府太监公墓南面的宫女墓地。公元1901年11月30日慈禧发下懿旨："上年京师之变，仓促之中，珍妃扈从不及，即于宫闱殉难，洵属节烈可嘉，加恩着追赠贵妃，以示褒恤。"慈禧假惺惺地以贞烈殉节掩世人耳口。民国二年（公元1913年），45岁的隆裕皇后逝世，与光绪帝合葬于景陵。珍妃的妹妹瑾妃此时已升为皇贵妃，因上面已无皇后管着，成了宣统帝必须尊敬的皇太贵妃，对宫中事务有了相当的决定权，于是趁机的遗骸从宫女墓地迁葬光绪帝景陵妃嫔园寝。皇家规定，皇帝皇后的墓地称陵寝，嫔妃的墓地称园寝。瑾妃总算为妹妹争到了她应有的名分。瑾妃还在珍妃遇害的井旁立了一小小灵堂，供着珍妃的牌位，灵堂上悬挂一额纸匾，上书"精卫通诚"，颂扬珍妃对光绪帝的一片真情。

而据慈禧的后人称，珍妃与慈禧其实只是因为一件事而把关系闹得比较僵，即慈禧认为珍妃不守妇道——珍妃当时通过关系从外国人的手里买了相机，在宫里随

珍妃井

便照相，并且穿的衣服失了体面。另外一个原因是当时慈禧还没有认识到照相机的作用，认为是妖术、邪术，反对在皇族中使用，而当时一些大臣家里都有相机。再一个让慈禧比较反感的事情，就是珍妃喜欢穿着男服在宫里走动，这让慈禧非常不能理解，认为给皇家丢了脸面。其实珍妃是一个很开朗大方的女人，有点大大咧咧的。

有关珍妃之死，有史学家认为，光绪年间，大清王朝真正的掌权者是慈禧而不是光绪帝。在人人都奉承慈禧的时代，珍妃却偏偏同慈禧对着干，这对于高高在上的老佛爷慈禧来说是绝对无法容忍的。珍妃到底是不是慈禧蓄意杀害，正史中并没有翔实的记载，无法盖棺论定。但珍妃不善于阿谀奉承的性格，似乎已经给她的命运做好了安排。

光绪帝打锣之谜

光绪帝爱看戏，不但爱看，而且对文武场里的打锣很感兴趣，只要宫里一演戏，他场场不落，打锣的事他一人包了。

别看光绪帝爱打锣，实际上他对打锣是十足的外行，他打锣纯属为了凑热闹、寻开心。他这一凑热闹不要紧，演员可活受罪了，因为他想怎么打就怎么打，就是不按锣经打。有时候他一高兴，不该敲锣的时候他兴许镗镗就来两下，要多别扭有多别扭，演员们私下都说："不怕进宫玩活，就怕万岁爷打锣。"

演员们吃亏吃怕了，就非常委婉地劝光绪帝学学锣经。光绪帝这人倒好说话，说："行啊，每天叫老吴进宫来陪我练练锣吧！"这老吴是戏班里打锣的，在北京的梨园界名望很高。老吴奉旨天天进宫教光绪帝筛锣，搭不了班，不能在戏班里演出，那份包银自然也就没有了，眼看着家里的苞米面越来越少，老吴心里的怨气越来越大：怎么皇上老是白使唤人哪！他打定主意，要想法向光绪帝讨点儿"赏钱"。

这天老吴又带着两面大锣进了宫，见了光绪帝又手把手地教起来。教了一会儿，老吴说："皇上，我得跟您告假。"光绪帝正筛锣筛得高兴，不耐烦地问："你有什么事啊？"老吴说："家里揭不开锅了，我得上当铺当东西去。"光绪帝问他："什么叫当铺啊？"老吴就告诉了他当铺是怎么回事。谁知光绪帝却慢条斯理儿地说："哦，这倒是正事，别耽误了，你快回去吧，锣就留在这，我自个儿练练。"不但没给赏钱，连锣也留下了。

老吴走了之后，光绪帝自己练开了大锣，他越敲越来劲，甩开膀子可着劲招呼，不一会就把一面大锣敲破了。光绪帝兴犹未尽，又抄起另一面锣接着打，不大一会儿，这面锣也敲破了。第二天，光绪帝又让太监去找老吴，传旨让他进宫继续教打锣，还特别嘱咐老吴别忘了带两面新锣来。老吴一琢磨，新锣是无论如何也不能带去了，照这么打下去，谁供得起他呀！想了好一会儿，老吴终于想出一个好主意。

老吴进得宫来，光绪帝第一句话就问："你怎么空着手来的，我不是关照你带锣来吗？"老吴说："锣我带来了，不带锣皇上怎么练啊！"说着脱下长袍，光绪帝一看，老吴的白衬衣后心上画着一面锣。光绪帝的脸一下子耷拉下来，说："你这不是成心糊弄我吗？这叫锣呀！"老吴嘻嘻一笑说："皇上别生气，在身上学打锣是我们吴家的祖传，对外人是绝对保密的，我们吴家打锣有名气，全是靠这种法子练出来的。"

老吴这天花乱坠的一说，光绪帝觉着还真有点道理，拿起锣锤就在老吴后背上敲了一下，就听嘭的一声，像是敲在了棉花包上。原来是老吴怕被光绪帝敲痛了，在衬衣里穿了件厚厚的棉坎肩，光绪帝说："听你一说满像那么回事，可敲起来还真别扭！"老吴说："皇上，这是您敲得不得法，您敲一下嘴里得学一声锣响，这样一会儿您就习惯了。"

光绪帝按照老吴说的，在老吴背上一通敲，不一会就出了一身汗。他放下锣锤，脱下身上的黑缎子马甲，顺手就搭在了老吴的肩膀上。老吴一看搭到自己肩前的那件马甲光芒四射，知道是件值钱的东西，灵机一动，转过身来就给光绪帝磕了一个响头，说："谢皇上的赏赐！"光绪帝被弄得莫名其妙，说："你磕得哪门子头啊，我赏赐你什么啦？"老吴说："您把您的衣服披在我的身上，这不是赏赐吗？"光绪帝心想反正这件马甲也穿了好几年了，干脆顺水推舟做个人情吧，就说："好吧，我就把这件马甲赏给你了。"老吴又一次磕头谢恩。

老吴刚一到家，老伴就抱怨开了："你就顾整天教那个抠门儿的皇上筛锣，家里的锅都快吊起来当锣筛了！"老吴哈哈笑着说："今儿个皇上赏给我一件好东西。"他把那件马甲抖落开，刹时满屋生辉。老吴指着马甲上那排扣子说："看看，翡翠镶金的，哪一颗都值个一二百两银子！"

第二天，老吴拿了一颗翡翠金扣子到珠宝店去卖，果然卖了二百两银子，光绪帝抠门儿了半天，最后还是吃了大亏。

真假光绪帝案

假光绪皇帝的闹剧曾轰动了武汉三镇与京、沪新闻界，这在清朝也可算是一件奇案。公元1898年9月，即清光绪二十五年，戊戌变法失败后慈禧太后索性发动政变，谭嗣同等六君子血洒北京菜市口，康有为等人仓皇逃亡海外，慈禧太后第三次垂帘听政，执掌大权，将光绪帝禁闭在中南海的瀛台。对这位充满爱国热情、勇敢支持变法而又惨遭失败被囚禁的年轻皇帝，当时中国广大民众是同情的，对有关他的消息格外留心和注意。而次年，武昌就发生了一桩冒充光绪皇帝的大案。

据《世载堂杂记》记述，就在变法失败后，武昌有一位湖北籍的候补官员愿将他在金水闸的公馆出租一年。公元1899年的一天，有主仆二人前来纳银租住，那老仆约50岁，白面无须，说话带娘娘腔。少主不过30岁，面容清秀，俊秀倜傥，气度不凡，二人均操一口流利的北京腔，显然来自京师。入住公馆后，少主每日在家读书吟诗作文，服用华丽，起居开支十分豪华奢侈。这主人匿居不出，仆人每日跪进茶食。每当老仆进呈各种食品用物，均行跪拜大礼，口称“圣上”，自称“奴才”，完全是清宫皇室中的一套。年轻主人所用的被盖绣金龙，所用的碗也是镂金的五爪金龙，不时抚弄的一方玉印上镌着“御玺之宝”四个篆字。这些东西只有皇帝独用，任何“僭用圣物”的人都是要问斩的。这一切，都被那位候差的官员看在眼里。于是，光绪帝已到武昌的消息不胫而走。

这异乎寻常的一主一仆引起了越来越多的人的极大注意，消息传遍了武汉三镇和湖北省内外。有人以光绪帝之照与这主人面容对比，确实相仿。这时，有几位曾在京城做过官见过光绪帝的缙绅也前往探看，乍看觉得很像昔年的“万岁爷”，因不敢细认，忙三跪九叩、口称“恭迎圣驾”。一时武汉三镇的大小官绅，怀着各自不同的目的，往拜“圣驾”，三跪九叩、献款献物者不绝于门，闹得满城风雨。这主仆二人对这一切都视之当然，受之无愧，照收不拒。又有好事者设法邀其仆从进浴池洗澡，验其下身，果为阉人，定是皇宫的太监无疑。

于是，武昌城里到处纷传光绪皇帝逃出北京来到武昌，由湖广总督张之洞保驾，准备东山再起。不久此事传到上海，一些报纸还发新闻、评论，谓之光绪帝在革命党掩护下，逃出中南海，往武昌找张之洞图谋再举等言论。

张之洞

江夏县（今武昌）知县陈树屏闻之不敢怠慢，忙去金水闸“请安”，询问“圣上”幸临何为。“皇上”答曰：“见张之洞方可透露。”不仅对陈知县不屑一顾，而且对湖广总督张之洞也直呼其名，可见其身份非同一般。陈树屏立即如实禀告张之洞。张之洞大惊，但他毕竟是官场老手，觉察到其中有诈，于是密电京中同僚打听虚实，回电光绪帝仍囚禁瀛台，并无逃出之事，张之洞于是便开始思忖此假皇上有否皇帝背景，便令陈树屏反复查询。

不久，梁启超也传书张之洞，问此事可否属实。京中大员也纷纷电告张之洞务必将假光绪帝逮捕归案，免遭失职之罪。张之洞这才下决心将那主仆二人押到总督衙门，亲自开庭审问，那假光绪帝支支吾吾，装傻卖呆，其仆则百般狡赖，审理毫无结果。后张之洞将此二人交江夏知县陈树屏严刑拷打，二人方供出真相。原来，这“皇上”乃是旗籍伶人崇福，自幼学伶唱戏，多次出入宫中，尽谙宫中礼仪，其容貌清秀，颇似光绪帝，当日在宫中服务时，在伶人中有“假皇上”之称。老仆则是宫中太监，职守司库。

戊戌政变后，光绪帝幽禁瀛台，与外界信息隔绝，而当时假冒朝廷亲王大臣至各省行骗而致富者大有人在。崇福觉得有空子可钻，就串通了宫中因监守自盗畏罪潜逃的守库太监，窃取宫中御用之物，利用崇福貌似光绪帝和久在梨园颇能逢场作戏的特点假冒光绪帝，一同到外地诈骗发财。他们第一站就来到了这九省通衢的武昌城。

案情大白后，假光绪帝主仆二人均被判为“斩立决”。次日二人被押到武昌草埠门斩首，轰动一时的假光绪帝案以两颗人头落地而宣告结束。一时三镇争相传议，鼎沸之声久不偃息。这件事虽然是闹得沸沸扬扬，但却避免了西太后的一次统治危机。

光绪帝无后之谜

光绪帝的后妃们和慈禧太后，都渴望得到龙子，或者得个凤女也好。然而心都盼酸了，希望终于变成绝望。同治皇帝载淳 19 周岁死去，身后没有留下一男半女，这是因为他死亡太早，没留下子嗣；但光绪帝娶有一位皇后、两名妃子，身边还有成群的妙龄宫女，却未生育儿女，这好像就说不过去了。况且清代大多数皇子、皇帝在正式结婚前已有性生活，娶嫡福晋之前就生有子女的也有不少先例。

难道是史官将此绝后之事遗漏而未写入历史？“不孝有三，无后为大”，入主中原二百余年，已被儒家文化浸透了的爱新觉罗氏皇族，必以皇帝有生育能力为荣。如果没有长大成人的皇子，即使曾经有过夭折的儿子，哪怕有过夭折的女儿，史学家们都会不吝笔墨给予郑重记档的。皇帝有生育能力，这是至尊皇帝全部尊严的重要组成部分，史官岂敢将其疏忽？所以遗漏似乎是不太可能的。

光绪帝虽然是个傀儡皇帝，但性生活还是有较大自由度的，尤其与他宠爱的珍妃，婚姻生活堪称甜美。就在光绪帝被幽禁在瀛台期间，皇后叶赫那拉氏还是伴着他的，光绪帝住涵元殿，皇后住在对面的香殿。叶赫那拉氏入主后宫几十年，光绪帝对她几乎没有兴趣，但也绝不是没有碰过半个指头，史家说“承幸簿”很少留下光绪帝与皇后的性

慈禧太后与光绪帝群妃旧照

生活记录，“很少”也并不等于没有，尽管极有可能这是皇帝在“亲爸爸”逼迫下的逢场作戏。于是后人根据野史正史分析，光绪帝绝后可能与生理、心理都有一定关系。

光绪帝生活在慈禧的阴影之下，政治抱负得不到施展，心理受到严重摧残。加上受近亲婚配和祖辈乱伦婚配的影响，光绪帝身体很差，头痛、痨症、脊骨痛等多种疾病缠身。尤其是长期所患的遗精病，是他丧失生育能力的重要原因。

光绪帝的身体不好，实在是由于小时候的身体底子就没打好。跟他一母所出的几个兄弟姐妹全部幼年夭折的情况比较起来，他算很幸运的了。而且在慈禧那样的重压下，他坚持自己的感情生活，坚持自己的政治主张，在他瘦弱的外表下，深藏着坚强的意志和个性。

清宫档案存有光绪帝自书的《病原》：“遗精之病将二十年，前数年每月必发十数次，近数年每月不过二三次，且有无梦不举即自遗泄之时，冬天较甚。近数年遗泄较少者，并非渐愈，乃系肾经亏损太甚，无力发泄之故。”如果光绪帝果真患有如此疾病，想要延续龙脉难上加难。

从现代医学角度分析，按照满洲皇族的婚配习俗，丈夫死后，允许妻子转嫁丈夫的弟弟，甚至可以转嫁儿子或侄辈，这种原始的婚俗，把女人当做一种财富和交配工具。从大清国开国皇帝皇太极及其儿子顺治帝的婚配，都是典型的近亲婚配或乱伦婚配，即便到了光绪帝这一代，也仍然逃不脱近亲结婚的悲剧。如此理解皇帝绝后的原因或许更为科学一些。

光绪帝死因疑案

清代官方文献和宫廷档案表明光绪帝是病死的。但是，从光绪帝死的那天开始，人们就怀疑他不是正常死亡。人们总觉得他死在慈禧前面，而且只比慈禧早死了一天，这件事太奇怪了。光绪因何致死？人们议论纷纷，但宫廷秘事，都拿不出确凿的证据。

2008年，北京市公安局刑事侦查总队、法医检验鉴定中心、中国原子能科学院，运用中子活化实验方法，结合从河北易县崇陵(光绪陵寝)提取的光绪头发、衣物等重要检材，对光绪死亡原因进行了分析研究，得出了检验结论："光绪帝系砒霜中毒死亡。"

光绪三十四年十月二十一日（公元1908年11月14日）下午5时33分，光绪帝龙驭上宝。十月二十日仍由四位御医先后诊疗，各书脉案，开处方药。其实，杜钟骏在十月十七日已发出"此病不出四日，必有危险"之警示，并就此可否写入脉案，探询内务府、军机处各位大臣，以减轻自己之责任。但各位大臣都表示"我们知道了，但不可写入脉案"。与此同时，各位御医在脉案中也都先后强调治疗"实在棘手"、"于棘手之际"、"殊深棘手"。显然，各位御医对光绪帝之已欲放弃治疗，只是束手无策免强开方用药罢了。至十月二十一日晨零时，光绪帝病危急请太医院院使与仲元、御医全顺、忠勋等诊疗，已是"脉息如丝欲绝，肢冷、气陷、二目上翻、神识已迷，牙关紧闭，势已将脱，谨勉拟生脉饮，以尽血忱"了。

光绪帝满含悲愤、怨恨告别人世，立即引起朝野议论纷纭，加上慈禧也在二十二日死亡，年仅38岁的光绪帝却死在74岁慈禧的前面，中外震惊。按《清史稿》记载，光绪帝是病死的，但《清史稿》已不太可信，因为编写《清史稿》的时候是北洋军阀当政，史官们不可能说真话。后来，国民党掌权后，《清史稿》成为禁书。光绪帝自然死亡的可能性不大。因为根据光绪帝的医疗档案，他只患肾虚、神经官能症、腰酸腿疼、慢性支气管炎这类不严重的慢性病，依他的年龄和环境，不会因此而死。而且，医疗档案完全可以篡改的。

《崇陵传信录》和《清稗类钞》这两部书都记载了光绪帝被慈禧害死。但是由于没有史实材料，人们只能推论，因为慈禧年老了，光绪帝重病的时候，慈禧也病重。慈禧考虑到，如果她先死了，光绪帝病好了，重新执政，那就要翻局了，所以慈禧在死之前先把光绪帝害死，这是一部分人的看法。

另有一说便是袁世凯害死的。因为袁世凯把光绪帝的百日维新破坏了，怕光绪帝上台后杀他的头。据后来溥仪讲，他听一个叫李长安的太监讲过，“光绪帝在死的前一天还是好好的，只是因为用了一剂药就坏了。后来才知道这剂药是袁世凯使人送来的。”梁起超的两个学生也回忆说，袁世凯确实在当时主动和他们接触，来往密切。

第三种说法是李莲英毒死了光绪帝。英国人濮兰德·白克好司的《慈禧外传》和德龄的《瀛台泣血记》等书，认为清宫大太监李莲英等人，平日里仗着主子慈禧的权势，经常中伤和愚弄光绪帝。他们怕慈禧死后光绪帝重新掌权，对自己不利，就先下毒手，在慈禧将死之时，先把光绪帝害死。

第四种说法是不知姓名之人毒死了光绪帝。曾做过清宫御医的屈贵庭，在民国间杂志《逸经》上著文说：“在光绪帝死前三天，最后一次进宫为皇上看病，发现皇上本已逐渐好转的病情，突然恶化，在床上乱滚，大叫肚子疼，没过几天，光绪帝便死了。”这位御医认为，光绪帝肯定是被人暗中害死的。

慈禧太后

慈禧太后（1834~1908），清咸丰帝妃，同治、光绪帝两朝实际统治者。叶赫那拉氏，满族。1851 年被选入宫。1861 年咸丰帝死，其子载淳（即同治帝）六岁即位，被尊为太后。

慈禧出生地之谜

关于慈禧的出生地历来就是史家学者争论的焦点之一。由于她的特殊地位、身份、影响与作用，凡与慈禧有点瓜葛的省似乎都希望人们认定慈禧出生在自己的省，慈禧的出生地也成了各省争论的主要内容。按照各种史料、讲座及野史，关于慈禧的出生地共有6种说法，分别是甘肃兰州、浙江乍浦、内蒙古呼和浩特、安徽芜湖、山西长治和北京。每一种说法似乎都有根据，但都有牵强附会之意。

第一，根据慈禧的父亲惠征曾任过甘肃布政使衙门的笔帖式，认为慈禧出生在甘肃兰州。传说慈禧出生在当年他父亲住过的兰州八旗马坊门。可专家查阅文献、档案，发现惠征虽然做过笔帖式，但地点是在北京的吏部衙门，而不是在兰州的布政使衙门。

第二，根据慈禧的父亲惠征曾在浙江乍浦做官，认为慈禧出生在浙江乍浦。《人民日报》曾发表一篇小文，题目是《史界新发现——慈禧生于浙江乍浦》。这篇文章说慈禧的父亲惠征，在清道光十五年至十八年(公元1835 ~ 公元1838年)间，曾在浙江乍浦做过正六品的武官骁骑校，而慈禧正是在这段时间出生的，所以她的出生地在浙江乍浦。

第三，根据慈禧的父亲惠征曾做过安徽徽宁池太广道的道员，道员衙署在芜湖，因此说她出生在芜湖。慈禧既然生长在南方，便善于演唱江南小曲，由此得到咸丰帝的宠幸。一些小说、影视多是这么说的。

第四，根据慈禧的父亲惠征曾任过山西归绥道的道员，所以认为慈禧出生在今内蒙古呼和浩特。慈禧的父亲惠征当年曾任山西归绥道道员，道署在归化城(今呼和浩特市)。据说在呼和浩特市有一条落凤街，慈禧就出生于落凤街的道员住宅里，甚至传说慈禧小时候常到归化城河边玩耍。但道光二十九年(公元1849年)，惠征任山西归绥道道员时，慈禧已经15岁，所以说慈禧不可能出生于归化城。

第五，近年来有一种新说法是慈禧出生在山西长治。此说认为慈禧不是满洲人，生父也不是惠征。山西长治当地传说慈禧原是山西省潞安府(今长治市)长治县西坡村王增昌的女儿，名叫王小慊。4 岁时因家道贫寒，被卖给上秦村宋四元家，改姓宋，名龄娥。到了 11 岁，宋家遭到不幸，她又被转卖给潞安府（今长治市）知府惠征做丫头。一次，惠征夫人富察氏发现龄娥两脚各长一个瘊子，认为她有福相，就收她作干女儿，改姓叶赫那拉氏，取名玉兰。后来玉兰被选入宫，成了兰贵妃。可经专家考证，在这段时间，历任潞安府的知府共有七个人，但是没有惠征。既然惠征没有在山西潞安府做过官，那么慈禧怎会在潞安被卖到惠征家呢?

第六，慈禧的直系后裔叶赫那拉·根正认为，其他说法中的女子，有可能是那些地区进了皇宫的宫女，不一定是慈禧。关于这个问题，在 20 世纪 90 年代初社会上炒作慈禧出生地问题的时候，慈禧的后裔问过他的伯父景庄，说慈禧是公元 1835 年 11 月出生在北京西四牌楼劈柴胡同，卯时生人。她出生以后，家里请了几个保姆和嬷嬷，还请了几个管家，这些都是有详细记录的。

慈禧被称作"老佛爷"的由来

许多影视剧及野史都称慈禧太后为"老佛爷"。按照清朝祖制的称呼，"老佛爷"一词专指男性。慈禧是女的，为何还被称作"老佛爷"呢？

慈禧皇太后垂帘听政处

光绪初年，慈禧太后刚满40岁，她为了达到二度垂帘听政的目的，曾使用了种种手段，但慑于朝中有人反对，终日心中不乐。慈禧的心腹大太监李莲英猜知真心事，便令人在万寿寺大雄宝殿的后面建了一座佛。建成之后，李莲英速去禀告慈禧，说："听说万寿寺大雄宝殿常常有双佛显光，这是大吉大利之兆，奴才想请太后驾临前往观看。"慈禧听罢感到十分惊奇，便起驾出宫，出西直门过高粱桥，坐上皇船，沿长河，直到万寿寺。慈禧上了码头，进了山门，直奔大雄宝殿而来。进得殿来，慈禧见供奉的依然是原来的三世佛，不觉勃然大怒："明明是原来的三世佛嘛，哪来的双佛显光？"

那个时候奴才欺骗主子是要杀头的，但李莲英心中有数，忙说："太后息怒，请您后殿御览。"慈禧太后慢慢悠悠转到三世佛后，果见一慈眉善目的观世音像坐在殿中央，此寺方丈住持还有慈禧的文武大臣也在这里。这时，李莲英喊道："老佛爷到。"其他人即刻跪伏高呼："恭迎老佛爷！"

慈禧见状明白了一半儿，但她故作不解："你们迎接的是哪位老佛爷呀？"李莲英他们答道："就是迎接太后您老佛爷呀！""您就是当今救苦救难的观世音菩萨啊！""如今先皇晏驾，新皇尚幼，国不可一日无主，臣民们请您垂帘料理朝政，您可要救庶民于水火之中啊！"一席话说得慈禧心花怒放。自此，老佛爷这个称呼便从万寿寺传遍京城，举国上下都称慈禧为"太后老佛爷"。慈禧也就心安理得地垂帘听政了。

据说这个观世音是李莲英让人按慈禧的模样塑造的，后来慈禧来万寿寺焚香礼佛，卜签求寿，由于慈禧对此非常赏识，还穿上了寺里方丈为她准备的观世音衣服，李莲英扮作护法神韦驮，双手合十。她们两人在这个佛像前照了张像，曾经有人见到过此照片。

还有一种说法是我国历史上历代帝王除了有"庙号"、"谥号"和"尊称"以外，有些帝王还有"特称"。如宋代皇帝的"特称"叫"官家"，明代皇帝的"特称"叫"老爷"，而清代皇帝的"特称"则叫"老佛爷"。有些历史小说，电影、戏曲把慈禧太后称作"老佛爷"。实际上"老佛爷"的称呼不是慈禧专用的，清代各朝皇帝的特称都叫"老佛爷"。清朝帝王用"老佛爷"这个称呼，是因为满族的祖先——女真族首领最早称为"满柱"。"满柱"是佛号"曼殊"的转音，意为"佛爷"、"吉祥"。后来，有的显赫家族之人和世袭首领，起名就叫"满柱"。清国建立后，将"满柱"汉译为"老佛爷"，并把它作为皇帝的特称。

揭秘慈禧洗脚与沐浴

据说慈禧爱干净，特别喜欢洗脚和洗澡，夏天一日要洗好几次。但慈禧洗脚洗澡可不同寻常百姓，连用水都是极其讲究的。比如属三伏了，天气很热，又潮湿，那就用杭菊花引煮沸后晾温了洗，可以让老太后清眩明目，全身凉爽，两腋生风，保证不中暑气；如果属三九了，天气极冷，那就用木瓜汤洗，能活血暖膝，使四体温和，全身柔暖和春。当然，根据四时的变化、天气的阴晴，随时加减现成的方剂，这也可以算是慈禧健身的秘密了。

慈禧洗脚用的是银盆，是用几大张银片剪裁好，拿银铆钉联缀而成的，中间是木胎，边卷出来，平底，成斗形，是精心制做的。银盆可以防毒；木胎不易散热，又轻；边卷出来，可以放腿；平底容易移放；斗深便于泡脚。每次洗脚都用两个这样的盆，一个放熬好了的药水，一个放清水，先用药水，后用清水。

慈禧太后喜欢洗澡，而且是一天洗好几次，甚至刚刚洗罢，稍微出一点儿汗又要洗。冬天天冷，洗的次数少些，每隔两三天洗一次，但是洗的时间较长。

皇宫里的规矩是皇帝洗澡由太监侍候，后妃洗澡由宫女侍候，然而因慈禧不是普通的太后，所以规矩被她打破了。她洗澡有时是宫女侍候，也有时是太监侍候，到底是太监还是宫女侍候，得看她晚膳后的心情。如果嫌宫女搓背没劲，那就传旨让太监来。无论春夏秋冬，慈禧洗澡都在晚膳一个多小时之后，宫门上锁之前。澡盆两个，一个是洗屁股以上部位的，一个是洗屁股以下部位的，洗的时候不能混淆。两个澡盆外表看起来一模一样，但是里面却有记号，侍候她洗澡的宫女或太监都认得出来。

通常情况下慈禧洗一次澡一般要用 100 多条毛巾，这些毛巾 25 条一叠，整整齐齐地分为 4 叠，放在两个托盘里。50 条洗屁股以上的部位，50 条洗屁股以下的部位，同样不能混淆。这 100 多条毛巾上面都用黄色丝线绣着金龙， 4 叠 4 种纹饰，一种是金龙回首，一种是金龙望月，一种是金龙戏珠，一种是金龙玩火。毛巾的边缘一律用黄金线锁着万字不到头的花纹，熨烫得平平展展。说是洗澡，其实应叫抹澡。4个宫女或太监为一组，由其中一个领头的取来半叠毛巾，放在水中浸湿，然后一次捞出4条，分发给另外3人，一人一条同时打开毛巾，在自己的手掌上铺开。4人分工包片，分别对准慈禧的胸脯、脊背、双臂和胳肢窝等4个部位，一齐动手，抹完一次换一条毛巾，一般换上6次就可结束了。

3个步骤做完，老太婆从矮椅子上站起来，由宫女或者太监擦干上半截身子。但是这时还不能穿上衣服，还要从头到肚仔仔细细地喷上香水。慈禧专用的香水有两种，一种是夏天用的，叫作耐冬花露；一种是冬天用的，叫作玫瑰花露。为她喷洒香水，不是用欧洲农庄洒农药的那种喷雾器，而是在巴掌大的雪白丝棉上倒上香水，在她身上轻轻拍匀。这一道工序做完还有最后一道，就是再由4个宫女各拿一块未曾浸水的干爽毛巾，把她上身拂拭一遍，全部步骤到此才算结束。

慈禧洗澡分上下身，而且分得非常严格，这并不是为了讲卫生，而是迷信。据说上身干净，下身脏，上身代表红运，下身代表黑运，决不能让黑运压红运。

慈禧陪葬知多少

据亲自参加过慈禧葬礼的后人讲，她的葬礼足可以用奢华二字形容。光慈禧的寝陵就建了18年之久，期间几次拆修、重建，直至她死后入土为安。她的陵墓又是清代帝王中最豪华、最富丽堂皇的一座。有人说慈禧陪葬的金银财宝折价后可抵得上当时清朝一个省的国民生产总值；也有人说慈禧死后，仅陪葬的一颗夜明珠就价值连城。据清代正史记录，慈禧的确是被厚葬了，但陪葬品究竟有多少，至今还是个谜。

关于慈禧的随葬品，后世现存的资料档案中有两种记载：

按照“内务府簿册”记载，随慈禧入葬的金银首饰有夜明珠、正珠、东珠、红碧、绿玉、珊瑚寿字、珊瑚雕璃虎、龙眼菩提、绿玉兜等各色真玉翡翠多达万件。尸体入棺前，先在棺底铺上三层金丝串珠绣花锦褥和一层珍珠，共厚一尺多。头部上首放置一个翠雕荷叶，满绿碧透，精致无比，叶面上的筋络不是雕琢之工，而是天然长成。脚下安放一朵粉红色的碧玺大莲花。慈禧尸置荷叶、莲花之间，身着金丝串珠彩绣袍褂，头戴珍珠串成的凤冠，冠上最大一颗珍珠重四两，大如鸡卵，是件世间难得的瑰宝，价值一千万两白银。她盖的衾被上有珍珠堆制成的大朵牡丹花，手镯是用钻石镶成的一大朵菊花和六朵小梅花连贯而成。身旁放有金、红宝石、玉、翠雕佛爷各二十七尊，脚下左右两边各放翡翠西瓜一个、甜瓜两个、白菜两棵，还有宝石制成的桃、李、杏、枣二百多个。翡翠西瓜为绿皮红瓤黑籽白丝，翡翠甜瓜一个是青皮白籽黄瓤，另一个为白皮黄籽粉瓤。两棵翡翠白菜，都是绿叶白心，菜心上伏着一个满绿的蝈蝈，菜叶旁停落着两只黄色马蜂。慈禧尸身左旁，放着一枝玉石制成的莲花，三节自玉石藕上，有天然的灰色泥污，节处生出绿荷叶，开出粉红色莲花；还有一个黑玉石荸荠。尸身右侧，放着一枝玉雕红珊瑚树，上绕青根绿叶红果的蟠桃一只，树顶处停落一只翠鸟。这些珍品均系天然材料雕成，单是选料就极为难得，更不用说构思之匠心独运、雕琢之巧夺天工了。另外，尚有玉石骏马八尊、玉石十八罗汉等多种宝物，共计七百多件。当宝物殓葬完毕，又倒进四升珍珠和红宝石、蓝宝石两千两百块，填补棺内空隙。四升珍珠中有八分大珠五百粒、二分珠一千粒、三分珠二千二百粒，宝石与珍珠约值银二百二十三万两。

另有一种出自太监李莲英侄儿的亲笔记载，称慈禧在入棺时先在棺底铺一层镶珠宝锦缛，上面铺着大小珍珠12604颗，红蓝宝石198颗，绿玉20块，白玉350块，随葬玉器金银包括各色宫中玩堂壶40余把，花瓶18对，金条8根。慈禧身着金丝绣成的寿衣，外罩绣花吕珠褂，两件衣服上还有大小珍珠7000余颗，大小宝石2000余块。除此之外，尸体头顶荷花，脚蹬莲花，而光这两样东西就价值黄金4万两。

慈禧死前就十分思虑她死后葬身之地，曾从北京乘轿途经二百多里，到遵化州观看“万年吉地”的风水，为了取得菩陀峪寿宫穴位的吉利，曾把她手腕上一件稀世珍宝“十八颗珍珠手串”摘下来，投入地宫金井之中，作为镇墓之宝。令人惋惜的是，慈禧墓早在被相关文物部门开掘之时就已经有盗墓贼造访过了，所以到底她的墓里有多少价值连城的物件，大概无人能说清楚。

铜架香水瓶　清晚期制

咸丰帝在位时慈禧是否密谋造反

野史有记载慈禧曾与小叔子奕䜣勾结密谋造反的记录。造反是因为咸丰帝与奕䜣反目成仇，慈禧想假借奕䜣之手除掉咸丰帝夺取皇位。真实的历史是否如此，我们不得而知，但有关咸丰帝和弟弟奕䜣反目成仇的记载是有史可查的。

据《祺祥故事》载，咸丰五年夏，已被册封为贵太妃的康慈贵妃病重，咸丰帝、恭亲王这对兄弟时常探问。某日，咸丰帝前去问安，太妃睡得迷迷瞪瞪，以为是儿子恭亲王，就说："你怎么又来了？能给你的，我都给了。他性情不测，莫生嫌疑就好。"咸丰帝发现她说错了话，立即喊了声"额娘"。太妃定睛一看，原来是皇上，不是恭亲王，随即转身装睡，不再言语。自此，咸丰帝不得不琢磨这几句话的意思，对恭亲王生了嫌疑。又一天，咸丰帝问安，恰逢恭亲王从内出来，咸丰帝问病情如何，恭亲王哭着跪下说怕是没治了，就等着上皇太后封号，方能瞑目。咸丰帝面无表情，只是"哦"了两声，再没表示。谁料恭亲王随后就到军机处，命令臣僚准备了册封典礼。承办官员拿着封典方案来找皇帝，咸丰帝大为气愤，但不好明着拒绝，勉强同意了封号，尊皇贵太妃为康慈皇太后。不久，康慈皇太后去世。一周后，诏令恭亲王罢职军机，回上书房读书。皇太后的丧仪也被大大减损，据称是秉遵遗诏执行。咸丰帝和恭亲王的密切关系也到此为止。慈禧便利用这一契机，一面挑拨咸丰帝与奕䜣的关系，一面暗中与奕䜣勾结，借机造反。慈禧虽然没有更多机会与奕䜣接触，但对奕䜣的能力还是略知一二。她知道奕䜣的魄力与才干，完全在咸丰帝之上，对于这位小叔子，她由衷地赏识。因此，在英法联军攻陷天津后，她向咸丰帝力荐奕䜣。而在咸丰帝逃至避暑山庄后，奕䜣更是不负众望，在奉命收拾北京残局的过程中，将一切事情打理得井井有条。

咸丰帝死后，以慈禧为主的两宫皇太后与肃顺一党对峙，奕䜣的力量就成为重要的政治砝码，谁能争取恭亲王，谁就能掌控大局。慈禧知道与恭亲王合作的条件，无非就是委以重任，而慈禧眼下的迫切需要就是打败专权的肃顺一党，孤儿寡妇，能够垂帘就是大胜利，暂时分权给恭亲王，实在不是过分的条件。不能予则不能取，吝于名则失于实，这种“大智慧”慈禧是具备的。

慈禧坚信奕䜣一定能担此大任。可如何能够将“橄榄枝”送交到奕䜣手里？从肃顺一党严密控制之下的热河送信去北京，对于慈禧来说事关重大。慈禧在极秘密的情况下与奕䜣取得联系，展示了非凡的想象力与智慧。她在众人不注意的情况下，制造了一件看起来极平常的后宫事件。她授意宠监安德海与慈安最宠信的宫女双喜发生严重的争执。为了表示对慈安太后的敬重，她严惩了安德海，并命敬事房首领太监将他遣送回京，派在“大扫处”当差，以示惩戒。安德海回京以后，先到主管部门——内务府报到，可一开口就要见主管内务府的大臣宝䜣。内务府的主事早就知道安德海是慈禧的“红人”，不敢怠慢，急忙把他送到宝府。宝䜣得报，安德海由热河被押解回京，且声称要见内务府大臣，知道此事非同小可，立即召见。安德海叩见后，取出缝在贴身内衣兜里加盖着“御赏”和“同道堂”印的慈禧亲笔信：两宫太后同谕恭亲王，着即设法火速驰来热河，以备筹咨大事。密之！特谕。

真实过程是否如此，已经无从查考，但慈禧一定是以极秘密的方式将信息从热河传递到北京，这一点符合历史的真实。有一点是可信的，那就是慈禧克服了难以想象的信息封锁，将热河的政治状况和两宫的真实意图传递给了恭亲王。

应该说，恭亲王对于咸丰帝在遗诏中将他完全排除出统治集团的核心本就满腹狐疑，并心生不满。他不知道按照遗诏中所安排的赞襄大臣辅政的方向走下去，自己能否还有施展抱负的机会。他知道肃顺跋扈异常，依肃顺的做人原则和办事方针他一定会竭力排挤自己。他何尝不想如先王多尔衮一样，挺身而出，放手一搏。而恰在此时，两宫太后希望与恭亲王联合，扳倒肃顺。一致的目标，使得叔嫂一拍即合。

慈禧为何宠信李莲英

李连英旧宅

说慈禧就不能不说李莲英，这二人制造了清宫一系列绯闻。慈禧与李莲英的故事常见于一些杂章野史，所以也就给后世留下了很多难以解开的谜。

李莲英原来是河间府缝破绽、打补子的一个皮匠。河间府一带是个贫穷的地方，也是中国出太监最多的地方之一。清宫里的太监，十之八九都出自距离北京二三百里的河间府。李莲英生性好赌，在赌场把自己辛辛苦苦的积蓄输得一干二净，急怒之下，就引刀自阉了。进宫后经过三勘六验无讹，被派往御花园钦安殿照应香火。钦安殿供的是真武大帝，每逢朔望慈禧都来拈香祈福。自从李莲英在钦安殿当差，佛前锦伞绛节、宝盖珠幢，以及祭神用具，总是收拾得纤尘不染、细致整洁。

李莲英，因为操刀自阉非常彻底，虽有良药挽回一条生命，可是脸色苍白，刚过中年已经皱纹满脸形同老妪，尤其喉音尖锐刺耳。慈禧喜欢李莲英是因为他性灵心细，于是不久就调他到内宫伺候御前起居了。刚进内宫时李莲英只是负责给慈禧梳头，但他是个有心人，慈禧的头发粗硬，很难顺溜，于是他事先准备好一小盒发胶，用小刷子三抿两抿就把慈禧后颈上那撮特别硬的头发，拢得服服帖帖。就因此，李莲英被立邀宸赏，不久升为首领，担任慈禧的梳头太监了。

慈禧太后自从李莲英进入她的生活之后，就再也离不开他了：一是他的梳头手艺是第一流的，也是京师之中的第一人；二是他机灵过人、体贴入微，无人能比。李莲英虽然日渐走红，成为太后跟前言听计从的大红人，可是他遇事依然谨小慎微，一般妃嫔宫娥、女官命妇，有了舛错，惹太后不高兴，他总是尽量替人美言遮盖，曲意回护，所以在太后左右的人对他都有好感。

同治十一年，是李莲英一生中最关键的一年。从这一年开始，他正式发迹。

慈禧格外信任李莲英，这一年，加恩赏赐他六品顶戴。一年后，慈禧任命他为储秀宫掌案首领大太监，地位仅次于总管太监张得喜。光绪十四年，慈禧钦命七王爷视察北洋海军，李莲英为副使——太监任钦差大臣，这大概是大清历史上的第一次，更何况是视察军队。但一生谨慎的李莲英，将慈禧赏赐的二品顶戴换成了清制规定的四品，不住特地为他预备的副使船舍，不和任何官员接触，白天只站在七王爷身边侍候，恭敬地侍候七王爷和大臣李鸿章，晚上还要侍候七王爷洗脚。他是副使身份，这样恭敬，感动得七王爷连连摆手。一趟差事回来，七王爷、李鸿章争相向慈禧太后夸奖李莲英。慈禧乐不可支，喜滋滋地说：没白心疼他。

光绪十四年，慈禧太后 53 岁，李莲英 40 岁。这年秋天李莲英钦差回京，圆满地完成了任务，太后十分高兴。太后过完了生日之后，就记着给心疼的李莲英过 40 岁生日。她特地赏赐御膳，叫来李莲英对他说：让寿膳房预备，多少桌子都行。但李莲英只请了一桌，与老太监、同辈好友和几个徒弟，悄悄地过了这个重要的生日。

由此可以看出李莲英是个有心计的人。他不仅懂得迎合上司的心意，更因为心细、会拢络部下而平步青云，受到慈禧的恩典。

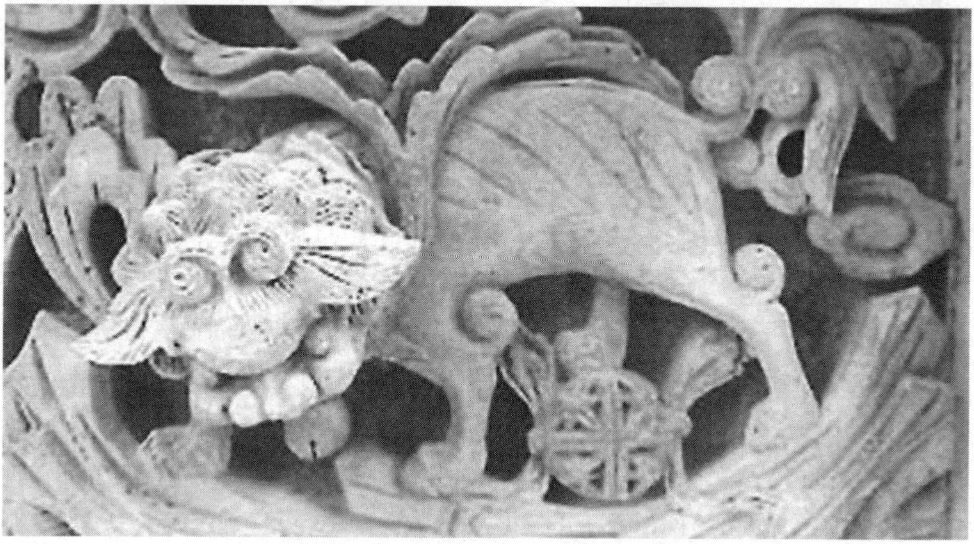

李莲英旧宅大门戗檐上的砖雕——狮子绣球

揭秘慈禧奢靡生活

史料记载，慈禧一天要花费掉四万两白银，在清代历朝皇帝中高居榜首。按当时清末的物价和百姓生活水平来计算，一户普通人家一天的开销也只有区区一两银子，一两和四万两，真正是天地差别。那么慈禧究竟每天如何将这四万两白银花完呢？

慈禧是有名的“奢侈太后”。正如曾给慈禧画像的美国画家卡尔女士在《慈禧写照记》中所说：“中国皇帝之尊严，仅次于天。臣下以犬马声色奉者，自然穷奢极侈，惟恐不得主上之欢心。”而皇帝则自以为贵为天子，富有天下，区区数千百万金之供奉，自亦无所用其顾惜也。所以皇宫奢靡之习历来如此，并不仅仅是慈禧太后。有关慈禧衣食住行、生活起居的具体情况，史料中有不少披露。

慈禧太后与皇帝用膳类同。御膳房本集中了全国最好的厨工，又从各地采办“禽八珍”、“海八珍”、“草八珍”等，做成全国最好的名菜名点，供慈禧享用。慈禧当政时，御膳房更为她准备了各种各样的菜肴、点心。每日两顿正餐，照规定需上100碗不同的菜肴，另有两次“小吃”，至少也有20碗菜，平常总在40碗至50碗左右。这些菜需要多少人做？据说当时在御膳房光是专门干活的小厨就有几十人，比如慈禧要吃豆芽，就需要专人一根儿一根儿地摘豆芽，把豆芽根儿上的须全部摘掉，同时，还不能弄断豆芽。《清宫二年记》记载：“慈禧对于饮食的知识极为渊博，大概可以使当代许多专家吃惊。”慈禧爱吃清炖肥鸭，即将鸭洗净，加调味品装入瓷罐，隔水用文火蒸三天，肉酥骨软，慈禧则只食几块最精美可口的鸭皮。慈禧对鸭子似乎情有独钟，据《中国文物报》载：新发现一份慈禧咸丰十一年十月初十晚膳的食单，20多道菜式中，鸭肴就有“燕窝如字八宝鸭”等七种。熏炙菜肴如烤鸭、烧乳猪、熏鸡、煨羊腿等也合慈禧口味。据慈禧自己说，她年轻时最爱吃酥脆如“响铃”的烧猪肉皮。

公元1894年11月7日是慈禧的六十大寿，她为自己的生日准备的首饰合黄金1万两，合白银38万两，置办衣服花去黄金23万两；从颐和园回紫禁城所经道路的景点设置与装饰，花去白银240万两……这个生日共花白银1000万两，相当于整个北洋舰队的经费。除此之外，为了给太后修退休后休息的颐和园，花去白银3000万两，而当时英国和德国最先进的战舰价格约为25万两白银。

再让我们看看慈禧在最喜欢的沐浴上的开销。慈禧每次洗澡需要6名宫女在身边伺候，除去这些人工成本不算，每洗一次澡要用100条毛巾，这些毛巾当然不是老百姓用的普通毛巾，是拿到博览会上每条都可以当工艺品展览的金丝毛巾。

除此之外，慈禧对喝也特别讲究。慈禧爱饮花茶，嗜茶成癖，特别讲究。泡茶用的水是当天从玉泉山运来的泉水，所饮的花茶不是经过火焙的茉莉、玫瑰，而是刚采摘的鲜花，搀入干茶里再泡入茶盅，饮起来既有茶香又有花香。慈禧饮茶用白玉茶杯，金茶托上放三盏白玉杯，中间是茶，两边是花，两名太监双手将茶托共捧至慈禧面前，口呼："老佛爷品茗了！"慈禧方才饮用。

由此可见慈禧一天四万两花销并非捕风捉影的谣传，但也正是由于这位西太后的极度奢欲，才使得此时已奄奄一息的大清朝再无翻身之日，直至整个大清都成了她的随葬品。

慈禧死因之谜

因为慈禧的死与光绪帝死只差一天，而且在此之前她和光绪帝积怨较深，所以她的死也便成了历史上一大宫廷谜案。

有人认为慈禧病危后，深怕自己死后被她废掉的光绪帝重新当政，继续推行维新变法，所以指使太监下毒手，把光绪皇帝害死，以绝后患。而据曾经服侍过慈禧的女官德龄回忆，光绪帝是被李莲英害死的，她还以自己的亲身经历写了一本著名的纪实著作《瀛台泣血记》，书中称：万恶的李莲英眼看太后不久于人世，自己的靠山快要倒了，便暗自着急起来。他想与其待光绪帝掌权后清算自己，不如先下手为强。经过几天的苦思冥想，他的毒计便决定了……就在李莲英说过这一番话的第二天，好端端的光绪帝便害起病来，而此时只有光绪帝自己心里明白，李莲英在他的饭食中下了毒，存心要杀他。

另外还有一件事也被记录在案。光绪帝逝世的前一天，清廷以光绪帝的名义向全国发布了两道谕旨，一是命醇亲王载沣之子溥仪在宫内教养，并在上书房读书。二是授载沣为摄政王。这里面便出现了一个问题，且不说此时的光绪帝正在生病，就是身体健康时朝政也是掌握在慈禧手中的，是不可能让光绪帝染手的，更不可能让他做主拟诏。很显然这道谕旨是慈禧授意光绪帝草拟的，此时慈禧的病情已经极为严重，她想在临终前将后事作一些妥当安排。而此时慈禧考虑得更为深远的一层是，为了保证这道谕旨的贯彻执行，则必须让光绪帝死，光绪帝不死，慈禧死后他肯定会东山再起，慈禧的这道谕旨便将毫无意义。于是，她让光绪帝先走一步，死在了自己前面，这样她才安心地离去。

以上都未经考证的稗官野史，是后人根据坊间传说捏造的故事，所以不乏虚构之词，那真实情况是怎样的呢？

光绪三十四年十月二十二日（公元 1908 年 11 月 15 日），慈禧死于中海仪鸾殿，终年 74 岁。关于这个女人的死因，后世留有很多记载，多数史料说她是因患痢疾后腹泻不止，最终衰竭而死。据《慈禧外记》载：西历 1908 年 11 月 15 日太后仍于六点钟起床，处理朝政，至午时太后饭后，忽然晕去，为时甚久。其因是夏间病痢太久，体气大伤也。另有《起居注》说，“是日，圣祖母太皇太后疼大渐，未刻，慈驭升遐”。

从以上记录分析，慈禧的病由痢疾引起，而且逐渐加重，无必死迹象，那又为何第二天就驾崩了呢?

其实慈禧也并不知道自己马上就要不行了。从她不断发布懿旨的背景内容分析，她仍想继续把握清廷大权，直到22日临终前才宣布授予摄政王载沣有裁定政事的大权。也就是说慈禧在临终前一天才知道自己气数已尽。另外《慈禧外记》也记载了慈禧的这一情况：太后自知末日将至，命军机大臣草拟遗诏。拟成后，太后审阅，“改定数句后，又加入数句，即遗诏中不得再行训政之语。”“谓余垂帘数次，不知者或以为贪权，实则迫于时势，不得不然也。”并说“反观一生，无悔恨之事也”，“太后遂向侍从之人谓长别之语，闻者无不伤心落泪。太后神志清明，虽弥留时，仍接续谈话，态度安闲，一如平日。日渐昏沉，侍者皆谓时已至矣。忽又清醒，故临终前数分钟，犹未绝希望也”。

从以上资料似乎也可以推翻人们所谓的慈禧害死光绪帝说，也就是说光绪帝的死可能和慈禧并无联系。

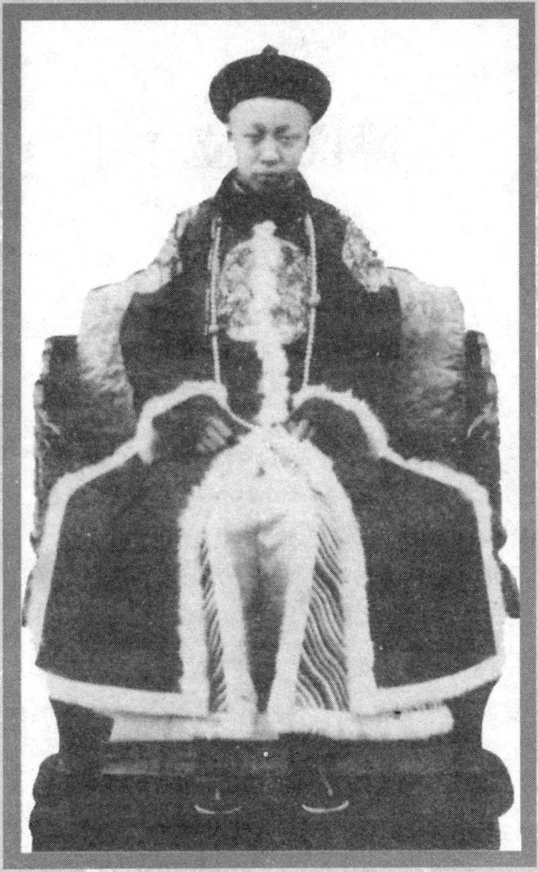

清逊帝溥仪

清逊帝溥仪（1906 ~ 1967），清代第十二代皇帝，也是清代乃至整个封建王朝的最后一个皇帝。醇亲王载沣的长子，其母为摄政王嫡福晋苏完瓜尔佳氏。公元1908 ~ 1912年在位。因其年号为宣统，历史上又称“宣统（帝）”，也称“逊帝”。“末代皇帝”溥仪一生较为坎坷，既经历了中国最后的封建王朝，又成为新中国成立后的公民。

溥仪继位之谜

在溥仪继位前还有另一场立储闹剧上演。光绪帝变法失败被囚后，慈禧太后训政。光绪二十五年（公元 1899 年）十二月二十四日，慈禧太后懿旨，溥洋入继穆宗为嗣，号“大阿哥”。随后大阿哥在弘德殿读书，师傅为同治帝的岳父、承恩公、尚书崇绮和大学士徐桐。二十六年（公元 1900 年）正月初一日，溥洋代皇上到大高殿，奉先殿行礼。

慈禧预定庚子年即光绪二十六年（公元 1900 年）举行光绪帝禅位典礼，改年号为“保庆”。但京师内外议论纷纷，大学士荣禄与庆亲王奕劻以及各国公使均有异议，各种势力也反对，建议此事停止。不久，义和团事起，载漪笃信义和团，认为义和团是“义民”，不是“乱民”。五月，载漪任总理各国事务衙门大臣。日本使馆书记杉山彬、德国驻华公使克林德被杀，义和团围攻法国使馆。七月，八国联军进逼京师，慈禧太后同光绪帝等一行西逃，载漪、溥洋父子随驾从行。慈禧逃到大同，命载漪为军机大臣。十二月，清廷以载漪为这次事变的祸首，夺爵位，戍新疆。光绪二十七年（公元 1901 年），慈禧等回銮。途中，以载漪纵恿义和团，获罪祖宗，其子溥洋不宜做“皇储”，宣布废除“大阿哥”名号。溥洋归宗，仍为载漪儿子，另以醇亲王第六子载洵为后。后来溥洋生活落魄，死得很惨。

溥仪与生父载沣旧照

这出“大阿哥”的闹剧刚收场，溥仪继位的正剧又开场。据《清德宗实录》记载：光绪皇帝临终前一天，慈禧懿旨由溥仪继承皇位。慈禧皇太后又懿旨："醇亲王载沣，授为摄政王。"醇亲王载沣之子溥仪入承皇位，承继同治皇帝为嗣，兼承光绪皇帝为嗣。之后一天，慈禧崩于西苑仪銮殿。

幼年溥仪旧照

慈禧为什么选择溥仪继承皇位？溥仪祖父的嫡福晋叶赫那拉氏为慈禧皇太后胞妹，同时溥仪的母亲是慈禧的养女。同治光绪帝过世时，载沣 8 岁，因醇亲王"世袭罔替"而承袭为醇亲王。载沣承袭醇亲王后，18 岁开始在朝廷上效力，后任阅兵大臣。慈禧懿旨将心腹权臣荣禄之女又是慈禧认作养女的苏完瓜尔佳氏，指配给载沣为嫡福晋。

从上可以看出，慈禧亲手指定的三位皇位继承人——载湉是亲胞妹的儿子，大阿哥溥浚是亲侄女的儿子，溥仪是养女的儿子。这表明慈禧在爱新觉罗宗室中，挑选同叶赫那拉氏有关系之人，一代大清兴亡，竟系于懿亲宫闱。

溥仪御膳揭秘

民以食为天，无论普通百姓还是皇宫贵族，吃都是头等大事。在封建社会，百姓吃的东西随意简单，但作为皇帝有至高无上的权威，那么“万岁爷”吃些什么？

溥仪在《我的前半生》中写道：“皇帝吃饭，另有一套术语，是绝对不准别人说错的，饭不叫饭而叫‘膳’，吃饭叫‘进膳’，厨房叫‘御膳房’。吃饭并无固定时间，完全由皇帝自己决定——我吩咐一声‘传膳’！跟前的御前小太监便照样向守在养心殿上的殿上太监说一声‘传膳’！殿上太监又把这话传给伫立在养心殿门外的太监，他再传给候在西长街的御膳房太监……这样一直传进御膳房里。不等回声消失，一个犹如过嫁妆的行列已经出了御膳房，几十名穿戴齐整的太监们组成的队伍，抬着大小七张膳桌，捧着几十个绘有金龙的朱漆盒，浩浩荡荡地直奔养心殿而来。进到殿里，由套上白袖的小太监接过，在东暖阁摆好。平日菜肴两桌，冬天另有一桌火锅，此外有各种点心、米膳、粥品三桌，咸菜一小桌。食具是绘着龙纹和写着‘万寿无疆’字样的明黄色的瓷器，冬天则是银器，下托以盛热水的瓷罐。每个菜碟或菜碗都有一个银牌，这是为了戒备下毒而设的。并且出于同样的原因，菜送来之前都要经过一个太监品尝，叫做‘尝膳’。在这些尝过的东西摆好之后，我入座之前，一个小太监叫了一声‘打碗盖’！其余四个小太监便动手把每个菜上的银盖取下，放到一个大盒子里拿走。于是我就开始了‘用膳’了。”

此前隆裕太后每餐的菜肴有百样左右，要用六张膳桌陈放。这是她从慈禧那里继承下来的排场，溥仪用的比她少，按例也有三十种上下。民国元年三月的一份菜单草稿上记载了一次“早膳”的内容：口蘑肥鸡、三鲜鸭子、五绺鸡丝、炖肉、炖肚柿、肉片炖白菜、黄焖羊肉、羊肉炖菠菜豆腐、樱桃肉山药、驴肉炖白菜、羊肉片氽小萝卜、鸭条溜海参、鸭丁溜葛仙米、烧茨菇、肉片焖玉兰片、羊肉丝焖跑跶丝、炸春卷、黄韭菜炒肉、熏肘花小肚、卤煮豆腐、熏干丝烹掐菜、花椒油炒白菜丝、五香干、祭神肉片汤、白煮塞勒、烹白肉。

这些菜肴经过种种手续摆上来之后，除了表示排场，并无任何用处。而这也仅仅是溥仪平常一天中的早餐而已。逢年过节，娶妻纳妾，祭天拜祖比这要讲究百倍。那么这种吃法一个月要花多少钱呢？《宣统二年九月初一至三十日内外膳房及各等处每日分例肉斤鸡鸭清册》记载如下：

菜肉660斤、汤肉150斤、猪油30斤、肥鸡60只、肥鸭90只、菜鸡90只……溥仪一家六口，总计一个月用3960斤肉、380只鸡鸭。此外，宫中每天有大批为这六口之家效劳的军机大臣、御前侍卫、师傅、翰林、画师、勾字匠、有身份的太监，以及每天来祭神的萨满等。加上这些人共吃猪肉14642斤，合计14794两1钱9分。显而易见，这些银子除了贪污中饱之外，差不多全为表示帝王之尊而糟蹋了，这还不算一年到头不断的点心、果品、糖食、饮料这些消耗。

再来看看掌管皇帝的饮食机构——御膳房。御膳房设有荤局、素局、挂炉局、点心局、饭局五局。荤局主管鱼、肉、海味菜；素局主管青菜、干菜、植物油料等，挂炉局主管烧、烤菜点；点心局主管包子、饺子、烧饼、饼类，以及宫中独特糕点等；饭局则主管粥、饭。以上各级分为两班，各班一名主管，下设厨师6名，各局设内监7名（监视和防止投毒），另外还有5名官吏专司供应材料，总计75人。这75人专为皇帝一个人做饭，当是相当豪华高贵的，但是结果呢？正如溥仪皇帝的评价：华而不实，费而不惠，营而不养，淡而无味。

御膳房十二件套茶具

揭秘溥仪优越的俘虏生活

1945年8月19日，一架小型飞机在沈阳机场神秘降落。占领了沈阳机场的苏联红军很快将这架飞机包围。舱门打开后，一个衣着华丽、神色慌张的男子从飞机上走了下来，他就是末代皇帝溥仪。

1945年8月8日，苏联对日宣战。这使“满洲国”傀儡皇帝溥仪预感到末日即将来临。十天后，他在日本人的安排下，抛下“皇后”婉容、“福贵人”李玉琴及其他家眷，乘小型飞机飞到沈阳，准备换乘大型飞机逃亡日本。但溥仪万万没有想到，苏军早已占领沈阳机场，他和随从一走出机舱，便成了苏军的俘虏。第二天，在苏军的押解下，溥仪等9人前往苏联，先后被关押于赤塔的莫罗科夫卡收容所、伯力红河子看守所、第45特别战俘收容所等处。在这些地方，他过了5年的特殊俘虏生活。从成为俘虏的那一刻起，溥仪就有一种恐惧，他担心苏军会将自己移交给中国政府。这是因为在他“执政”伪满洲国期间，先是与日本关东军司令官本庄繁签订了出卖我国东北主权的《日满议定书》，将东北的所有主权拱手相让，使东北成为日本帝国主义侵略我国及亚洲诸国的军事基地；后又颁发了《回銮训民诏书》、《国本奠定诏书》等，进一步推行日本帝国主义的殖民统治政策。他的所作所为给中国人民乃至亚洲人民带来了深重的灾难。他深知，中国人民一定会清算他的罪行。

但事实相反，因为苏联的所有收容所从没关押过一位“皇帝”俘虏，因此，苏方对身份特殊的溥仪实施了特别优待。莫罗科夫卡收容所专门为他举行了一个小型宴会，向他交代了政策，并询问他们有什么要求。随后的生活更是出乎溥仪等人的意料。苏方对待他们就像对待疗养者一样：在膳食上，他们每日四餐，早餐有面包和各种点心、咖啡、茶等；午餐至少两菜一汤；下午三四点钟还要开一餐；晚餐常吃西餐，内容更为丰富，有牛舌、牛尾、果酒、点心等。溥仪等人不知道，当时苏联的经济还相当困难，百姓的生活水平十分低，商店里出售一种叫“黑列巴”的面包，里面掺杂着草秆、糠皮等。

在起居上，收容所为溥仪准备了单间，还专门安装了有线广播，播放音乐和俄语新闻等节目。闲暇时间，溥仪等人不必劳动，可以散步、聊天。开始苏方对他们的活动范围还有一定的限制，后来限制逐渐减少，溥仪可以在山上、山下，河边、树林随便走走，活动范围比他当“满洲国皇帝”时都大。更有甚者，当苏方知道溥仪会弹钢琴，还将一架钢琴搬到了他的住处。

这一切都使溥仪感到意外更有些忘乎所以。溥仪对他带来的随从一直都端着“皇上”的架子，天天接受他们的请安。他整日诵佛念经，坐禅修行，还让随侍放哨，好让他摆弄诸葛神课、金钱卦等玩意儿，占卜自己的未知命运。他的这些做法从未受到苏军的干预。

进入莫罗科夫卡收容所时，溥仪向苏军提出的第一个要求就是长期留居苏联。几天后，他又让其弟溥杰写了一封信给斯大林，要求允许他留在苏联。书信递到了苏军中校沃罗阔夫手上，但没有得到答复。此后，溥仪又多次给斯大林写信，均石沉大海，这使溥仪十分沮丧。上层路线走不通，溥仪就开始拉拢他身边的苏军军官。溥仪从长春出逃时，随身携带了不少价值连城的珍宝，其中有珠宝、首饰、翡翠、玉石、怀表等，他经常用这些宝物讨好苏联官方。然而，溥仪的百般讨好并没有获得最终的避难，苏联方面一直都没答应他留在苏联。所以，虽然在整个俘虏生活中他的生活很舒适，但他心里始终都惴惴不安。

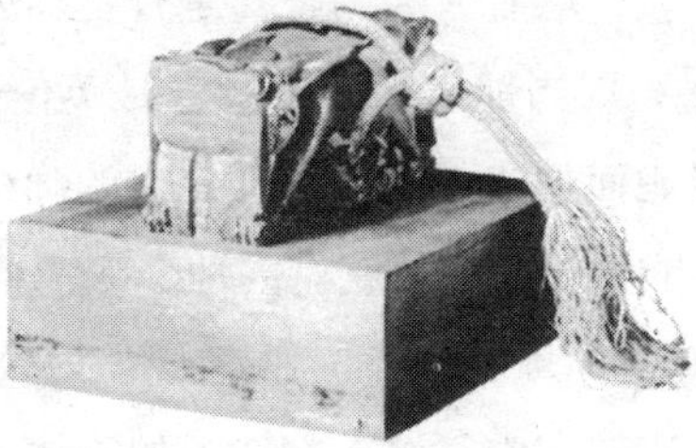

大清国宝

为檀香木质，交龙钮，现藏于故宫博物院。

溥仪是同性恋吗

除传说乾隆帝有同性恋之癖外，溥仪从小也有同性恋的习惯。《末代皇帝秘闻》中说："溥仪自成平民以后，坦白地对来访记者承认：小时候喜欢手淫，特别喜欢把漂亮的小太监叫到身旁，替我那样，而且我叫他们怎样，他们当然就怎样……溥仪甚至叫太监用口来替他手淫。换言之，也就是行同性之爱。"

关于溥仪的同性恋问题，有野史记载说溥仪的宫廷老师、英国人庄士敦是个同性恋，其性取向深刻影响了溥仪，二人是终身好友。众所周知，溥仪讨厌女人，闭月羞花的皇后婉容堪称古典的绝色美人，但直到伪满时期不堪苦闷的她与男性侍卫通奸前她还是处女。《我的前半生》记载，溥仪向太监嘴里尿尿，如何让太监帮着自己手淫等。但由于当时的历史条件和溥仪本人的自尊心，这些记载都比较隐晦，也并未道出实质。溥仪与婉容、文绣、谭玉龄等人的畸形的家庭生活一直笼罩在溥仪性无能的阴影下，其中有一份溥仪当年的病历有完整的记载："患者（溥仪）于30年前任皇帝时就有阳痿，一直在求治，疗效欠佳……有吸烟嗜好，曾三次结婚，均未生育。"

说到溥仪的老师庄士敦，后有人为调查其是否是同性恋者，亲身前往庄士敦的出身地——英国的爱丁堡。据当地人称爱丁堡曾是英伦最早的同性恋者闻名之地，因往日爱丁堡的众多苦役犯而形成了同性恋文化。的确，庄士敦终生未娶，独身而居直至去世。但这是否就能说明庄士敦就有同性恋呢？证据不是十分充分。

曾伺候过溥仪的老太监孙耀庭临终时透露说，溥仪是"水路不走，走旱路"，即说溥仪是同性恋，这是当年宫中很多人都知道的隐情，像溥仪的乳母、婉容的贴身女仆都清楚。孙耀庭指出溥仪同性恋伙伴叫王凤池，长得唇红齿白。其他如伪满时溥仪的侍卫等，都说过溥仪"不能人道"。

作为前清逊帝，溥仪小小年纪便吃起了民国俸禄，关在紫禁城里与一群太监为伍，长期的非正常生活环境毁伤了少年溥仪的身体，同时也造成了他心灵的严重扭曲。